HANS SCHEIBNER
In den Himmel will ich nicht!

HANS SCHEIBNER

In den Himmel will ich nicht!

Mein Leben in Geschichten

List

Trotz intensiver Recherche war es dem Verlag nicht
möglich, alle Rechteinhaber der Fotos im Innenteil zu
identifizieren und zu kontaktieren. Wir bitten die
Rechteinhaber, sich ggf. beim Verlag zu melden.

List ist ein Verlag
der Ullstein Buchverlage GmbH

ISBN 978-3-471-35143-7

© 2016 Ullstein Buchverlage GmbH, Berlin
Umschlaggestaltung: © Sabine Kwauka
Umschlagfoto: © picture alliance/dpa
Autorenfoto: © privat
Fotos im Innenteil: © privat
List Verlag, Berlin
www.list-verlag.de
Alle Rechte vorbehalten
Gesetzt aus der Sabon bei
LVD GmbH, Berlin
Druck und Bindearbeiten: CPI – Clausen & Bosse, Leck
Printed in Germany

Inhalt

Für Franca, Gesa, Raffaela
und Hannah

Eine Art Vorwort

Hallo, liebes Publikum!

Wenn ich mich richtig erinnere, zählte ich einmal zu den bekanntesten Liedermachern in Deutschland, meine Fernsehsatiren wurden von Millionen Zuschauern gesehen – besonders gern sogar dort, wo sie nicht gesehen werden durften, im Osten hinter der Mauer. Ich schrieb zahlreiche Bücher mit Geschichten aus dem Alltag, in denen sich viele Menschen wiedererkannten. Ich zog – und ziehe noch immer – mit Liedern und satirischen Sketchen und Geschichten über die Kabarettbühnen im Lande. Manchmal gab es Ärger. Pfarrer, Pastoren und Bischöfe zeterten, ich hätte sie in ihrem Glauben verletzt, pensionierte hohe Militärs schrieben mir, ich hätte die Ehre des deutschen Soldaten beschmutzt, ein Ermittlungsverfahren wurde eingeleitet, Vertreter der Ordnungskräfte empörten sich, ich hätte Polizisten verdächtigt, parteiisch zu sein – mit einem Wort: Mein Leben war ein Riesenvergnügen!

Andererseits gab es auch immer wieder Menschen, die mich ermunterten, immer so weiterzumachen. Sie schrieben mir, dass ich ihnen aus dem Herzen spreche und dass sie mehr von mir lesen oder hören wollten. Kritische Leute schrieben mir manchmal, ich müsse mich noch viel mehr in die haarsträubenden Zustände der deutschen Politik einmischen. Einer schrieb einmal, meine Geschichten und Lieder seien noch nicht aggressiv und engagiert genug. Es ging sogar so weit, dass mir ein echter Ministerpräsident den dringenden Rat gab, in die Politik zu gehen – für seine Partei, versteht sich. Solche Reaktionen erfüllten mich eher mit Furcht und Abneigung: doch nicht in die Politik! Ich wollte lieber »Mensch bleiben«. Hanns Dieter Hüsch drückte das mal so aus: Er habe keine Lust, sich nur an den tagesaktuellen Sensationen abzuarbeiten, vielmehr interessierten ihn die täglichen Sensationen im Leben seiner Zeitgenossen und Nachbarn. So ging und geht es mir auch.

Mit dem Lied über die Friedensstifterin Lysistrata habe ich mal einen Talkshow-Skandal angerichtet; mit der Erzählung über Oma Beerbaum, die zu Heiligabend vor ihrer Familie nach Mallorca flieht, habe ich so mancher alten Dame aus dem Herzen gesprochen; mit der Ballade über den Fischer un siner Fru habe ich auf die Gefahren durch Kernkraftwerke aufmerksam gemacht; mit dem Text zu »Schmidtchen Schleicher« habe ich mir selbst und vielen anderen einen großen Spaß bereitet.

In diesem Buch, verehrtes Publikum, findest Du 28 Kapitel mit wahren Geschichten aus meinem Leben, hauptsächlich aus meinem Künstlerleben (aber ohne lückenlosen Zeitablauf). Das Buch soll ein Dank sein an Dich dafür, dass Du mir schon fast ein halbes Jahrhundert die Treue gehalten hast.

Hans Scheibner
Hamburg, im August 2016

Das Geheimnis meiner Mutter

Eine meiner frühesten Kindheitserinnerungen ist noch sehr harmlos, hat aber schon mit Geld und Angst ums Geld zu tun: Mit etwa vier Jahren steckte ich mir einmal eine kleine Silbermünze in die Nase, die geriet, ich weiß nicht wie, in den Rachen und wurde verschluckt. Meine Mutter entdeckte es: »Da war doch eine Münze!? Wo hast du die gelassen!? Um Gottes willen, er hat die Münze verschluckt ...« Sie war in allergrößter Sorge, das Geldstück könne mich von innen verletzen und umbringen. Sie hielt mich an den Fußgelenken fest, hob mich hoch und schüttelte mich mit dem Kopf nach unten. Aber es kam nichts.

Mein Vater war gerade dringend für das Vaterland beschäftigt, er war im Krieg, Raum fürs Volk erobern. Und ein Kinderarzt ließ sich so schnell nicht auftreiben. Die Nachbarin beruhigte meine Mutter: Erst mal die Nacht abwarten. Die Münze kommt vielleicht auf natürlichem Wege wieder raus. Und in der Tat: Am nächsten Morgen machte es kling, klang im Topf – der Junge hatte ein silbernes Ei gelegt.

Ja, der erste Teil meiner Kindheit war sorglos und schön. Ich ahnte nicht, dass es ziemlich bald sehr aufregend werden würde.

Jedenfalls endete sie mit einem großen Feuerwerk.

Aber zuerst ging alles gut: Die erste Frau, die ich sehr geliebt habe und die die Grundlagen zu meinem späteren Weltruhm gelegt hat, war – na, wer wohl? – meine Mutter.

Schon einmal dadurch, dass sie mich geboren hat. Allein das muss eine große Leistung gewesen sein: Sie war nämlich nur 1,45 Meter groß. Mein Vater dagegen 1,84 Meter. Ich will mich gar nicht an meine ersten Erlebnisse mit und ohne Windeln erinnern. Für meine Mutter, diese zarte Person, muss es ein hartes Stück Arbeit gewesen sein.

1936, am 27. August, bin ich zur Welt gekommen. Der größte Führer aller Zeiten und seine größenwahnsinnigen Genossen waren schon dreieinhalb Jahre an der Macht. Meine Mutter und mein Vater ahnten, was da noch alles auf sie zukommen würde. Ich habe erst sehr viel später begriffen, dass es schon drei Jahre vor dem Ausbruch des Zweiten Weltkrieges eine Zeit der immer größer werdenden Angst für sie gewesen sein muss.

Außer mich geboren zu haben, leistete meine liebe Mutter noch einen weiteren, elementaren Beitrag für meinen späteren künstlerischen Aufstieg: Sie brachte mir das Lesen bei. Ich habe es bis heute in meinem achtzigsten Lebensjahr nicht vergessen: Ich hatte eine Sperre im Kopf. Mit fünf Jahren war ich erst wenige Wochen in die erste Klasse der Volksschule gegangen. Das war immerhin noch möglich, wenn auch nicht mehr lange. Ich erinnere mich an Blätter mit bunten Buchstaben und einfachen Zeichnungen – zum Beispiel ein Haus oder ein Baum oder ein Hund. Die einzelnen Buchstaben kannte ich schon. Ich konnte und konnte aber nicht begreifen, dass sie sich zu Worten zusam-

Mutter Gertrud Scheib-
ner, geborene Willmann

Vater Carl Heinrich
Scheibner

menfügen ließen. Die anderen Kinder in der Klasse
hatten das ziemlich schnell verstanden: Die Zeichnung
mit der Tür und dem Fenster vorn und dem Dreieck
darüber, dem Dach, mit dem Schornstein und dem sich
kringelnden Rauch, das war das Haus.

Und das bedeutete dasselbe wie diese vier Buchstaben. Mir war es einfach nicht möglich, diese beiden
Gebilde sinngemäß in einen Zusammenhang zu bringen. Da muss irgendeine Synapse da oben nicht richtig
geschaltet gewesen sein, ich sah keinen Sinn in diesen
vier Buchstaben. Woran ich mich noch erinnere, ist
aber die Nachsicht und Geduld, mit der meine Mutter
es mir immer und immer wieder zu erklären versuchte.
Heute denke ich manchmal daran, wenn ich auf dem
Computer zum Beispiel eine Videodatei aufrufe, die in
einem für den Rechner unbekannten Programm geschrieben ist: nichts als feindliche Buchstaben, Schräg-
striche, Doppelpunkte und endlose Ziffernfolgen – mit

dem richtigen Programm sind sie sofort verständlich. Meine Mutter wurde nicht ungeduldig oder nervös, wie ich es an mir selbst später beobachtet habe, nein, sie versuchte es immer wieder, bis sie merkte, dass ich traurig wurde, es nicht begreifen zu können. Dann sagte sie: »Für heute machen wir Schluss!«, brachte mich zu Bett und las mir ein Märchen vor.

Wenn ich mir diese Situation wieder ins Gedächtnis rufe, ist da ein wunderschönes Gefühl der Liebe und des Vertrauens. »Du schaffst das schon noch!«, sagte sie nach dem Vorlesen. »Du wirst noch einmal eine richtige Leseratte!« Wir lachten beide, und ich schlief ein. Das Schönste ist, dass ich tatsächlich eine geworden bin, eine Leseratte.

Den zweiten entscheidenden Schritt für meine spätere Freude am Leben und meiner Leidenschaft, Geschichten zu erzählen, unternahm sie für mich, indem sie mich in eine Kindervorstellung ins Theater führte. Ich habe keine Ahnung mehr, wo genau das in Hamburg gewesen ist. Nach dem Theaterbesuch aber – so erzählte es mir jedenfalls meine Mutter später – war ich schrecklich aufgeregt. Sie stellte fest, dass ich hohes Fieber hatte. Die ganze Nacht wachte sie wohl an meinem Bett.

Am nächsten Tag rief sie den Kinderarzt, der mich untersuchte und nichts Ernsthaftes finden konnte. Ich hatte immer noch hohes Fieber und bekam wohl irgendwelche Tabletten. Der Arzt packte seine Instrumente ein und hatte sich schon verabschiedet, da soll ich plötzlich gefragt haben, wann er denn komme. Der Arzt fragte zurück:

»Wer denn, mein Junge? Wer soll kommen?«

»Der böse Wolf«, sagte ich.

»Wie kommst du denn darauf, dass ein böser Wolf kommt?«

»Das hat der Mann im Theater gesagt.«

Meine Mutter fing an zu lachen: »Wir haben Rotkäppchen gesehen!«

Als der Arzt gegangen war, tröstete meine Mutter mich und erklärte mir immer wieder, dass doch alles nur gespielt war, was wir da gesehen hatten.

»Der Wolf war kein richtiger Wolf, das war ein Mann, der hat sich so verkleidet.«

Innerhalb von Minuten soll mein Fieber verschwunden gewesen sein. Später habe ich dann lernen müssen, dass es gar nicht so gut sein soll, sich von der Handlung und den Personen eines Stückes ganz und gar gefangen nehmen zu lassen. Da musste ich zum Beispiel Bert Brecht begreifen mit seinem Verfremdungstheater. Neulich habe ich im Thalia Theater in Hamburg eine ganz moderne, hochgelobte Inszenierung der *Dreigroschenoper* gesehen. Das Moderne daran war: Es gab keine Kulissen, nur eine leere Bühne, die Schauspieler trugen alle einen sogenannten Blaumann, Handwerkerkleidung. Der Bettlerladen von Peachum etwa wurde nur beschrieben (»Hier sehen wir nun den Laden ›Bettlers Freund‹«), Mackie Messer war ein junger Schauspieler, auch im blauen Handwerkeranzug – alles, damit nur keine Illusion aufkommt. Konsequenter wäre es gewesen, das Textbuch einfach nur vorzulesen. Oder die Vorstellung ausfallen zu lassen, so hätte ich immer noch die Illusion, wie es mit Kulissen sein könnte. Bei diesem intellektuellen Regietheater kann ich hinterher ausgezeichnet schlafen – und sogar schon während der Vorstellung. Da hätte ich dann doch lieber mal wieder so richtig Angst vorm bösen Wolf.

Ich weiß aus späteren Jahren, als ich schon ein größerer Junge war: Meine Mutter war immer sehr ängstlich und sehr vorsichtig. Darum überlege ich immer: Was muss das für ein schreckliches Leben für sie gewesen sein in diesen Jahren der braunen Diktatur.

Meine Schwester und mich haben meine Mutter und auch mein Vater nichts davon spüren lassen. Sie haben die ganzen zwölf Jahre lang, so gut sie eben konnten, schützend die Hand über uns gehalten.

In dem Zusammenhang fällt mir ein, dass mein Vater einmal auf einer Familienfeier zum Besten gab:

»Im Kino Blumenburg in Hamburg auf der Hoheluftchaussee wurden manchmal an Sonntagvormittagen auch Kinderfilme gezeigt. Ich hatte einen Tag Urlaub und wollte meinem Sohn etwas Gutes tun. Es gab einen Film mit Kasperles Abenteuern oder so ähnlich. Wir beide also hin. Hans konnte sich kaum noch beherrschen vor Aufregung. Er hatte Kasper schon in der Kasperbude gesehen – aber jetzt sogar als Film. Dann ging es los. Warum diese Idioten vor einem Kinderfilm unbedingt noch die *Wochenschau* zeigen mussten, weiß der Henker.

Jedenfalls kamen wieder stolze Berichte von den Siegen an der Ostfront – alles gelogen, wie immer –, und dann hielt der Führer wieder eine Rede. Ich weiß noch: Er trat ans Rednerpult und zappelte da rum und schrie ... Mein Sohn rutschte derweil auf seinem Kinositz hin und her, dann stand er auf und rief ziemlich laut: ›Papa, ist das Kasper?‹«

Auf der Familienfeier haben alle sehr darüber gelacht. Mein Vater aber hat damals natürlich einen furchtbaren Schreck bekommen. Es ist am Ende gutgegangen. Niemand hat uns angezeigt.

Nach dem Krieg sagte meine Mutter jedes Mal, wenn im Freundes- oder Verwandtenkreis das Thema Politik zur Sprache kam: »Gott sei Dank! Ich versteh ja nichts von Politik.« Lange Zeit habe ich das geglaubt und sie später ignoriert, wenn es etwa um Wehrdienst oder Wiederbewaffnung ging. Ich denke jetzt aber: Sie hat den ganzen Krieg durch gezittert und erlebt, wie die nächsten Nachbarn zu Denunzianten wurden, dass sie sich einfach weiterhin raushalten wollte.

»Das Schlimmste ist ein Bürgerkrieg«, sagte sie immer wieder. Oder: »Der kleine Mann ist nur Kanonenfutter.«

Sie hatte die Handelsschule besucht und war bis 1933 Sekretärin in der SPD-nahen Großeinkaufsgenossenschaft GEG. Hitler hat ihr dann gekündigt – sowohl der SPD als auch meiner Mutter.

Für den musischen Einfluss auf die Familie war im übrigen mein Großvater Carl Willmann verantwortlich: Er war erster Posaunist an der Hamburger Staatsoper. Ich habe ihn ganz kurz kennengelernt. Er starb als ich gerade drei Jahre alt war. Später einmal habe ich ein Gedicht über meine sogenannte politische Unzulänglichkeit geschrieben. Das war noch stark von der Erinnerung an meine Mutter geprägt:

Herr Es erläutert seine politische Unzulänglichkeit

In Politik mich einzumischen,
bin ich mindestens viel zu dumm.
Statt Krieg lieb ich Frieden
und sonst nichts dazwischen,
weiß aber kein bisschen zu sagen, warum.

Ich scheitre ja schon an so harmlosen Fragen
wie: Krieg gegen Krieg, ist das auch Krieg? Und gar:
Wenn Sterben zum Weinen ist, darf man dann sagen,
dass Feinde auch sterben – und Feinde beklagen?
Da steht man als Laie ganz fragwürdig da.

Man versteht ja zu wenig von höheren Werten.
Wen ich totschlagen muss, woher weiß denn das ich?
Wenn ich selbst einen aussuch, bestimmt den
*   Verkehrten.*
Ich denke da manchmal zum Beispiel an mich.

Im Jahr 1940 bekam ich eine Schwester. Christa.

Das fand ich nun gar nicht so toll. Plötzlich hatte ich meine Mutter nicht mehr für mich allein. Und als sie »zum Klapperstorch« musste, steckten sie mich zu der dicken Tante Elli, die in der Roonstraße wohnte. Bei der hing ein großes Bild von einem Mann mit Schnauzbart an der Wand. »Das ist unser Führer!«, erklärte sie mir. »Der hat dafür gesorgt, dass es keine Arbeitslosen mehr gibt.« Ich kannte den Herrn mit dem komischen Bart unter der Nase inzwischen ja schon – als Kasper. Das durfte ich aber um Himmels willen nie und nie und nie wieder sagen!

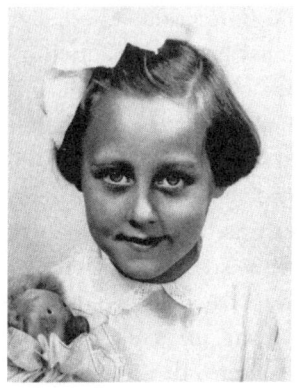
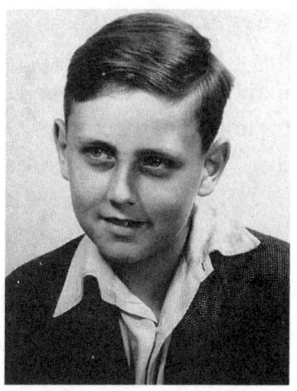

Schwester Christa Scheib-
ner, sechs Jahre alt

Hans, als er zehn Jahre
alt war

Es mehrten sich nun aber doch die Zeichen, dass meine Schwester und ich in einer irgendwie unheimlichen Welt lebten. Manche Zeichen habe ich erst viel später deuten können.

Dass Deutschland sich im Krieg befand beziehungsweise dass ich in einer lebensgefährlichen Zeit lebte, hatte ich bewusst noch nicht mitbekommen.

Wenn ich mit meiner Mutter im Treppenhaus eine Nachbarin traf, blieben die Frauen stehen und flüsterten miteinander. Sie hielten sich die Hand vor den Mund, so dass niemand sie verstehen konnte. Ich fragte meine Mutter mehrmals nach solchen Begegnungen: »Was hat Frau Weber gesagt?« – »Gar nichts, mein Jung, sie hat gar nichts gesagt.«

»Und was hast du gesagt, Mamma? Ich hab gesehen, dass du was gesagt hast.« – »Nein, da hast du dich getäuscht.« Dann wurde ich wohl »ungezogen«, wie sie es nannte, und fing an zu quengeln: »Ich will aber wissen, was du gesagt hast.« Das konnte sie nun überhaupt nicht leiden. Als wenn sie Angst hätte, dass mich jemand hören könnte, neigte sie sich ganz zu mir herunter und flüsterte mir ins Ohr: »Pst! Das ist ein Geheimnis. Wenn du groß bist, erzähl ich es dir.«

Mit den Erwachsenen wurde es immer seltsamer. Ein jüngerer Mann von über uns, der eine Uniform trug, blieb mitten auf der Treppe stehen, wenn er uns begegnete, und rief irgendetwas, das klang wie »Heitler«. Wenn er weitergegangen war, machte ich es ihm nach: »Heitler«, rief ich. »Heitler«, das machte mir Spaß. Aber da wurde meine Mutter böse. Sie gab mir einen Klaps an die Ohren: »Lass das, das sollst du nicht sagen!« Drinnen fragte ich sie wohl: »Warum darf ich nicht ›Heitler‹ sagen?« Worauf meine liebe Mutter mich nun wieder anscheinend völlig verwirrt beschwor: »Natürlich darfst du es sagen. Ich habe es dir nicht verboten, hörst du? Sag ja zu niemandem, ich hätte dir verboten, ›Heil Hitler‹ zu sagen.« Ich sah sie verständnislos an: »Habe ich doch auch gar nicht gesagt.«

»Doch hast du das gesagt.« Merkwürdig.

Ich weiß auch noch sehr gut, dass meine Mutter mir eines Tages sagte: »Wir haben Krieg, mein Junge. Unsere Soldaten müssen unser Land beschützen. Unser Vater muss da auch mithelfen.« Einmal gingen wir auch zu meinem Vater in die Kaserne. Da standen Panzer und sogenannte Panzerspähwagen, und mein Vater empfing uns auch in Uniform und mit einem »Seitengewehr«. Er erklärte mir, dass das Seitengewehr für den Nahkampf gedacht sei. Also wenn zum Beispiel die Munition aufgebraucht ist und die Soldaten sich

Auge in Auge gegenüberstehen, dann stechen sie sich gegenseitig mit dem Seitengewehr tot.

Obwohl er das alles ein bisschen lustig erzählte, begriff ich doch, dass es ernst gemeint war. Darüber konnte ich abends wieder nicht einschlafen. Immer stellte ich mir meinen Vater vor, wie er einem anderen Soldaten das Seitengewehr in die Brust stach.

Etwa in dieser Zeit kam auch so ein Soldat in brauner Uniform zu uns in die Wohnung. Das war wieder sehr aufregend.

Ich durfte nicht ins Wohnzimmer, stattdessen musste ich auf meine kleine Schwester aufpassen, die in ihrer Wiege lag. Das musste ich von nun an immer öfter, weshalb ich sie immer weniger mochte. Was soll man als fünfjähriger Junge auch mit so einem unentwegt schreienden Wesen anfangen? Trotzdem konnte ich aber hören, dass der uniformierte Mann mit meiner Mutter laut schimpfte. Ich wollte wohl schon in das Wohnzimmer gehen und nachsehen, da kam aber meine Mutter schon heraus und weinte. Der Mann in Uniform kam auch heraus; er schimpfte nicht mehr, sondern versuchte meine Mutter in den Arm zu nehmen. Er sagte etwas wie »Nun beruhige dich doch, Trudel!«. (Trudel war der Spitzname meiner Mutter bei den Verwandten. Sie hieß ja Gertrud.) Dann erklärte er: »Ich werde es ja noch nicht melden.« Sie ging also zur Kommode und holte eine Hakenkreuzfahne heraus. Die kannte ich natürlich schon, die Fahne. Hingen ja überall herum.

Sie legte das Fahnentuch ins Wohnzimmer. Dann nahm sie die kleine Christa auf den Arm und beruhigte sie.

»Das war euer Onkel Kurt«, sagte meine Mutter, als der Mann gegangen war. »Er ist ein hohes Tier« – das weiß ich noch genau, dass sie »hohes Tier« sagte – »bei der SA.«

Von diesem Onkel Kurt habe ich nur behalten, dass er mir unsympathisch war. Das hatte nichts mit der SA zu tun, von der ich damals nichts wusste. Es hatte damit zu tun, dass er immer »Bub« zu mir gesagt hat. »Na, was hat denn der Bub zum Geburtstag bekommen?« »Der Bub«, »mein Bub« – schrecklich! Er hatte etwas Schnarrendes an sich. Sprach immer in einer Art Befehlston.

Und dann brachte es dieser unsympathische Onkel fertig, mir zum Geburtstag und zu Weihnachten zweimal dasselbe Buch zu schenken. Das hatte zur Folge, dass ich den seltsamen Titel bis heute nicht vergessen habe: *Schnipp Fidelius Adelzahn.* Irgendetwas über einen Dackel. So was vergisst man das ganze Leben nicht.

Wie gesagt, von der politischen Lage bekam ich damals noch nicht viel mit. Ich erinnere mich aber noch intensiv an viele Kleinigkeiten. An Dickmilch zum Beispiel. Das war immer eine Verheißung, wenn meine Mutter sagte: »Ich habe Dickmilch angesetzt.« Sie hatte etwas Milch in mehrere Suppenteller gegossen und sie auf die Fensterbank gestellt. Dann musste man zwei Tage warten. Die Milch bekam eine Haut und wurde dann auch bald im Ganzen dick. Von Joghurt sprach noch kein Mensch. Meine Mutter streute Zucker auf die Dickmilch, und meine Schwester und ich löffelten sie mit Genuss herunter.

Wenn ich zur Gärtnerstraße aus dem Wohnzimmer-fenster sah, hatte ich manchmal Glück, Felicitas in dem Haus gegenüber zu erblicken. Sie war ein schwarzhaariges Mädchen in meinem Alter. Wir winkten uns zu, sie holte ihre Puppe ans Fenster, und wir freuten uns darüber. Ich war vier Jahre alt. Zum Spielen durfte Felicitas nicht auf die Straße. 1943 aber – nun war ich sechs Jahre alt – schliefen wir zusammen nebeneinander in ihrem Bett. Weil nämlich unser Haus in Flammen stand – ihr Haus aber nicht. Meine Mutter war mit meiner Schwester und mir für den Rest der Nacht bei Felicitas Eltern untergekommen. Bevor ich einschlief, sah ich noch, wie in unserem Wohnzimmer die Flammen durch die geöffnete Wohnzimmertür hereinschlugen. Ich war traurig und voller Angst: Da drüben verbrannte mein Spielzeug.

Das war die Nacht, in welcher der sorglose Teil meiner Kindheit endete: mit diesem Feuerwerk. Ganz Hamburg brannte.

In der Nacht hatte es wieder Alarm gegeben: »Aufstehen, wir müssen in den Luftschutzkeller!« Und nun stand ich mit meiner Schwester an der Hand an der Ecke Gärtnerstraße/Hoheluftchaussee. Wir hatten beide Angst. Um uns herum brannte die Straße. An dem Haus gegenüber, wo unten der Milchmann sein Geschäft hatte, platzten im vierten Stock die Fensterscheiben von der Hitze. Schräg gegenüber aus dem Haus, wo der Gemüsemann wohnte, schlugen oben aus dem Dach die Flammen heraus. Überall schwebten schwarze, verkohlte Fetzen durch die Luft. Auf der anderen Straßenseite rannte eine Frau mit einem Kinder-

wagen durch die Straße und schrie, schrie einfach nur –
etwas Unverständliches, das uns noch mehr Angst
machte. Wir mussten aber unbedingt hier an der Straßenecke stehen bleiben. Wir durften uns keinen Meter
wegbewegen. Das hatte uns unsere Mutter einge-
schärft. Sie war mit uns aus dem Luftschutzkeller in
Richtung unseres Hauses gelaufen.

»Ich komme gleich wieder!«, hatte sie gerufen.
»Und ihr bleibt hier stehen! Hans, du gehst mit niemandem mit! Halt deine Schwester fest!« Sie war sehr
aufgeregt, unsere Mutter, sie hatte bestimmt auch
Angst, das sahen wir ihr an. Aber schon war sie wei-
tergelaufen. Zwei-, dreimal kamen Männer oder auch
eine Frau, die uns mitnehmen wollten. Die dachten,
wir hätten unsere Eltern verloren, und wollten uns irgendwo in Sicherheit bringen. Ich träume noch manchmal davon, dass mir jemand meine Schwester wegneh-
men will. Sie versuchten tatsächlich, uns auf den Arm
zu nehmen und wegzubringen. Ich schrie wie verrückt,
und meine Schwester schrie mit. Schließlich kam unsere Mutter angelaufen und befreite uns. Sie war völlig außer Atem und konnte sich kaum noch auf den
Beinen halten. Trotzdem schaffte sie es noch, es muss
schon drei oder vier Uhr nachts gewesen sein, die
Nachbarn von gegenüber zu bitten, uns bis zum Morgen aufzunehmen.

Während Christa und ich an der Straßenecke standen,
war unsere Mutter in unser Haus gelaufen – in das
Haus, in dem wir im ersten Stock wohnten. Es brannte
zwar schon, aber nur die oberen Stockwerke. Meine
Mutter wollte noch irgendwie etwas retten. Später als

der Krieg lange vorbei war, hat sie es mir dann ausführlicher erzählt:

»Du kannst dich vielleicht noch an unsere Nachbarin Frau Weiser erinnern. Mit ihrem Jungen hast du manchmal gespielt. Frau Weiser ist nämlich umgekommen damals in der Nacht, als ich dieses blöde Messer gerettet habe. Wegen dieses Messers ist sie umgekommen.« Sie holte das Messer aus der Besteckschublade. Es hatte einen gelben Kunststoffgriff (Bakelit sagte man damals zu so etwas), und die Spitze war abgebrochen.

»Ich fühle mich mitschuldig daran, dass Frau Weiser verbrannt ist. Ich sage mir das immer wieder. Ich hätte sie doch viel energischer zurückhalten müssen! Man weiß ja gar nicht, was man machen soll, wenn man in so ein brennendes Haus zurückläuft. Ich hatte doch nur den einen Gedanken: Ich muss irgendwas retten. Am besten vielleicht den Schmuck in der Vitrine im Schlafzimmer. Ich war ja schon in unserer Wohnung drin. Ich muss völlig verrückt gewesen sein: so ein Quatsch, in ein brennendes Haus zu laufen, noch dazu, wo ich euch beide auf der Straße hatte stehen lassen. Im Stockwerk über mir krachte schon irgendetwas zusammen. Es war furchtbar heiß im Treppenhaus, und von der Straße her hatte ich ja auch gesehen, dass schon Flammen aus dem Fenster im vierten Stockwerk schlugen.«

»Wie bitte?«, sagte ich. »Du bist in das brennende Haus gelaufen, um das Messer zu retten? Dabei hättest du doch ganz leicht draufgehen können.«

»Allerdings«, sagte meine Mutter. »Aber das ist es ja eben: Man überlegt gar nicht lange. Die ganze Straße brennt, überall laufen Leute umher mit Bündeln im Arm, die sie irgendwie noch aus den Flammen gerettet haben. Da kann man nicht anders, da ist es deine Pflicht, auch etwas zu retten. Ich war doch nicht die Einzige, das haben alle Frauen gemacht, die irgendwie noch in die Häuser konnten, nachdem sie aus dem Luftschutzkeller kamen.«

»Und wie war das dann mit dem Messer, Mama? Warum ist das Messer das Einzige, was du gerettet hast?«, fragte ich.

»Ach Junge, das ist so traurig und so lächerlich. Ich lief zuerst in unsere Küche und sah mich um und wusste nicht, was soll ich jetzt mitnehmen? Die Töpfe, die Pfannen? Vielleicht die Kaffeekanne oder das ganze Meissener Porzellanservice mit den Goldrändern? Wie soll ich denn das schleppen? Das müsste man doch erst einpacken. Ich stand wie angenagelt und las noch diese blöde Inschrift in der gestickten Gardinenfalle vor dem Handtuchständer: ›Glück und Glas – wie leicht bricht das!‹ Und gleich bricht sogar das ganze Haus zusammen. Ich war wie versteinert. Ich wusste, jeden Augenblick kann es zu spät sein, aber ich konnte mich nicht entschließen, was ich in die Hand nehmen sollte. Vielleicht das ganze Gewürzbord? Vielleicht die Brotschneidemaschine mit der Handkurbel oder die Kuchenformen? Der reine Wahnsinn: Da draußen brennt die Stadt, und ich stehe hier und will was retten und weiß nicht, was.

Gerade reiße ich die Schublade mit den Bestecken auf, da höre ich Frau Weiser aus dem Hausflur rufen:

›Ich brauch einen Schraubenzieher, ich brauch einen Schraubenzieher!‹

Sie kommt gehetzt in die Küche, völlig aufgelöst.
›Ich kriege die Schublade nicht auf. Da sind unsere Papiere drin. Die muss ich doch haben. Die Schublade geht nicht auf. Haben Sie einen Schraubenzieher?‹

Ich sage: ›Nein. Ich weiß nicht, wo mein Mann den Werkzeugkasten stehen hat – aber vielleicht geht ja das hier!‹ Und damit greife ich in die Besteckabteilung und hole das Messer heraus – *dieses* hier!«

Meine Mutter betrachtete das gelbe Messer mit der abgebrochenen Klinge, das sie in ihrer Hand hin und her wendete. »Da war es aber noch ganz. Da war die Klinge noch nicht abgebrochen. Jedenfalls, Frau Weiser sagt: ›Danke. Sie kriegen es auch gleich zurück.‹ Das Haus brennt, Dächer stürzen ein, es ist die Hölle los, aber sie sagt: ›Ich bringe es gleich wieder.‹

Das war wichtig für sie: Was man sich ausleiht, muss man sofort zurückbringen, wenn man es nicht mehr braucht.

Und ich sage so etwas Dämliches, so etwas Lächerliches: ›Ja, ja, ist gut, Frau Weiser. Das eilt ja nicht.‹ Anstatt zu sagen: ›Scheißegal, behalten Sie es doch!‹ Oder wenigstens: ›Das hat Zeit bis nach dem Krieg.‹

Man ist einfach nicht bei Verstand in so einer Situation. Ich bin dann raus aus der Küche und wollte ins Schlafzimmer, zur Schmuckschatulle. Die zu retten, das wäre ja noch einigermaßen sinnvoll, aber wie ich die Schlafzimmertür aufmache, stürzt gerade die Decke ein. Die ganze Stuckdecke rauscht auf unsere Ehebetten – Mahagoniholz mit der Herzmaserung im Furnier, auf die wir so stolz waren. Da habe ich zum Glück so einen Schreck gekriegt, dass ich nur noch rauswollte. Ohne irgendetwas in den Händen.

Im selben Augenblick kommt mir Frau Weiser entgegen, auf dem Treppenabsatz. Sie hält das gelbe Küchenmesser in der Hand: ›Vielen Dank, Frau Scheibner. Es tut mir leid. Entschuldigen Sie, es ist abgebrochen. Aber ich habe die Schublade aufgekriegt. Ich wollte Ihnen nur schnell das Messer zurückbringen.‹

Und damit will sie zurück in ihre Wohnung.

Ich halte sie am Ärmel fest: ›Nein, bitte, kommen Sie mit! Es ist zu spät, das Haus bricht zusammen.‹

Aber da hatte sie sich schon losgemacht und war zurückgelaufen. Alles ging so schnell. Ich bin mit dem Messer in der Hand die Treppe runter. Zum Glück wohnten wir ja nur im ersten Stock. Als ich unten ankam, krachte von oben, aus den oberen Stockwerken, das brennende Treppenhaus herunter. Ich konnte gerade noch aus der Haustür laufen. Und draußen auf der Straße brannte es auch.«

»Und Frau Weiser?«, fragte ich.

»Frau Weiser habe ich nie mehr wiedergesehen. Sie ist umgekommen. Sie ist verbrannt. Hätte sie mir doch nur nicht das Messer zurückgebracht. Das hat nur Zeit gekostet. Ich hätte sie energischer zurückhalten müssen.«

Meine Mutter wischte sich mit der Küchenschürze die Tränen ab und schnitt weiter an ihren Stangenbohnen.

»Dieses Messer«, sagte meine Mutter, »ist das Einzige, was ich gerettet habe. Aber nur, weil man als gute Nachbarin immer alles so schnell wie möglich zurückgibt, wenn man sich etwas ausgeliehen hat.«

Wir, die Garagenkinder

Wir waren also ausgebombt.

Ich zitiere hier aus den Lebenserinnerungen meiner Schwester, die sich viel besser als ich an die Flucht im Sommer 1943 nach Polen erinnern kann:

Ein oder zwei Tage nach der Ausbombung machten wir uns auf den Weg von Hamburg-Hoheluft in Richtung Schnelsen. Alles, was mitmusste, also unser Gepäck, kam auf die Schottsche Karre.

Eine Schottsche Karre ist eine Karre aus Holz mit zwei großen Rädern an der Seite. Die Ladefläche ist rechteckig und durch die großen Räder so hoch, dass ein normalgroßer Mensch sich nicht bücken musste, wenn er etwas von der Ladefläche heben wollte.

So eine Karre hatte mein Vater organisiert und schob uns nun bis an den Stadtrand zur AKN-Bahn in Hamburg-Schnelsen.

Die Schwester unserer Mutter, Tante Emmi, war auch ausgebombt.

Sie gehörte jetzt mit ihrem zehnjährigen Jungen Günther zu unserem Flüchtlingstreck.

Von Schnelsen aus fuhren wir nach Moorkaten bei Kaltenkirchen per Bahn. Hier wurden wir nahe einer Flakstellung für einige Tage untergebracht.

Ich erinnere einen großen Raum mit vielen Etagenbetten.

Von Kaltenkirchen aus schickte man uns dann wei-
ter über Lübeck nach Polen. Wir fuhren gemeinsam
bis nach Thorn.

Meine Mutter, Hans und ich kamen auf einen Guts-
hof nach Czernikowo. Zum Baron von Schelling, ei-
nem Edelnazi, der von Hitler auf das Gut gesetzt wor-
den war.

Hans und Günther mussten dort auch zur Schule
gehen.

Auf dem Gutshof herrschten strenge Sitten. Es wur-
den immer gemeinsam mit allen Personen die Mahl-
zeiten eingenommen.

Am Tischanfang saß die Großmutter des Guts-
herrn. Sie eröffnete die Mahlzeiten, und wenn sie fer-
tig war, mussten auch alle anderen mit dem Essen auf-
hören.

Abends lief immer eine alte Frau über das Gelände
und um das Haus herum. Mit einem Stock in der
Hand scheuchte sie die Hühner aus den Büschen.
Wohl auch um zu vermeiden, dass sie dort ihre Eier
legten. Die »Hühneroma« jagte mir immer mächtigen
Respekt ein.

Unsere Mutter war tief unglücklich auf diesem Gutshof. Sie hasste die Nazis. Die Baronin war eine ganz
Linientreue. Dazu kam noch, dass Christa plötzlich
krank wurde. Mit einer lebensgefährlichen Hautaller-
gie wurde sie ins Krankenhaus nach Thorn gebracht.
Dort musste sie drei Wochen allein angebunden im
Bett liegen. Obwohl sie damals erst vier Jahre alt war,
erinnert sie sich ganz genau: »Es war die schlimmste
Zeit meines Lebens.«

Für unsere Mutter gab es keine Chance, sie zu besuchen. Wie sie es geschafft hat, unserem Vater, der damals noch immer zwischen Front und Heimat mit Transporten unterwegs war, zu telegrafieren und wie er es schaffte, mitten im Krieg ein Telegramm mit den Worten »Komme, hole euch« zurückzuschicken, ist ein Rätsel oder ein Wunder. Und ebenso, dass er es schaffte, Urlaub zu bekommen, um uns wieder im Zug zurück nach Hamburg zu holen. Davon erinnere ich eigentlich immer nur: Wenn mein Vater anwesend war, ging es uns allen wieder besser. Er strahlte eine solche Kraft aus, und sein Humor vertrieb uns die trüben Gedanken.

Wir hatten wohl auch das »Glück«, dass inzwischen die Russen nach Polen vorrückten. Wir flohen also nun in umgekehrter Richtung.

So landeten wir nach diesem abenteuerlichen Ausflug wieder dort, wo wir hergekommen waren: in Hamburg. Unsere Wohnung in der Gärtnerstraße gab es zwar nicht mehr. Aber da war ja noch die Garage, das Möbellager. Mein Vater hatte sich vor dem Krieg selbständig gemacht – als Umzugsspediteur mit einer kleinen Zugmaschine und einem Möbelwagen. Beide wurden von der Wehrmacht als »kriegsverwendungsfähig« eingezogen. Nur die Garage in der Hindenburgstraße 86 in Hamburg-Lokstedt besaß mein Vater noch. Früher musste das mal ein Pferdestall gewesen sein. Der Boden im Erdgeschoss war mit Natursteinen gepflastert. Hier lagerte mein Vater also hin und wieder zwischen zwei Umzügen die Möbel seiner Kunden aus.

Die Garage wurde von nun an bis 1954 unser Zuhause. Als wir 1944 aus »Polen« kommend einzogen, gab es noch kein fließendes Wasser, keinen Strom und vor allem keine Kanalisation. An manchen Wochenenden konnte mein Vater zu Hause sein, weil er inzwischen in Hamburg in der Kaserne am Husarendenkmal stationiert war.

Er litt nämlich inzwischen an einem Magengeschwür. Das wurde ihm vom Militärarzt attestiert. »Hab ich ein Glück«, sagte mein Vater. »So ein Magengeschwür ist doch was Feines. Da muss man nicht mehr an die Front.«

Nach und nach legte er Strom ins Haus und eine Wasserleitung – alles ohne Fachkenntnis, versteht sich, aber danach fragte damals keiner. Nur eine Abwasserleitung gab es nicht in dem Garagenhaus. Und also auch kein Klo. Aber dafür hatte mein erfindungsreicher Vater eine Lösung gefunden.

Wir waren 1944, als wir einzogen, noch gut bedient mit der Pferdestallgarage. Überall in Hamburg sah man nach Kriegsende die ebenerdigen Wellblech-Notunterkünfte, sogenannte Nissenhütten, nach ihrem kanadischen Erfinder. Wir hatten immerhin ein Erdgeschoss und darüber zwei Räume zum Schlafen. Später teilte mein Vater auch noch eine Küche im hinteren Teil der Garage ab. Hier also spielte sich nun unser Leben nach dem Kriege ab.

In einer kleinen, drastischen Schilderung habe ich unsere sehr einfachen Lebensumstände von damals und vor allem die Liebe zu meinem Vater einzufangen versucht. Ich habe diese Impression aus dem Winter 1951 »Die Scheißgeschichte« genannt:

Halten Sie sich bitte die Nase zu! Aber es hilft nichts: Einmal muss sie erzählt werden. Denn schuld an dieser ganzen Scheiße sind die Nazis.

Ich schlief gerade ein. In meinem Metallrohrbett mit den Metallfedern. Zugedeckt hatte ich mich mit zwei von den grünen Militärwolldecken. Eine allein genügte nicht, denn es war Winter und kalt. Morgens hatten meine Schwester und ich meistens eine kleine Eisschicht auf unseren Decken – das war der gefrorene Atem. Ich war vierzehn Jahre alt.

»So eine verdammte Scheiße!« Die Donnerstimme meines Vaters. Er saß auf der Toilette und fluchte. »So eine Scheiße wieder! Aber ich sage euch: Der Junge kann was erleben! Faules Stück! Verdammt noch mal! Verdammte Scheiße!«

Oh Gott, ich wusste sofort, was los war: Ich hatte mal wieder vergessen oder besser: es unterlassen, den Goldeimer runterzubringen und im Garten zu entleeren. Goldeimer war die blumige Beschreibung für den Toiletteneimer, in den wir alle reinmachen mussten. Schon seit sieben Jahren wohnten wir in dem umgebauten Möbellager. Eine Abwasserleitung gab es, wie gesagt, noch nicht. Mein Vater hatte uns daher ein Plumpsklo gebaut – also eine Kiste mit einem Loch oben in der Mitte, beim richtigen Klo nennt man das die Brille. »Des Menschen Leben gleicht der Brille«, sagte Heinz Erhardt. »Man macht viel durch.« Und das konnte man bei uns nun wirklich sagen: Eine vierköpfige Familie, von der jeder mindestens einmal am Tag durch die Brille in den darunter stehenden »Goldeimer« machte. Neben dem Plumpsklo stand ein Eimer mit Sand. Nach jeder Verrichtung musste man mit einer Schaufel Sand hinterherschütten, um eine Art Geruchsdeckel zu schaffen. Ja, ja, meine lieben Freundinnen und Freunde: Sie sind ja heutzutage sowieso alle verweichlicht durch Ihre Luxusklosetts mit vergoldeten Klobrillen oder selbsttätig brillenabwischenden Hygienetüchern.

Jedenfalls: Es war ein großer Eimer, der Goldeimer, im Notfall fasste er die Exkremente der Familie für vier Tage. Aber so weit durfte es ja eigentlich gar nicht kommen. Denn ich hatte den Auftrag, jeden Tag einmal den Eimer zu entleeren. Dafür spendierte meine liebe Mutter sogar fünfzig neue deutsche Pfennige in der Woche.

Und nun hatte ich es wieder vergessen. Die Entleerung – das wusste ich genau – war schon vier Tage überfällig. Es war ganz bestimmt nicht die reine Faulheit – auch nicht, dass Fußball mir wichtiger war, weshalb ich bis in den Abend mit meinen Freunden auf der Straße Fußball spielte und nicht ein einziges Mal an die Scheiße zu Hause dachte –, nein, es war einfach mangelnde Begeisterung für diesen Scheißjob. Immerhin musste ich den Eimer eine Art Wendeltreppe hinuntertransportieren, dann damit unten über den Hof gehen und hinter den Garten zu der ausgehobenen Jauchekuhle bringen. Mehr als einmal sah mir Rüdiger dabei zu, der Nachbarjunge, mit dem ich sowieso meistens im Clinch lag. Er kam sich besonders witzig vor, wenn er neben mir herging und dann wie ein Marktschreier rief: »Schöne Scheiße, schöne Scheiße! Schöne scheibnersche Scheiße!« Und wenn ich nicht ganz vorsichtig war beim Ausgießen in die Grube, dann spritzte etwas Jauche auf meine Hose oder die Schuhe – und ich konnte mich komplett umziehen und mir auch noch das Gejammer meiner Mutter anhören: »Du bist aber auch zu und zu ungeschickt!«

Ich hatte also wieder vergessen, den Goldeimer runterzubringen. Und ich wusste sofort, dass mein armer Vater nicht nur über diese Unterlassung so böse war, nein, es war noch schlimmer: Wenn nämlich so ein Goldeimer vier Tage nicht entleert wird, dann steigt der Pegel immer höher – und wenn sich dann ein großer Hintern draufsetzt ... (Ich habe Sie gewarnt: Es ist eine Scheißgeschichte. Wenn Sie das mit Ihrer zarten, ästhetischen Seele nicht vertragen, dann lesen Sie bitte nicht weiter, denn es wird noch viel, viel unästhetischer, um nicht zu sagen: beschissener!) Wenn also ein großer Hintern sich draufsetzt, wollte ich sagen, dann hängt er etwas durch und kommt mit der darunter befindlichen Materie in leichte Berührung – er wird sozusagen »reingestippt«, wenn Sie den Ausdruck bitte erlauben wollen.

Und darum war mein lieber Vater so besonders wütend! »Der kann was erleben!«, rief er noch einmal. Ich krümmte mich unter den beiden Wolldecken zusammen und erwartete den ersten Fausthieb. Mein lieber Vater war ein seelenguter Mensch, es geschah nur selten, dass er hinlangte – aber wenn, dann brummte einem der Schädel. Mein Vater hatte in seiner Jugend Boxer werden wollen. Zweimal habe ich eine rechte Gerade von ihm eingefangen – ich kenne das K.-o.-Gefühl. Ich hatte also Angst. Jetzt, jetzt wird er mir gleich die Decke runterreißen und mir einen Schwinger verpassen. Seine Schritte kamen näher. Aber – Gott sei Dank! – nichts geschah. Mein guter Vater stand offenbar mit dem Goldeimer in der Hand einen Augenblick vor meinem Bett. Ich konnte ihn nicht sehen, aber ich

stellte ihn mir vor: mit herunterhängenden Hosen-
trägern, denn er hatte ja seine Tätigkeit auf dem
Plumpsklo noch nicht vollenden können. Er stand also
zornig vor meinem Bett, aber andererseits rumorte es
wohl auch in seinem Darm.

Also blieb ihm nichts anderes übrig, als jetzt erst
einmal den Goldeimer runterzubringen und auszulee-
ren. Er unterdrückte daher seinen Zorn und zog los.

Also: noch mal gutgegangen. Ich sackte langsam ab
ins Reich der Träume – da rissen mich ein Wutschrei
und ein furchtbares Gepolter wieder ins Diesseits!!

»Jetzt ist es aber genug! Jetzt ist es aber genug! Ich
schlag ihn tot! So eine Sauerei, verdammte Scheiße,
verflucht noch mal, der soll was erleben!!«

Die Haustür unten krachte, irgendetwas fiel don-
nernd um, mein Vater kam die Treppe rauf. Gleichzeitig hörte ich die Stimme meiner Mutter: »Um Gottes
willen, was ist denn los!« Sie versuchte offenbar, ihn
zurückzuhalten. »Kalli, was ist passiert?!« Und dann –
mit einer völlig veränderten Tonlage: »Igitt, wie siehst
du denn aus? Du stinkst, du stinkst! Was ist passiert?«

»Das siehst du doch, was passiert ist: Ich habe mich
mit der ganzen Scheiße begossen. Die ganze Bescherung ist über mich! Von unten bis oben voller Scheiße
und Kacke!«

Ich zitterte vor Angst, aber ich bemerkte doch, dass
es meinem Vater offenbar eine masochistische Freude
bereitete, so oft wie möglich Scheiße und Kacke zu rufen.

»Kuck dir das an: Ich bin in Scheiße gebadet. Alles
voller Kacke! Alles voller Scheiße und Kacke!«

Da fiel mir ein: Er muss in die Baugrube gefallen

sein, die am Nachmittag neben unserem Möbellager ausgehoben worden war. Um Gottes willen, ja: Er ist mit dem vollen Goldeimer in die Grube gefallen, und der Eimer hat sich über ihn entleert.

»Bloß weil dieses faule Stück es wieder mal vergessen hat!«, schrie mein Vater und stolperte weiter die Treppe hoch. Meine Mutter hinter ihm her.

»Aber Karl, der Junge schläft doch schon ... Igitt, wie du stinkst. Du bringst ja alles mit ins Haus!«

»Ist mir egal!«, schrie mein Vater. »Ich werf ihn auch in die Scheiße – mit dem Kopf zuerst! Das soll er mir büßen!«

Schon stand mein Vater vor meinem Bett. Ich rollte mich ganz fest zusammen. Eine Hand riss meine Wolldecken weg – ich sah den Kopf meines Vaters und werde den Anblick nie und nimmer vergessen: Er hatte ein braunes Stück Scheiße im Gesicht.

»Wach auf! Sieh mich an, du Scheißkerl!«, rief er und hob die Faust zu seinem berühmten Schwinger. Ich sah, dass sein weißes Oberhemd gelb gefärbt und voller dunkler Flecken war – und gleichzeitig drang mir ein bestialischer Gestank in die Nase. Es war schrecklich, aber es war auch so absurd und verrückt: mein Vater, die größte Respektsperson in meinem Leben, stinkend vor Jauche mit Scheiße im Gesicht – irgendwie war das auch komisch.

Die Faust wollte sich gerade in Bewegung setzen in Richtung auf meine Nase – da wurde sie von hinten festgehalten. Meine gute, mutige Mutter, die Kleine, fiel meinem Vater von hinten in den Arm und rief: »Hör auf damit, Karl! An der ganzen Scheiße sind doch nur die Nazis schuld!«

Wie bitte? Was hatten jetzt die Nazis mit diesem Plumpsklo-Drama zu tun? Mein Vater stutze, er drehte sich um und sah meine Mutter an.

»Ja, so musst du das doch sehen, Karl! Was kann der Junge denn dafür, dass wir ausgebombt sind und kein menschenwürdiges Klo mehr haben. Das war doch alles nur die braune Bande. Dir haben sie deine Zugmaschine weggenommen, ich hab meine Stellung verloren, unser Hausstand ist verbrannt, und wir müssen in den Eimer machen! Da kann der Junge doch nichts dafür. An der ganzen Scheiße sind die Nazis schuld!«

Mein Vater war einfach verblüfft. Er saß auf meinem Bett neben meiner Mutter und nahm sie in den Arm. Sie ließ es sich gefallen, dass sie nun auch mit Jauche in Berührung kam. Sie nahm ihre Küchenschürze und wischte ihm damit das Stück Kacke aus dem Gesicht. Und mein Vater? Meinem Vater kamen die Tränen.

»Du hast recht!«, sagte er. »Wir sitzen mitten in der Scheiße wegen dieser braunen Verbrecher. Aber wir können froh sein, dass wir noch leben. Das bisschen Kacke und Gestank macht uns jetzt auch nichts mehr aus!«

Ilse aus dem Hurenhaus

Immer wieder fahre ich auch heute noch an der Garage vorbei, in der ich bis 1954 mit meinen Eltern und meiner Schwester gewohnt habe.

Dort stand die Gulaschkanone in der Auffahrt, die mein Vater wohl aus der Kaserne oder wer weiß woher hatte mitgehen lassen. Er hatte Großes damit vor. Wenn sich erst alles beruhigt habe, sagte er damals, würden wir auf der Gulaschkanone Kartoffelschnaps brennen. Wie das gehen sollte, sagte er nicht. Und es kam natürlich auch nicht dazu.

Auf der Auffahrt zur Garage trug sich auch die wahre Begebenheit mit dem Lindenast zu. Das geschah im sogenannten Hungerwinter 1946/47. Es herrschten sibirische Temperaturen bis zu 24 Grad minus. Es gab keine Kohlen, nicht mal über den Kohlenklau. Wir froren erbärmlich. Kein Wunder, dass die Menschen in Hamburg anfingen, alles, was aus Holz war, in ihren Öfen zu verbrennen. Jeden Tag fehlte wieder ein Baum von der Straße oder wenigstens ein dicker Ast. In der damaligen Hindenburgstraße standen dicke Lindenbäume in zwei Reihen auf dem Gehsteig. Eines späten Abends kletterte mein Vater mit einer Bügelsäge in eine Linde gegenüber unserer Garagenwohnung. Ich begreife bis heute nicht, wie er es schaffen konnte, in der Eiseskälte nur mit einer großen Bügelsäge bewaffnet einen dicken Ast abzusägen. Auf jeden Fall schaffte er es, der schneebeladene Ast fiel auf die Erde und musste nun über die Straße und die Straßenbahnschienen in unsere Einfahrt geschleppt werden. Ich durfte meinem Vater dabei helfen. Aber viel gebracht hat ihm meine Hilfe nicht. So ein Lindenast ist unvorstellbar schwer, jedenfalls für einen zehnjährigen Jungen, sosehr ich mich auch anstrengte. Ich sah, dass auch mein Vater am Ende seiner Kraft war. Wir blieben ausgerechnet auf den Straßenbahnschienen stehen und konnten nicht weiter. Mein Vater stöhnte und ächzte. Sein Gesicht glühte rot vor Anstrengung – obwohl es schon spät am Abend war, konnte doch jeden Augenblick eine Straßenbahn kommen. Mein Vater sackte schon über dem Ast zusammen – da stand plötzlich ein Polizist bei uns. Aber anstatt meinen Vater und mich zu verhaften, rief er nur: »Anpacken!«, und zog mit uns zusammen den großen Ast in unsere Einfahrt. Er stöhnte und pustete auch. Aber ohne ein weiteres Wort entfernte er sich.

Auch ein großes Drama ereignete sich auf der Auffahrt. Im Nebenhaus, aber fast hundert Meter von uns entfernt, waren polnische Flüchtlinge eingezogen: die Saddeys. Sie wurden von den Villenbewohnern und auch von uns kaum beachtet.

Die Saddeys hatten zwei Töchter, Marietta und Kristin. Sie waren damals so alt wie meine Schwester. Eines Tages beobachteten sie Christa, Edgar und zwei andere Kinder aus der Nachbarschaft beim Liebesball spielen – »An oder Ab« –, Sie wissen vielleicht noch, wie das ging. Sie durften mitspielen, obwohl sie kaum Deutsch sprachen. Auf dem Grundstück links von der Villa stand noch eine Villa, eine wirkliche Villa mit einem großen, immer gepflegten Garten. Dort wohnte ein wohlhabender Hotelbesitzer mit seiner Geliebten und seinem Sohn Harald. Sie hielten einen Schäferhund namens Lupo angekettet an seiner Hundehütte. Nachts wurde er freigelassen, um das Grundstück zu bewachen.

Während die Kinder ihren Liebesball spielten, kam mit einem Mal der Schäferhund Lupo unsere Auffahrt heraufgehetzt. Er bellte gar nicht erst, er sprang mitten in die Kinder hinein. Ein Kind fiel sofort zu Boden. Alle schrien wir vor Angst, die Mädchen kreischten. Auch ich stand da wie gelähmt. Dann sprang der Hund das Mädchen Marietta an. Sie wollte weglaufen, aber der Hund riss an ihrer Kleidung. Er zerrte das Mädchen umher, sie fiel hin, der Hund über ihr – er versuchte wahrscheinlich ihre Kehle zu fassen zu bekommen. Ich schrie den Hund an: »Aus! Lupo, aus!« Ich überlegte zwar, die Bestie am Halsband zu ziehen, aber ich zögerte und fand den Mut nicht. Alle anderen Kinder waren schon hinter das Haus gelaufen. Der Hund hatte einen Augenblick von dem Mädchen abgelassen, sie wollte fliehen, aber er fing sie wieder ein. In diesem Augenblick kam mit einem markerschütternden Gebrüll ein kleiner, kräftiger Mann die Auffahrt herauf. Er schrie und schrie etwas, was ich nicht verstand, und warf sich mit einer Art Hechtsprung auf den Schäferhund. Der ließ das Mädchen los und wollte nach dem Mann beißen. Der Mann aber hatte in das Halsband des Hundes gegriffen. Er richtete sich auf und zerrte den Hund zur Häuserwand. Dann zog er den starken Schäferhund am Halsband an der Wand hoch und drehte das Halsband, das immerhin aus Leder war, enger um die Kehle des Hundes.

Dieser kleine Mann entwickelte eine ungeheure Kraft. Der Hund bekam keine Luft mehr. Der Mann gab nicht nach. Er wollte den Hund umbringen. Der Hund pinkelte mit einem langen Strahl in Todesangst den Mann an – und den verließ nun endlich auch die Kraft, er ließ den Hund einfach fallen.

Der lag wie betäubt auf der Erde. Dann schlich er, nach Luft japsend, auf einknickenden Beinen davon. Der Mann nahm das schluchzende Mädchen auf den Arm und trug es nach Hause. Er war ihr Vater, Herr Saddey.

Neben der Einfahrt zu unserer Wohngarage stand also das Vorderhaus – und steht dort noch. Wir nannten es wie schon gesagt: die Villa.

Die Nachbarn, die dort vorne wohnten, waren natürlich die Bessergestellten. Sie hatten wenigstens richtige Wohnungen, während die Scheibners ja nur in einer zurechtgemachten Garage hausten. Diese Nachbarn prägten irgendwie meine »gesellschaftliche Welt«. Es waren alles sogenannte Normalverbraucher, wie es damals hieß. Ich sehe sie immer noch vor mir: die junge Frau vom obersten Stock, wo sie mit ihrem Mann und mit Bille und Edgar wohnte. Sybille war die Tochter, ein fröhliches, munteres Mädchen, das Kraft hatte. Mit ihr und ihrem Bruder Edgar spielten wir auf der Auffahrt und im Garten nebenan. Manchmal gab es Streit, dann schrien Bille und ich uns an. Einmal hörte ich die Stimme der Mutter aus dem Fenster, wie sie zu Bille sagte: »Lass dir nichts gefallen: Wenn er dir etwas tut, musst du kratzen, beißen und spucken!« Sybille und ich: Wir schlugen und wir boxten uns. Aber dann eines Tages – ich war zwölf oder dreizehn Jahre alt – sah ich Sybille von der anderen Straßenseite her, wie sie die Auffahrt hinaufging. Sie trug ein blaues Kleid und ein Paar Sandalen, und sie sah wunderschön aus – da durchfuhr es mich wie eine Erleuchtung. Ich bekam direkt einen Schreck: Dieses Wesen dort auf der anderen Straßenseite – es kann doch nicht sein, dass ich mich mit ihm geschlagen habe. Sie ist ein Mädchen, sagte ich mir, ein schönes Mädchen. Nie wieder werde ich mich mit ihr boxen oder sie schlagen.

Sybille wurde nicht meine erste Liebe, aber diesen Augenblick der Erleuchtung vergesse ich nie.

Von unserer Auffahrt führte eine kleine Treppe in eine Souterrainwohnung, in den Keller der Villa. Dieser Keller hatte noch von 1943 bis 1945 als Luftschutzkeller gedient.

Im Krieg, wenn die Sirene wieder heulte, trafen wir dort mit allen Nachbarn zusammen – wie seltsam: die hochnäsige Frau Möller war nicht mehr hochnäsig, der Meckerpott, Herr Schneider, meckerte nicht mehr, sondern versuchte mit uns Kindern irgendetwas zu spielen, die böse Hexe, die bucklige Frau Albrecht, sagte gar nichts mehr; denn alle hatten sie Angst. Die Bomben fielen um die Villa herum. Aber keine traf das Haus. Ein unwahrscheinliches Glück. Die Familie Hansen im Übrigen kam nie in den Keller. Sie wohnte im zweiten Stock und verharrte bei allen Bombenangriffen in ihrer Wohnung. »Wir wollen doch nicht verschüttet werden«, soll Herr Hansen gesagt haben. Erst nach dem Krieg begriffen wir, was der wirkliche Grund war.

Die Jahre vergingen, ich trat schon hin und wieder im Fernsehen auf – da fuhr ich wieder an unserer Auffahrt und der Villa vorbei. Was hatte das denn zu bedeuten?

Das ganze Haus war neu in Weiß gestrichen, aber hinter den Fenstern sah man rote Rollos. Der Vordereingang hatte einen roten Baldachin. Über dem Eingang stand in roten Leuchtbuchstaben ein Schriftzug: »Funny Club«.

Donnerwetter: Aus dem ehrbaren Vorderhaus, aus der Villa mit unseren Nachbarn, war ein Puff geworden, ein Edelbordell.

Und ich hielt an und ging hinein. Das heißt, zuerst ging ich um die Villa herum. Ich wollte nämlich vor allem die Rückseite sehen. Das Haus war auch von hinten neu gestrichen. Ich sah mich vorsichtig um. Es bestand aber wohl keine Gefahr, dass mir hier hinten ein Freier begegnen würde. Es war ja noch früh am Tag. Oben im zweiten Stock entdeckte ich auch wieder das Badezimmerfenster, wo ich diese Erscheinung hatte, die mir meine Eltern dann nicht glaubten.

Plötzlich, ich blickte immer noch nach oben, fragte eine Frauenstimme: »Hallo, guten Tag! Kann ich Ihnen helfen?«

Ich sah mich um – am Hintereingang stand eine sehr junge Frau mit schwarzem Haar, das ihr über die Schulter fiel. Sie trug einen zartblauen, seidenglänzenden Morgenmantel. Ich fühlte mich ertappt und sagte: »Ach entschuldigen Sie. Ich habe hier mal gewohnt. Ich wollte bloß mal sehen, ob sich was geändert hat.«

Die Schwarzhaarige lächelte.

»Der Club ist noch geschlossen«, lächelte sie. »Wir öffnen erst ab 18 Uhr.«

»Oh danke«, sagte ich. »Ich wollte auch gar nichts –
also ich wollte nicht in den Club, verstehen Sie. Ich
schwelge ein bisschen in Erinnerungen. Ich hatte hier
einmal ein unheimliches Erlebnis. Dort oben an dem
Fenster, es müsste das Badezimmerfenster sein. Das
war noch kurz vor Ende des Krieges, wissen Sie …«

»Hier haben Sie gewohnt?«, fragte die junge Frau
interessiert.

»Ja, über zehn Jahre. Genauer gesagt – in diesem
Abstellschuppen«, ich zeigte auf unsere ehemalige Garage. Der Schuppen sah jetzt schon sehr vernachlässigt
aus.

»Dann kommen Sie doch mit rein und erzählen es
mir!«, sagte die Frau oder das Mädchen. Ich dachte
sofort: »Vorsicht, Vorsicht!, die will was verdienen«,
sagte aber nichts.

Dafür sagte sie wieder freundlich: »Keine Angst, ich
bin ja nicht im Dienst. Ich finde es spannend, mal zu
erfahren, was hier vorher so los war. Kommen Sie mit,
ich bin bis heute Abend allein. Wir setzen uns an die
Bar, und ich mache uns einen Kaffee.«

Na wunderbar. Da konnte ich doch nicht nein sagen. Vielleicht hatte sie ja auch einfach Langeweile. Sie
führte mich zum Kellereingang – in unseren früheren
Luftschutzkeller, wo auch das bucklige Fräulein Albrecht gewohnt hatte. Sie machte Licht. Ich erkannte
eine Bar, aber ohne Beleuchtung, im Hintergrund war
es ziemlich dunkel – es waren aber teure Ledersessel
und ein Sofa zu erkennen. Die Wände waren mit Samt-
tapete verkleidet – alles sehr gediegen, das sah man.

»Abends ist es hier besser beleuchtet«, sagte das
Mädchen. »Wie heißen Sie übrigens?«

Ich nannte meinen Vor- und Nachnamen.

»Ich heiße Madeleine«, sagte sie. »Du kannst dir denken: Das ist ein Pseudonym. Ich nenne dich dann Hans.«

Wir setzten uns in einen der Ledersessel, sie hatte den Kaffee auf den kleinen Tisch gestellt.

»Also, dann leg mal los!«, sagte sie. »Es interessiert mich wirklich.« Unter ihrem Morgenmantel trug sie nur einen BH und eine Shorts. Ich wollte höflich wegsehen. Das bemerkte sie und zog ihren Seidenkimono zu.

Ich legte also los. Erzählte zuerst von Frau Albrecht, der Buckligen. »Die war doch so eine verbitterte Moralpredigerin. Was die wohl denken würde, wenn sie wüsste, dass sie sozusagen im Bordell gewohnt hat.« Dann kam ich auch gleich auf meine schreckliche Erscheinung zu sprechen. Ich trank jedoch erst mal einen Schluck Kaffee. Madeleine tat es ebenfalls und lächelte mir zu.

»Das war nämlich so«, fing ich an. »Im Frühjahr 1944 habe ich auf dem Hof hinterm Haus Fußball gespielt. Da schlug ich wohl einmal zu stark unter den Ball, so dass er hochstieg und gegen das schmale Fenster im ersten Stock prallte. Ich hatte sofort Angst, dass er die Fensterscheibe einschlagen könnte, aber zum Glück traf ich nur das Fensterkreuz. Erschrocken sah ich noch einmal nach oben. Ich hatte vorher nie bemerkt, dass das Fenster von innen irgendwie verkleidet war, mit Pappe oder Packpapier abgedichtet. So etwas fällt doch einem acht Jahre alten Jungen normalerweise gar nicht auf. Diesmal aber sah ich eine Hand am Fensterrahmen, eine Hand, die die Verkleidung langsam aufriss. Ich wollte schon weglaufen, weil ich dachte, das werden Frau oder Herr Hansen sein, die sich erschrocken haben. Die werden mich jetzt ausschimpfen. Aber schon war die Verkleidung abgerissen oder beiseitegeschoben – und ich sah etwas sehr Seltsames, etwas Schreckliches. Ein Mädchenkopf presste sich innen gegen die Fensterscheibe – nicht mit einem Gesicht, sondern einer Grimasse. Das Gesicht war völlig verzerrt. Der Mund weit aufgerissen, der ganze Kopf lag schief, und die Augen blickten – wie soll ich es sagen? – verzweifelt. Dazu hob das Mädchen jetzt die Arme und schlug dann mit den Händen von innen gegen das Fenster. Das waren aber auch keine normalen Arme, sie waren unnatürlich verkrümmt, und die Finger waren knochig, dünn und lang. Sie fuhr damit von oben nach unten über die Scheibe, als wollte sie etwas greifen, was sich draußen befand – nein, ich bemerkte es jetzt: Sie griff mit dieser schrecklichen Bewegung nach mir. Sie wollte mich zu sich ranholen oder mich vielleicht umarmen oder an sich ziehen. Ich weiß es nicht. Ich sah nur noch, dass ihr gleichzeitig der Speichel wie eine zähe Flüssigkeit aus dem verzerrten offenen Mund lief. Ganz bestimmt rief sie auch etwas. Ich konnte aber nur leise, undeutliche Laute heraushören.

Ich wollte die ganze Zeit davonlaufen, aber ich blieb wie verhext stehen. Ich konnte auch einfach nicht glauben, was ich da sah. Das Mädchen muss viel größer gewesen sein als ich, sonst hätte sie nicht so leicht und fast mit dem ganzen Köper aus dem Fenster sehen können. Aber dann – bevor ich endlich weglaufen konnte – wurde die schreckliche Mädchengestalt nach hinten weggerissen.

Also damals, Madeleine, als ich das unheimliche Mädchen hier an eurem Badezimmerfenster gesehen habe, damals hat mir das niemand geglaubt. Meine Eltern wurden richtig böse: ›Das kann überhaupt nicht sein, Junge. Das bildest du dir ein. Die haben doch gar keine Kinder. Wenn die Hansens eine Tochter hätten, dann würden wir das ja wohl wissen.‹

›Weiß ich doch nicht‹, sagte ich. ›Die war auch noch so schrecklich hässlich. Ich hätte fast Angst bekommen bei dem Anblick.‹

›Ja, das wissen wir ja, dass du eine blühende Phantasie hast. Jetzt siehst du also auch schon Gespenster.‹

›Nein, ganz bestimmt. Da war ein Mädchen am Fenster, und das hat Grimassen geschnitten.‹

›Hör jetzt auf, solchen Unsinn zu erzählen. Hansens haben keine Kinder – und damit Schluss jetzt!‹

Dann schälte meine Mutter ihre Kartoffeln weiter. Und setzte noch einmal nach: ›Ich hab dir gesagt: Du sollst immer nett und höflich zu den Hansens sein. Das sind ordentliche Leute. Die darf man sich nicht zum Feind machen.‹«

Madeleines Handy surrte. Sie blickte auf das Display und schrieb schnell etwas. »Kann warten«, sagte sie.

Ich fand das ungewöhnlich freundlich und fuhr fort: »Später haben mir meine Eltern erklärt, warum man sie sich nicht zum Feind machen sollte. Besonders ihn nicht, den kleinen, dicken Herrn Hansen. Der war nämlich ein gefürchteter Nazi. Herr Hansen, unser Blockwart, sagten meine Eltern. Ich habe damals nicht genau begriffen, was das bedeutete. Ich kann mich nur an einen eigentlich ganz gemütlich aussehenden Mann erinnern, nicht groß, höchstens 1,75 Meter. Er hatte einen Bauchansatz und trug meistens Langschäftige, und wenn ich ihn mir ins Gedächtnis rufe, sehe ich immer eine Armbinde mit dem Hakenkreuz. Er war ein paarmal zu uns in die Garagenwohnung gekommen, und meine Eltern waren nach seinem Besuch immer etwas aufgeregt. ›Der konnte einen ins KZ bringen‹, hat mir meine Mutter später erzählt. Zweimal hätten sie besonders große Angst gehabt. In unserer Garage stand nämlich abgedeckt ein Auto, ein Achtzylinder der Marke Adler.

Ein früherer Kunde meines Vaters hatte es in der Garage untergestellt. Ohne Vertrag oder ein Schriftstück. Blockwart Hansen hatte das Auto gesehen und drohte meinem Vater, es unerlaubt zurückgehalten zu haben. Es sei ›kriegswichtiges‹ Material oder so. Mein Vater hatte wohl auch keine Papiere für den Wagen, Blockwart Hansen fand das bedenklich und beunruhigte meine Eltern deswegen sehr.

Ein anderes Mal kam er und wollte 1944 wissen, ob meine Eltern die Hakenkreuzfahne, die sie vorschriftsmäßig hatten und zum Führergeburtstag und so weiter aus dem Fenster hängten, ob sie also diese Fahne erst seit 1933 hätten oder ob sie schon vor der Machtergreifung Hitlers eine gehabt hätten. Das hatten meine Eltern natürlich nicht. Das bedauerte Blockwart Hansen, denn sonst hätte er meinen Eltern bessere Lebensmittelmarken geben können. Überhaupt, sagte mein Vater mir später, alle Bewohner von Hausnummer 86 hatten zwar Angst vor Hansen, aber irgendetwas stimmte nicht mit ihm. Nach dem Krieg stellten sie nämlich fest, dass er zwar andauernd überall rumgeschnüffelt und Angst und Schrecken verbreitet hatte – dass aber seinen Drohungen nie etwas Konkretes gefolgt war.«

»Ich hol mir noch einen Kaffee«, sagte Madeleine, stand auf und fragte: »Und was hatte das nun alles zu bedeuten? Das Mädchen, hat das hier im Haus gewohnt?«

»Kommt gleich«, sagte ich. Ich war froh, diese nette Zuhörerin gefunden zu haben. Sie schenkte mir auch Kaffee nach.

»Es kam ja noch ein zweites rätselhaftes Ereignis hinzu«, sagte ich. »Das geschah zu Heiligabend 1944. Dazu musst du wissen, ich war dem Nazi Hansen, von dem ich nicht wusste, dass er ein Nazi war, weil ich mit acht Jahren auch noch immer keine genaue Vorstellung von dem Begriff Nazi hatte – ich war ihm einmal auf dem Hof zwischen Garage und Vorderhaus begegnet. Weil mir meine Eltern meine Fenster-Gespenstererscheinung nicht geglaubt hatten, fasste ich Mut und sprach ihn höflich an:

›Herr Hansen, haben Sie vielleicht ein Mädchen zu Besuch?‹

Er blieb stehen und sah mich böse an. ›Wieso?‹

›Ach nur, weil ich dachte, Sie könnten sie gern zu uns runterschicken. Wir spielen hier Verstecken und Geschichten-Ball und so was.‹

›Blödsinn‹, schnauzte Hansen. ›Wir haben keinen Besuch! Bei uns ist niemand. Lass mich damit zufrieden!‹ Und stiefelte davon.

Ich sagte noch besonders freundlich: ›Ich wollte ja nur höflich sein, falls sie Lust hat zu spielen …‹ Aber das konnte er wohl gar nicht mehr deutlich verstehen.

Auf jeden Fall hatten wir dann zu Heiligabend eine

Erscheinung, die auch nur wieder ich verstand. Meine beiden Eltern waren zu Hause – also bei uns in der Garage. Mein Vater war am Nachmittag heimgekommen, weil er jetzt in der Wentorfer Kaserne stationiert war. Um 18 Uhr sollte Bescherung sein. Aber was für eine Bescherung?

Es klopfte so gegen 17 Uhr an unsere Garagenhaustür. Meine Mutter öffnete – und draußen stand der Weihnachtsmann. Sie bat ihn in die Wohnküche, wo ein notdürftig geschmückter kleiner Tannenbaum stand. Christa und ich wurden gerufen.

Ich weiß nur, dass ich einen Schreck bekam. Der Weihnachtsmann fragte wohl, was Weihnachtsmänner so fragen: Seid ihr auch immer artig gewesen? Und so weiter. Er hatte einen dichten Bart, und die Kapuze war weit ins Gesicht gezogen. Er brummte noch etwas Unverständliches in seinen Bart, sagte noch irgendwas zu meinen Eltern, die staunend dastanden, dann griff er in den Sack und holte einen Lastwagen und einen kleinen Volkswagen heraus – beide aus Holz und ohne Farbe.

›Den Lastwagen für den Jungen‹, sagte er und gab ihn mir. ›Und dieses schöne deutsche Auto ist für die Christa‹, brummte er mit tiefer Stimme. Christa hatte Angst vor dem Weihnachtsmann. Sie machte einen Knicks und nahm das kleine Holzauto entgegen. Es war – mein Vater staunte am meisten darüber – ein Brezelkäfer, aber ein handgeschnitzter aus massivem Holz. Den musste irgendjemand selbst angefertigt haben. Der Weihnachtsmann strich uns Kindern noch über den Kopf. Dann ging er wieder zur Tür. Meine Mutter ließ ihn raus.

›Ich habe versucht, ihm von unten unter seine Kapuze zu sehen. Aber ich konnte ihn nicht erkennen‹, sagte meine Mutter. Beide Eltern hatten scheinbar keine Ahnung, wer dieser Weihnachtsmann war.

Nur ich hatte ihn erkannt. Oder jedenfalls: seine Langschäftigen. Das waren die von Herrn Hansen. Ich verriet es meinen Eltern. Aber die glaubten mir wieder nicht: ›Doch nicht ausgerechnet Hansen. Der spielt doch nicht für uns den Weihnachtsmann. Solche Stiefel haben auch andere Männer.‹

Dann war der Krieg vorbei. Hansens mussten aus dem Vorderhaus ausziehen. Die Blockwarte mussten sich bei der Entnazifizierung melden. Viele erhielten Gefängnisstrafen.

Am Tag vor ihrem Auszug aber kam der Hammer: Ex-Blockwart Hansen führte seine Tochter Ilse auf den Hof und ging mit ihr spazieren. Sie war ein großes Mädchen, konnte aber nicht normal gehen, sie lachte mit immer offenem Mund und stieß nur unverständliche gutturale Laute hervor. Sie verschränkte die Hände ineinander, ihre Augen schienen aber alles bewusst aufzunehmen. Und sie wollte tanzen. Draußen auf dem Hof fing sie an zu quietschen und eine Art Gesang auszustoßen. Das war sie also: Ilse Hansen, die ich am Fenster gesehen hatte. Die Hansens waren schnell mit ihr verschwunden und kamen nicht wieder.

Meine Eltern konnten nur noch staunen. Wer hätte das gedacht: Der schreckliche Nazi, den alle gefürchtet hatten, hat die ganzen Jahre seine geistig behinderte Tochter versteckt.

Er hat sie wohl so sehr geliebt. Er konnte sie nicht den Nazis melden. Sie wäre ja sofort getötet worden.«

Madeleine hatte die ganze Zeit aufmerksam zugehört. Ihr Handy hatte noch einmal geknurrt, aber das hatte sie weggedrückt. Jetzt schwieg sie.

Ich wusste auch nichts zu sagen.

»Und dann?«, fragte Madeleine. »Was ist aus dem Mädchen geworden?«

»Das weiß ich nicht«, sagte ich. »Nach dem Krieg haben sich alle wieder nur um sich selbst gekümmert.«

»Hm«, machte Madeleine und nickte.

Ich verabschiedete mich von der jungen Frau. Sie ließ mich aus unserem ehemaligen Luftschutzkeller wieder raus.

»Mach's gut, Hans«, sagte sie.

»Danke, Madeleine, du auch. Danke, dass du mir zugehört hast.«

»Der schönste Wahn der Welt«

Von der Volksschule erinnere ich nicht mehr viel.

Am stärksten war noch der Eindruck, den Helmuth Marrick bei mir hinterließ: Er konnte von allen Jungs am höchsten pinkeln. Das war sensationell. Helmuth war nämlich eine Art Contergan-Kind, was es damals natürlich noch nicht gab. Helmuth war sehr klein, nicht ganz Liliputaner, und seine Hände standen verkehrt herum. So jedenfalls hatte man den Eindruck. Einer seiner Füße war nach außen gebogen. Im Jungensklo gab es noch nicht wie heute schöne weiße Schüler-Pissbecken mit grünen Hygiene-Stücken drin (bitte nicht auf den grünen Kandis lutschen!), nein, es waren schwarz geteerte Pinkelwände, die unten eine Rinne hatten zum Auffangen des Urins. Der schwarze Teeranstrich reichte fast drei Meter hoch.

Aber Helmuth Marrick schaffte es mühelos darüber hinaus – und das in jeder Pause. Christian Breuer kam auch ziemlich hoch, aber Marrick war einfach nicht zu schlagen. Damals war er echt stolz auf sein Können, und wir anderen Jungen erkannten seine Leistung auch als etwas Bedeutendes an. Was aus dem armen Kerl wohl geworden ist? – In der Erwachsenenwelt der Normalgebauten konnte er sicher mit seiner Begabung nichts anfangen.

Dann weiß ich noch: Jeden Morgen vor Schulbeginn mussten wir in Zweierreihen antreten. Wie das

Arschloch hieß, das uns regelmäßig anbrüllte, weiß ich nicht mehr. »Ausrichten! Augen nach vorn! Und auf Vordermann!«, schrie er, als wenn wir Soldaten auf dem Kasernenhof wären. Jeden Morgen wurde die Hakenkreuzfahne vor unseren Augen hochgezogen. Bis die Fahne oben war, grölte der ganze Schulhof ein Fahnenlied, wahrscheinlich »Wenn die bunten Fahnen wehen«. Zum Abschluss donnerte es: »Im Gleichschritt in die Klasse! Gleichschritt habe ich gesagt! Nicht watscheln wie die Enten. Ihr werdet euch noch wundern. Sie werden es euch beibringen!«

Wenn man in der Klasse auf der Schulbank saß – eigentlich nicht schlecht: Die Pulte davor hatten ein Scharnier, man konnte sie zur Hälfte hochklappen –, durfte man den großen Augenblick nicht verpassen, wenn der Lehrer durch die Tür trat. Dann mussten wir nämlich alle sofort hochschnellen, gerade stehen, den rechten Arm hochhalten und »Heil Hitler, Herr Lehrer!« rufen beziehungsweise »Heil Hitler, Herr Krüger!« oder wie immer der Lehrer hieß. Ich weiß noch genau, dass wir das üben mussten. Hinsetzen! Aufstehen! Heil Hitler! Hinsetzen! Aufstehen! Heil Hitler! War 'ne einfache Übung. Bisschen blöd, aber auszuhalten.

Das geschah alles in der Zeit, als unsere »tapferen Väter und Söhne« gerade in Stalingrad erfahren mussten, dass das tausendjährige Reich wohl doch nicht mehr ganz so lange bestehen würde.

Lübeck wurde bereits von den Engländern bombardiert. Seitdem hieß der Befehlshaber der heldenhaften deutschen Luftwaffe bereits Hermann Meier. (Das erzählte mein Vater leise hinter vorgehaltener Hand. Göring hatte nämlich getönt: »Wenn auch nur ein feindlicher Flieger in den deutschen Luftraum eindringt, will ich Meier heißen.«)

Zwei- oder dreimal mussten wir auf den Befehl »Fliegeralarm!« hin in geordneten Reihen – »und zwar genauso wie ihr in der Klasse sitzt!« – in den Heizungskeller rennen und uns auf den Boden setzen. Das war noch in der Schule Alsenstraße. Sie wurde 1943 tatsächlich getroffen. Aber rücksichtsvollerweise nicht während des Unterrichts.

»Ich hab kein Abitur, ich hab mittlere Reife«, hat der Komiker Karl Dall, der mit dem verrutschten Auge, einmal gesungen. So ging es mir leider auch. Meine Eltern hatten kein Geld für den Luxus, Abitur zu machen.

Aber genau das war wiederum mein großes Glück. So machte ich zwar kein Abitur, aber dafür verließ ich die sogenannte Technische Oberschule mit einem traumhaften Abschluss in Schauspielkunst und Dramaturgie. Jawohl, ich behaupte hier: Ohne unseren Klassenlehrer Friedrich Wilhelm Wiede hätte ich nicht das ganze Leben diese Sehnsucht nach dem Theater gehabt, hätte ich nicht so schnell versucht, wieder auf einer Bühne zu stehen, und wäre ich nicht so ohne weiteres davon überzeugt gewesen: Ich muss schreiben und spielen. Meine Schulzeit war meine Schauspielschule!

Friedrich Wilhelm Wiede war ein wunderbarer Lehrer – wenn man ihn erst einmal begriffen hatte. Nach heutigen pädagogischen Bedingungen hätte er wahrscheinlich seinen Beruf aufgegeben. Die dauernde Verpflichtung, sich vor den Eltern und dem Elternrat rechtfertigen zu müssen, hätte er wohl nicht ausgehalten. Noch heute sagen die Klassenkameraden auf den Klassentreffen untereinander: »Gelernt haben wir ja eigentlich gar nichts bei Hugo.« (Die Mädchen nannten ihn Hugo Hängebauch.) Und dann fragen sie sich, wie es denn aber kommt, dass die T 10b, also der letzte Jahrgang unserer Klasse, bis heute so fest zusammenhält.

Mir kommen gleich mehrere Bilder aus der Erinnerung.

An der Wandtafel steht ein Aufsatzthema: »Wo der Hund begraben liegt«.

»Zwei Schulstunden«, sagt Wiede mit listigem Grinsen. »Schreibt, was euch einfällt! Blätter könnt ihr hier vorn vom Stapel nehmen.«

Da gibt es erst mal Protest und Gemurre. »Dazu fällt mir nichts ein« oder »Wir haben keinen Hund!« oder »Ich hab noch nie einen Hund begraben«.

Aber Wiede hatte seine Arbeit getan. Er hatte sich ein Thema ausgedacht und an die Tafel geschrieben. »Erst denken und dann schreiben!«, sagte er nur. Dann setzte er sich hinter sein Pult auf dem kleinen Podest, legte seine dicke Aktenmappe auf den Tisch, damit er ein Buch dagegenlehnen konnte, um zu lesen. Da saßen wir nun und »grützten« und flüsterten uns Ideen zu, falls uns gerade welche kamen.

Nach einiger Zeit sahen wir, dass unserem Lehrer immer wieder beim Lesen die Augen zufielen, es dauerte nicht lange, dann war er eingeschlafen. Sein Kopf sank ihm nach vorn gegen seine Aktentasche, sein Atem ging auch schon etwas lauter, aber kurz bevor er anfing zu schnarchen, wachte er wieder auf und sah auf die schreibenden Schüler. Das Ganze nannte sich: »Wir schreiben einen Besinnungsaufsatz.« Für viele Schüler eine Qual. Peter P., glaube ich, war es, dem zum Thema, »Wo der Hund begraben liegt« dies einfiel: Er fertigte eine Skizze von einem kleinen Garten an, mit Baum, Gebüsch und Bank, darauf machte er ein Kreuz und schrieb dazu »ungefähr hier«.

Peter war ein frecher Hund und rechnete mit einer Sechs. Aber Wiede gab ihm tatsächlich eine Zwei. »Origineller Einfall!«, sagte er.

Was mich betraf, ich machte mich jedes Mal unbeliebt bei solchen Gelegenheiten, weil ich alle fünf Minuten wieder nach vorn lief und mir ein weiteres Blatt Schreibpapier holte. Bei Besinnungsaufsätzen fiel mir nämlich immer etwas ein, und dann schrieb ich drauflos, weil sich aus einem Einfall wieder der nächste ergab. Das trug mir die stumme Verachtung meiner Mitschüler ein. »Scheibner schon wieder! Schnellschreiber. Blöder Streber!« Ich lernte also schon mal: Auch ohne direkten Beifall immer weiterschreiben! Für meine zehn eng beschriebenen Seiten erhielt ich dann ja auch keineswegs eine bessere Zensur als Peter für seine kleine Zeichnung.

Wenn Wiede nicht einschlief, während er uns beaufsichtigte, holte er sein Taschenmesser raus, klappte einen kleinen Elfenbeindorn heraus und fing an, sich die Fingernägel zu reinigen.

»Ist doch ein Skandal!«, höre ich die heutigen Eltern schreien. »Der Lehrer soll den Schülern helfen – und sie nicht einfach mit der Aufgabe allein lassen!«

Er war ein Unikum, ein Gemütsmensch – ein Typ,

der nach allen heutigen pädagogischen Maßstäben völlig ungeeignet war, ordentliche Menschen aus uns zu machen. Merkwürdig, dass die meisten es trotzdem geworden sind.

Heute würden die meisten Eltern wohl sagen, dass dieser Lehrer einfach zu faul war, sich intensiv mit unseren Leistungen zu beschäftigen.

Versuchen Sie diese Philosophie mal heute dem Elternrat zu empfehlen! »Wiede muss weg!«, höre ich sie schreien.

Bevor ich nun erzähle, wie Friedrich Wilhelm Wiede die Klasse nicht nur dazu brachte, Kleists *Der zerbrochne Krug* aufzuführen, sondern sich mit wahrer Begeisterung in dieses Projekt zu vertiefen, alles dafür zu tun und sogar manchmal auf die Sportstunde zu verzichten, möchte ich ein privates Geständnis loswerden.

Unser lebenskluger Lehrer hatte keine große Lust, sich jeden Tag mit seiner dicken, schweren Aktentasche abzuschleppen. Er kam meistens mit dem Fahrrad sechs bis sieben Kilometer zur Schule geradelt. Die Aktentasche musste er auf seinem Gepäckträger befestigen. Sein Fahrrad war eines, das den Krieg mit Müh und Not überlebt hatte. Herbert Fastert, der beste Schüler in Mathematik und damals mein Sportsfreund, wohnte in derselben Straße wie Wiede, nur ein paar Häuser weiter. Herbert hatte deshalb oftmals die Ehre, Friedrich Wiedes dicke, schwere Aktentasche auf dem eigenen Fahrrad morgens in die Schule zu transportieren und im Lehrerzimmer abzuliefern. Nach der Schule durfte er dann den Rücktransport übernehmen. Herbert und ich hatten zirka fünf Kilometer denselben

Weg nach Hause und fuhren diesen also immer zusammen. Eines Tages wussten Herbert und auch ich: Wir hatten das Englischdiktat völlig verhauen. Englische Orthographie war einfach nicht unser Ding. Die Hefte mit den Englischarbeiten befanden sich jedenfalls in der dicken Aktentasche. So eine Gelegenheit, meinte ich, darf man sich doch nicht entgehen lassen.

Also machten wir hinter einer Hecke irgendwo halt, suchten unsere Arbeiten aus dem Stapel heraus und »korrigierten« die Diktate. Die Fehler waren uns ja nach dem Diktat inzwischen klargeworden, zum Beispiel durch Wiebke, die beste Schülerin in Englisch. Wir stellten auch sofort fest, dass es wirklich verheerend viele Fehler waren. Wir korrigierten sie, so gut es ging – fein durchstreichen und am Rand richtig wiederholen war erlaubt. Manche Wörter konnte man auch noch in die Zwischenräume setzen. Wir steckten die Hefte wieder in die Tasche – und legten uns in die Pedale, um so schnell wie möglich Wiedes Haus zu erreichen. Er war selbst noch gar nicht zu Hause, als wir ankamen. Herbert gab die Tasche bei der Lehrersgattin ab. Die kleine Urkundenfälschung – ach nein, sie war schon ganz schön groß, ich hatte mindestens fünfzehn Wörter »korrigiert« – war also gelungen.

Trotzdem hatten Herbert und ich die ganze Woche bis zur Rückgabe der Arbeiten ein sehr ungutes Gefühl. So saßen wir denn mit größter Beklommenheit in der Klasse, als Wiede die Englischdiktate zurückgab.

Er stand da an seinem Pult, legte den Stapel Hefte auf dasselbe und sah die ganze Klasse kopfschüttelnd über seine randlose Brille an. Dann gab er nur ein tiefes Seufzen von sich. »Hier sind die Zensuren des Englischdiktates. Wiebke: wie immer fehlerfrei. Aber sonst? Womit habe ich das verdient?« Er gab jedem seine Arbeit zurück. Und verkündete dabei die jeweilige Anzahl der Fehler: »Karin W. 6 Fehler, Peter P. 8 Fehler ...« und so weiter. Es war schon unerträglich. Dann kam es endlich: Herbert Fastert 2 Fehler, Hans Scheibner auch 2 Fehler.« Uff, uns fiel ein Gebirge vom Herzen.

Doch dann sahen wir unsere Zensuren: 2 Fehler, Note 5. Bei Herbert ebenso. Wir sahen uns an und zeigten uns gegenseitig die Resultate.

»Bei nur 2 Fehlern die Note 5?!«, sagte ich empört.

»Willst du dich etwa beschweren?«

»Oh Scheiße! Nein, natürlich nicht.«

Welch ein Schlitzohr, dieser Lehrer!

Ich weiß nicht, ob 1952 an den Schulen in unserem Land schon des Öfteren ein klassischer Dichter aufgeführt wurde. Heute ist das ja nichts Besonderes. Damals sagte Wiede uns:

»Hat einige Diskussionen gegeben. Meine Kollegen meinen, das kann gar nichts werden. Ihr seid viel zu unreif und habt gar nicht genug Sprachgefühl für das, was ich mit euch vorhabe. Aber ich habe gesagt, ihr schafft das. Hab ich recht?«

Wir guckten erst mal nur dumm.

»Wovon ist denn die Rede, Herr Wiede?«

»Ach so, hätte ich fast vergessen. Ich möchte mit der Klasse *Der zerbrochne Krug* von Heinrich von Kleist aufführen. Irgendwelche Einwände?«

Oha! Das war also der Grund, weshalb wir vier Wochen lang diesen *Zerbrochnen Krug* mit verteilten Rollen lesen mussten. Gar nicht so leicht. Die kleistschen Blankverse waren schwierig für uns. Wiede hat uns die Rollen ein paarmal wechseln lassen. Zuerst kamen wir überhaupt nicht damit zurecht. Schon gar nicht, als es losging, dass wir die Kleist-Verse auswendig sprechen mussten. Ich höre die temperamentvolle Christa Reitmann immer noch mit ihrer Krugschilderung kämpfen:

Nun, diesen Krug jetzt, seht – den Krug,
Zertrümmert einen Krug noch wert, den Krug
Für eines Fräuleins Mund, die Lippe selbst
Nicht der Frau Erbstatthalterin zu schlecht,
... äh, ja, also, auch für die Fürstin noch gut genug
oder so ...

Aber sie gab nicht auf – und alle anderen auch nicht. Es ging doch darum: Wenn alle beteiligt sind, proben wir zwei Monte lang nur das Stück und bauen die Kulissen und schneidern die Kostüme. Englisch und Geographie fallen erst mal aus. Ja, so kann man Schüler begeistern! Weil Hans Scheibner mit der gebundenen Sprache am besten zurechtkam, musste er den Richter Adam spielen. Eine Traumrolle.

Die Eve wurde von unserer Klassendiva Karin Thiessen gespielt. Der Ruprecht von Herbert Fastert, meinem Freund; der Schreiber Licht von meinem anderen Freund Andreas Nowak; der Gerichtsrat Walter von unserem korrektesten Klassenkameraden Dieter Bosselmann, und Heinz Werner Büngener, der Schweigsame, der schon als Junge eine große Ruhe und Gelassenheit ausstrahlte, bekam die Rolle des Bauern Veit. Dieser Veit ist von Kleist ganz sparsam gezeichnet: Er steht die meiste Zeit nur im Hintergrund und beobachtet mit unendlicher Geduld das Geschehen. Er greift kaum einmal in die Handlung ein – aber wenn, dann auch ohne Rücksicht auf sich selbst: Seinen eigenen Sohn schont er nicht, als er glauben muss, der habe der Eve etwas angetan: »Hör, du verfluchter Schlingel, du, was machst du?/Dir brech ich alle Knochen noch.« Da kam der Unerschütterliche aus sich heraus. Ich höre ihn heute noch, wie er das sprach.

Ich wollte damit sagen: Wiede hatte eine glückliche Hand dafür, alle Rollen der Komödie mit den richtigen Charakteren aus den Reihen der Schüler zu besetzen.

Auf jeden Fall: Alle machten begeistert mit. Das Besondere war ja: Wir spielten nicht irgendein Laienspiel, wie die meisten anderen Klassen das machten oder die Volkshochschule, nein, wir spielten Kleist.

Ich habe mich später einmal mit dem Dichter Heinrich von Kleist persönlich unterhalten. Heinrich von Kleist hat mir gesagt: »Das habt ihr prima gemacht, Leute, mit eurer Klasse T 10b – ich als der Dichter habe es lieber, eine begeisterte Schulklasse spielt mein Stück als irgend so ein überkluges Intendantentheater. Manche können es ja nicht lassen und machen zwei Teile aus dem *Zerbrochnen Krug*. Wahrscheinlich, damit sie in der Pause Getränke verkaufen können.« Damit spielte er natürlich auf diesen dämlichen Johann Wolfgang von Goethe an, der es schaffte, den *Zerbrochnen Krug* einen Misserfolg werden zu lassen. Das ist nämlich eigentlich gar nicht möglich: *Der zerbrochne Krug* ist nicht totzukriegen.

Mit uns wurde er jedenfalls ein voller Erfolg. Lehrer Wiede wurde sogar von seinem Kollegium gefeiert.

Auch gab es eine richtige Pressekritik in der Niendorfer Lokalzeitung. Und nicht mal gegen das »dicke Ende« wurde von den Schülern besonders protestiert: Jeder von uns musste einen Besinnungsaufsatz schreiben mit dem Titel »Meine Mitwirkung bei ›Der zerbrochne Krug‹«. Dass die Klasse bis heute noch – sechzig Jahre später – zusammenhält, hat mit dieser Aufführung zu tun. Wiede hatte es geschafft, aus dem Deutschunterricht ein tief zusammenführendes Erlebnis für alle Schüler zu machen.

Ich aber hatte den größten Gewinn: Die Liebe zum Theater, zum Spielen und zum Stückeschreiben war endgültig in mir geweckt und hat mein ganzes Leben bestimmt.

Schon während wir an *Der zerbrochne Krug* probten, setzte ich mich zu Hause in der Garagenküche hin und schrieb ein eigenes Melodram. Es erhielt den Titel »Der schönste Wahn der Welt«. Dabei ging es um das allgemeine erste Liebeserwachen in unserer Klasse. Friedrich Wiede hatte mit der T 10b im Frühling 1953 eine zehntägige Klassenreise nach Bacharach am Rhein gemacht. Über dem Ort Bacharach steht die ehemalige Ritterburg Stahleck, eingerichtet als Jugendherberge. Wie nicht anders zu erwarten, begannen dort erste zärtliche Beziehungen zwischen Jungen und Mädchen. Nicht zu vergleichen mit Klassenreisen heute. Es kam – soviel ich weiß – nicht mal zu richtigen Küssen und schon gar nicht zu irgendwelchen erotischen Annäherungen. Aber die Liebe, zarte Sehnsucht und poetische Träume hingen auf der romantischen Burg überall in der Luft.

Die alte Ritterburg sollte der Schauplatz sein. So erfand ich denn ganz einfach einen Burgherrn, den Fürsten Hugo (also Lehrer Wiede). Der hatte eine wunderschöne Tochter, das war die Prinzessin Katharina (gespielt von Karin W., dieselbe, die ich später wirklich geheiratet habe). Katharina wurde seit sieben Jahren angebetet und umschwärmt von dem Ritter Andreas. Aber die Amme Elisabeth (in Wirklichkeit die beste Freundin von Karin W.) wachte eifersüchtig darüber, dass sich kein »Ritter«, der Prinzessin nähert. Sie hatte es geschafft, dass sich schon mehrere abgewiesene Ritter von den Zinnen der Burg gestürzt hatten. So war der Burgherr Hugo sehr besorgt, dass er keine Nachkommen haben würde.

Da kam eines Tages der Ritter Johann auf der Burg an. (Der Leser errät sofort, dass es sich hierbei nur um den Autor des Dramas handeln kann.) Der Fürst und Burgherr bot ihm an, er möge um die Hand seiner Tochter, der Prinzessin Katharina, anhalten. Johann jedoch lehnte das entsetzt ab: Er war gerade von einer anderen Frau schnöde betrogen und fallengelassen worden und hasste daher nun alle Frauen.

*

Hier muss ich als biographischer Autor unbedingt einfügen, dass es sich bei diesem Motiv ebenfalls um eine wahre Geschichte handelt: Jene »andere Frau« (ich nenne sie hier mal Kyra) war nämlich meine erste große Schülerliebe. Ich brachte Kyra meistens nach der Schule mit dem Fahrrad bis vor ihre Haustür, was ein ziemlich großer Umweg war. Dann im Sommer 1952 verreiste sie mit ihren Eltern nach Marne an der Nordsee. Sie schrieb mir eine Ansichtskarte: Komm doch und besuche mich! Die Adresse war angegeben.

Sofort fuhr ich zu meinem Freund »Heinerle« und überredete ihn, mit mir zusammen die hundert Kilometer nach Marne zu fahren, um dort die schöne Kyra zu treffen. Er war sofort bereit. Wir brauchten mit dem Fahrrad einen Tag. Die Fahrt an der Elbe entlang, heute die Route der B 431, führte über Wedel, Elmshorn, Glückstadt, Wewelsfleth, Brokdorf, dann ging es über den Nord-Ostsee-Kanal. Die Straßen waren meistens menschenleer. Kurz vor Marne schlugen wir unser Zelt auf und übernachteten am Waldesrand. Am nächsten Morgen fuhren wir nach Marne hinein bis vor die Haustür der Pension, wo Kyra mit ihren Eltern wohnen sollte. Wir gingen den ganzen Tag bis zum späten Nachmittag in der Straße auf und ab, aber Kyra tauchte nicht auf und auch ihre Eltern nicht. Warum wir nicht an der Tür klingelten? Aber ich bitte Sie! Dazu waren wir doch viel zu schüchtern, wir hatten einfach nicht den Mut.

Also packten wir unser Zelt ein und radelten die gut hundert Kilometer wieder zurück – erst mal nur bis Glückstadt und am nächsten Vormittag weiter nach Hause. Sofort schrieb ich Kyra eine Karte: »Wir waren uns so nah – und haben uns doch nicht getroffen.« Kyra schrieb sofort eine Karte zurück: »Das nehme ich Dir übel. Zu feige zum Klingeln? Komm sofort wieder!«

Es blieb nichts anderes übrig: Heinerle konnte nicht noch einmal die hundert Kilometer mit mir fahren. Aber mein Freund Herbert war dazu bereit. Wieder im Zelt vor Marne übernachtet. Am nächsten Tag nach Marne rein und an der Haustür geklingelt. Die schöne

Kyra kommt gleich mit Badeutensilien und auch mit Fahrrad. Wir fuhren nach Friedrichskoog an die Nordsee. Kyra war so fröhlich, sie strahlte und lachte. Wir legten uns am Deich ins Gras. Ich war etwas erschöpft und schlief ein. Als ich aufwachte, kaute eine Kuh auf meinem Hemd herum. Kyra und Herbert wollten sich kaputtlachen. Dann, auf der Rückfahrt zu unserem Zelt, sagte Herbert, der immer so korrekte, anständige Herbert: »Ich muss dir etwas sagen, Hans. Kyra und ich sind jetzt zusammen.« Einfügung zu Ende.

*

Der Ritter Johann also hasste nun alle Frauen. Der Fürst jedoch meinte, dass gerade dieser Johann der richtige für seine Tochter sei. Johann aber schwor auf der Stelle: Sollte er jemals über ein Mädchen sagen »Oh Gott, wie ist die schön!«, würde er sie zur Frau nehmen. »Aber das wird nie gescheh'n!« Der Ritter Andreas schmachtet immer noch nach Katharina und irrt nachts durch die Gemäuer, als die böse, blutgierige Amme Elisabeth erscheint und verspricht, dass sie jeden Mann umbringen wird, der sich ihrer Katharina zu nähern wagt. Sie gibt ihrer Mordlust mit den schönen Versen Ausdruck:

Ich möcht mal ein Gehirn zersägen
und den glitschig-feuchten Brägen
mit beiden Händen gierig fassen
und durch die Finger quetschen lassen.

Dann geht sie ab, denn sie muss mal auf den Topf.

Der Ritter Andreas kommt, sieht die schöne schlafende Katharina und will sie wachküssen. Da kommt die blutgierige Amme Elisabeth und ersticht den armen liebeskranken Andreas von hinten. Dazu spricht sie die wunderschönen Verse:

Wer niemals einen umgebracht
der weiß nicht, wie es glücklich macht
im Fleische seines Feinds zu wühlen
und dessen Schmerzen nachzufühlen.
Der kennt nicht jene Fieberglut
beim Quälen, wenn das arme Blut
mit Schweiß und Speichel noch verdünnt,
verschmiert am ganzen Leib gerinnt.

Nun kommt der Ritter Johann, sieht die Prinzessin Katharina im Bett liegen, verliebt sich natürlich auf der Stelle, bricht in den Ausruf aus: »Oh Gott, wie ist die schön!«, was hinter der Wand der Fürst mithört. Das Happy End ist jedem klar. Die Amme wird als Mörderin des Andreas in den Folterkeller der Burg (der uns sehr beeindruckt hatte) geworfen und eingemauert. Prinzessin Katharina und Ritter Johann heiraten. Der Fürst stirbt an Altersschwäche.

Vom *Zerbrochnen Krug* noch ganz erfüllt, wollten wir gern dieses Schauerstück aufführen. Das wurde genehmigt – allerdings unter einer Bedingung: Es müssen wieder alle Schüler eine Rolle bekommen. Das war kein Problem; ich schrieb schnell einen Gespensterchor für zwanzig Gespenster und einige Szenen, in denen sie auftauchten und die Handlung voranbrachten.

Ach ja – und dann: Mein Vater musste zur Schulleitung kommen.

Ob mit seinem Sohn alles in Ordnung sei?

Wieso?

Er hätte ein Stück mit so blutrünstigen Worten vorgelegt, auch noch gereimt, dass man nicht wisse: Ist das nun Pubertät oder Sadismus?

Mein Vater: Ach wo! Der Junge ist normal. Der muss nur immer alles übertreiben. Die Phantasie geht immer mit ihm durch.

Wir durften das Stück schließlich spielen. Mit allen sadistischen Versen. Christa Reitmann, die vorher die Marthe Rull gespielt hatte, legte sich als Amme Elisabeth voll ins Zeug bei den blutrünstigen Stellen. Würde heute ein Schüler solche Schreckenstexte schreiben, ich vermute, sie würden ihn erst mal zum Psychiater schicken.

Das also war im Wesentlichen unsere Schulzeit. Gelernt haben wir wirklich nicht viel – aber alle Schüler der T 10b von damals sagen immer noch: Es war eine wunderbare Zeit. Unseren Lehrer Friedrich Wilhelm Wiede verehren wir heute noch.

Drei Semester
Theaterwissenschaft

Mein Kollege Henning Venske beschreibt in seiner Biographie sehr eindrucksvoll, wie er am Berliner Schillertheater wertvolle Erfahrungen für seine spätere Karriere gesammelt hat. Mit so einer Künstlervergangenheit kann man sich sehen lassen.

Meine Universität dagegen war das »theater 53« in Hamburg am Rothenbaum. Ein sogenanntes avantgardistisches junges Theater, ins Leben gerufen von Marcus Scholz, einem jungen Kriegsheimkehrer, Journalisten und hoffnungsvollen Dramatiker. Nach meinen großen Bühnenerfolgen bei Friedrich Wilhelm Wiede an der Mittelschule suchte ich jetzt den weiteren Aufstieg nach oben zu Ruhm und Größe.

Das Prachtgebäude des Theaters war ein ehemaliger Geräteschuppen, eine Baracke auf dem Gelände hinterm damaligen HSV-Sportplatz. Damals stand vor dem Theater noch ein drohender, finsterer Betonklotz: ein Hochbunker. An dem mussten die Besucher erst einmal eine lange, bei Regen aufgeweichte Auffahrt hinunter. Dann endlich kam die Theaterbaracke, halb in die Erde eingegraben: eine Kulturstätte für etwa achtzig Zuschauer. Zuschauerraum und Bühne waren zusammengenommen schätzungsweise hundert Quadratmeter groß – wenn überhaupt. Ein quadratischer Raum. Eingeteilt in vier Viertel. Ein Viertel in der linken Ecke: die Bühne. Die übrigen drei Viertel waren der Zuschauerraum – um die Bühne herum. Das Mobiliar bestand aus alten Holzstühlen, wahrscheinlich irgendwo aus den Trümmern ausgegraben.

Die Aufgänge zur Bühne fanden durch denselben mit einem Tuch abgehängten Eingang statt, durch den auch die Zuschauer eintraten. Einen Bühnenvorhang gab es nicht. Rechts hinten im Bühnenteil war nur ein kleiner Verschlag abgeteilt, hinter den man ebenfalls abgehen und wieder auftreten konnte.

Es ist wichtig, dass ich dies vorausschicke. Gerade der schmale Raum hinter dem Verschlag sollte nämlich noch eine entscheidende Rolle in meiner jungen Künstlerlaufbahn spielen. Sie endete für mich als Tragödie!

Ach, wenn ich daran denke, ergreift mich noch heute, sechzig Jahre danach, ein schmerzliches Gefühl der Scham und der Wehmut. Mein armes junges Poetenherz jedenfalls war verwundet. Ich habe damals sehr gelitten. Die Ursache für diese Tragödie war sie: Daniela. Der Star, die Diva, die Schöne, die Göttliche, die Unerreichbare – meine Geliebte!

Mein Freund Andreas, der im *Zerbrochnen Krug* an der Schule den Schreiber Licht gespielt hatte (und der es erdulden musste, dass die schöne Katharina, nämlich Karin Wessel, sowohl in meiner Schülerkomödie als auch später im wirklichen Leben mir den Vorzug gab), der also hatte mich ermuntert: »Da gibt es jetzt so ein Amateurtheater, vielleicht nehmen die dich!«

Ich also hin. Das Theater lag wie beschrieben halb im Keller. Selbstgemalte Plakate draußen: »›Die geliebte Stimme‹ – Solo mit Daniela Dalhöfer. Eine angelehnte Tür, die sich quietschend öffnen lässt. Hinter der Tür bellt ein Hund, ein Dackel. Ein kleiner Flur mit Bastläufer. Jemand quält sich darauf mit dem Staubsauger ab. Ich spreche schön laut gegen den Staubsauger an:

»Guten Tag! Ich wollte zum Theaterleiter.«

Da dreht sich der junge Mann zu mir um, der den Staubsauger bedient.

»Bitte sehr? Was willst du?«

»Ich möchte den Leiter des Theaters sprechen.«

Der junge Mann lacht und stellt den Staubsauger ab.

»Der Intendant dieses Unternehmens steht vor dir. Was möchtest du denn?«

Oha, dieser drahtige junge Mann mit den schwarzen enganliegenden Haaren und den schmalen Lippen, einen Kopf größer als ich – ist der … der Intendant?

»Ob ich eventuell bei Ihnen spielen kann. Ich möchte Schauspieler werden. Ich habe auch schon mal gespielt.«

»Na großartig. Was denn?«

»Den Dorfrichter Adam.«

»Wie bitte?« Da muss er lachen. »Du? Den Adam? Du hast ja gar keinen Klumpfuß.«

»Ich hatte einen Gummistiefel von unserer Tante angezogen. Der hatte eine hohe Hacke.«

Er grinst mich aus, falls es diesen Ausdruck gibt. Aber er ist freundlich.

Er fragt nicht nach meinem Namen, nicht nach Schauspielschule oder Zeugnis.

»Also los!«, sagt er. »Dann fang mal an!« Und stellt den Staubsauger wieder an.

»Wie? Was? Jetzt hier?«

Mein Gott, ich hatte gedacht, ich könnte mich noch

ein paar Tage vorbereiten. Ich hab doch nichts. Außer …
Aber das geht doch nicht. Oder vielleicht … Ist ja auch
egal.

»Aus der Komödie ›Der schönste Wahn der Welt‹«.

»So, so, lass hören!« Er setzt sich auf ein Sofa mit
rotem Bezug, das an der Seitenwand des Flurs steht.
Später habe ich dann gelernt: Das ist hier nicht der
Flur, das ist das »Foyer« – und hinter dem fleckigen
Vorhang in der einen Ecke verbirgt sich die Garderobe
für die Kleider des Publikums.

Ziemlich unsicher beginne ich, verziehe aber das
Gesicht zu einer blutrünstigen Grimasse, als würde
mir vor Mordlust der Speichel aus dem Mund laufen:

Ich möcht mal ein Gehirn zersägen
und den glitschig-feuchten Brägen
mit beiden Händen gierig fassen
und durch die Finger quetschen lassen.
Wer niemals jemand umgebracht …

»Oha, oha!«, ruft Marcus Scholz und lacht. »Der reine
Sadismus! Von wem ist das denn?«

»Ich weiß nicht«, lüge ich. »Ein unbekannter Schüler. Aber der Text ist ein Rollentext. Er ist für eine
mordgierige Männermörderin geschrieben.«

»Also gut«, sagt Scholz – er muss immer noch lachen.
»Wir versuchen es mal mit dir!«

Wow: Ich war engagiert. Im Frühjahr 1954 am (noch
nicht so ganz) weltberühmten theater 53 in Hamburg.

So begann fast unmittelbar nach der Schulzeit meine
erste kurze Künstlerkarriere. Ich hatte gezwungener-

maßen eine Lehre als Verlagskaufmann begonnen. Aber die wollte ich am liebsten sofort wieder beenden. Da erschien mir das theater 53 als der Lichtblick, als der Ausweg.

Mein Leben hatte wieder einen Sinn. Mit einem Schlag hatte das muffige Bürogefängnis seinen Schrecken verloren. Ich fuhr wie jeden Morgen um 6 Uhr 15 mit der Straßenbahnlinie 2 von Schnelsen bis zum Gänsemarkt – aber meine Depressionen waren verschwunden. Ich werde Schauspieler! Ich muss mein Leben nicht mit Zahlungsanweisungsausschreiben und Postablegen vergeuden.

Ich darf am theater 53 spielen. Und zwar Wolfgang Borchert.

Marcus Scholz hatte nun mehrere der Kurzgeschichten für die Bühne eingerichtet – einfach dadurch, dass er nur die Dialoge stehen ließ. Diese beiden Texte sollte ich lernen: »Die Krähen fliegen abends nach Hause« und »Die Küchenuhr«. Am Wochenende sollte die erste Leseprobe sein. Ich lernte die Dialoge perfekt auswendig und war unheimlich aufgeregt. Kann ich als Laie, eben gerade von der Schule abgegangen, so etwas überhaupt glaubhaft darstellen? Zwischen Schule und Lehre hatte ich lediglich ein paar Stunden in der Volkshochschule verbracht, wo ich bei einem gewissen Dr. Teichmann in einem frommen Belehrungsstück spielen sollte. Das hatte ich aber sofort wieder aufgegeben, da war ich mir mit einem Mitvolkshochschüler sofort einig. »Nicht auszuhalten. Da gehen wir nicht wieder hin.«

Im theater 53 traf ich diesen Typen nun wieder. Uwe Friedrichsen hieß der – und er sollte mein Dialogpartner werden. Ein junges Mädchen setzte sich dazu und ein Herr Hüttmann. Freundliche Begrüßung. Die Diva schaute nur ganz kurz herein: Eine nicht so große, aber eindrucksvolle Erscheinung: kastanienrote Haare, lebendige, fröhlich-freche blaue Augen und ein leicht spöttisches Lächeln auf den Lippen. Sie begrüßte uns nicht einzeln, sondern mit einem gehauchten »Hallo« und entschwebte wieder in die hinteren Gemächer, wo sie ihre Garderobe hatte. Ich weiß nicht, wieso, aber ich war sofort von dieser Frau fasziniert. Sie war eben ein ganz anderes weibliches Wesen als die Mädchen, mit denen ich bisher Bekanntschaft gemacht hatte. Gegen Daniela waren sie alle sozusagen harmlos. Diese zierliche, kapriziöse Dame hatte irgendwie etwas Gefährliches.

Das spürte ich gleich. Und ihr Parfüm! Sofort erfüllte ein wunderbarer Duft den Raum, wie ich ihn bisher noch nie kennengelernt hatte. Kein Wunder! Ich kannte ja höchstens 4711 Kölnisch Wasser von meiner Mutter – Daniela aber trug natürlich einen französischen Duft. Ich kann ihn heute gar nicht so genau beschreiben. Aber hin und wieder geschieht es mir noch heute – sechzig Jahre später –, dass mir irgendwo auf einem Empfang oder in der S-Bahn, ich weiß nicht, ein bestimmter Duft in die Nase kommt. Und dann habe ich sie wieder vor mir und denke sofort daran, wie ich tatsächlich vor ihr niederknien würde hinter dem Verschlag auf der Rückseite der Bühne, wo wir einen Augenblick vor unserem Auftritt allein waren ...

Aber nun ging es erst einmal los mit dem Wolfgang-Borchert-Abend.

Das Stück *Draußen vor der Tür* hatte ich inzwischen auch gelesen und im Radio als Hörspiel gehört. Ja, das muss genau um die Zeit gewesen sein, als ich mich beim theater 53 gemeldet hatte. Ich weiß noch, dass mein Vater mitgehört und irgendetwas gemurmelt hatte wie »Die Schnauze doch endlich mal voll von dem ganzen Wahnsinn!«. Aber *Draußen vor der Tür* war eben *das* Drama jener Zeit, als auch wir noch ein Stück Brikett in die Kammerspiele mitbrachten, damit der Saal geheizt werden konnte. Wolfgang Borchert, der junge geniale Dichter, der so früh sterben musste. Die Haftstrafen im Zweiten Weltkrieg und Hunger, Krankheit sowie Kälte hatten ihn kaputtgemacht. Schon im November 1947 war er in Basel gestorben.

Was für ein Glück ich gehabt hatte, 1936 geboren zu sein – die Gnade der späten Geburt – und dass meine Eltern mich überhaupt gesund durch den Krieg gebracht hatten, das war ein Wunder, allmählich ging es mir auf. Politisch hatte ich in diesen Jahren keine Ahnung und auch noch kein Interesse. Wolfgang Borchert kam mir wie ein Verwandter vor: Er hatte eine schreckliche dunkle Zeit hinter sich. Das hatte ich ja eigentlich auch. Nur dass ich den Ernst der Geschichte noch nicht begriff. Ich hatte immer nur gemerkt, dass meine Eltern – besonders meine Mutter, weil mein Vater ja oft »unterwegs« war – in dauernder Sorge und Bedrückung lebten. Dieser Beckmann aus Borcherts *Draußen vor der Tür* hatte im Schützengraben gelegen und wurde nachts im Schlaf von seinem erschossenen Kameraden verfolgt. Ich dagegen hatte von 1942 bis 1944 viele Nächte im Luftschutzbunker verbracht, zum Beispiel in der sogenannten Röhre neben der Hoheluftchaussee oder im Keller des Vorderhauses am Lokstedter Steindamm – nein, Pardon!, die Straße hieß damals natürlich noch Hindenburgstraße. Angst hatten wir Kinder fast jeden Abend. Meine Schwester Christa saß im Bunker eng umschlungen mit meiner Mutter auf einer Bank. Ich irgendwo dazwischen. Draußen grummelte es, es gab einen dumpfen Schlag, die Erwachsenen schrien auf, und die Wände bebten. Draußen fielen Bomben, das war mir klar. Darum sah ich immer voller Angst an die Decke des Kellers. Ich dachte, wenn die Bombe auf uns fällt, kommt sie ja von oben durch die Decke. Da muss ich dann zuerst die Spitze sehen. Irgendwann kam dann aber die Entwarnung, die Sirene gab einen langgezogenen Ton ab. Alles drängte nach draußen, aber vor der Kellertür des Vorderhauses befand sich plötzlich ein Bombentrichter von mindestens fünfzehn Meter Durchmesser, aus seinem Grund stieg eine blaue Rauchsäule auf. Später hat mir meine Mutter erzählt: »Einmal hast du uns allen das Leben gerettet. Ich hatte dich und Christa wie jeden Abend fast vollständig angezogen auf eure Betten gelegt. Dann kam der Fliegeralarm. Ich packte die Tasche für den Bunker, rüttelte euch wach: ›Aufwachen, Christa und Hans, wir müssen in den Bunker!‹

Das war schon ein eingeübtes Ritual. Zehn Minuten später: ›Hans, wo bleibst du denn? Es wird höchste Zeit. Wir gehen in die Röhre!‹ Christa stand stumm und verschlafen schon auf dem Flur. Und jetzt kam auch endlich Hans – er schlief im Stehen – und war splitternackt. Zu spät für die Röhre. Das war die Nacht, als ein Volltreffer die Röhre pulverisierte. Alle Menschen, die darin saßen, waren tot.«

Ich hatte also eine gewisse wahlverwandtschaftliche Beziehung zu diesem Borchert.

Wir spielten die Dialoge aus der Kurzgeschichte »Generation ohne Abschied«, von Marcus Scholz für die Bühne bearbeitet. Mit einem Mal saß ich neben Uwe Friedrichsen auf der Bühne – auf einer Kaimauer aus Sperrholz, einen Meter vor uns hockte das Publikum. Aus dem Laienspieler aus der T 10b war ein professioneller Schauspieler geworden – zumindest war es der Weg dorthin. Jeden Abend registrierte ich, mit welcher Selbstsicherheit und Ausdrucksfähigkeit dieser Friedrichsen neben mir auftrat. Ich hatte es ja schon bei den Proben bemerkt: Wie der Typ allein schon über die Bühne ging! Er vollführte Bewegungen und Diktionen, die mir niemals gelingen würden. Ich besaß einfach nicht, jedenfalls noch nicht, die Fähigkeit, mich selbst preiszugeben. Mit anderen Worten: Ich schämte mich immer ein bisschen, so zu tun, als wäre ich jemand ganz anders. Aber genau das ist ja wohl das Handwerk des Schauspielers.

Es hat lange gedauert, bis ich die Verlegenheit auf der Bühne überwand. Als ich später mit eignen Texten auftrat, wurde es anfangs noch schlimmer. Als Selbstdarsteller gibt man sich immer die größte Blöße. Da muss nur mal einer im Publikum rufen: »Ha, ha! Wie witzig!« – und schon ist man erledigt. Da hat es der nicht spielende Autor besser. Meine Tochter Gesa, die viele Drehbücher fürs Fernsehen verfasst und die früher in unserem Familienunternehmen *Wer nimmt Oma?* als Darstellerin von bösen Engeln, frechen Rotkäppchen oder einer versauten Kifferin großen Erfolg hatte, will jetzt nichts anderes mehr, als nur noch schreiben. Knallhart, wie Töchter so sein können, sagte sie: »Weißt du, Papa, ich habe nun mal nicht diesen Selbstdarstellungsdrang wie du.«

Marcus Scholz, der schlaue Fuchs hatte dies aber wohl von vornherein erkannt: Ich musste deshalb auch gleich die schüchternen, etwas verschämten Typen spielen. In der Geschichte »Die Krähen fliegen abends nach Hause« war ich daher der Timm.

Timm war bei Lilo gewesen. Wahrscheinlich einer Hure. Aber das war Timm wohl nicht so recht klar. Timm setzt sich neben den Älteren und sagt nichts. Der Ältere sagt: »Ihr Bett war wohl nicht breit genug, wie?« Aber Timm: »Bett! Bett! Ich liebe sie doch.« Und der Ältere: »Aber heute Abend hat sie dich wieder vor die Tür gestellt. War also nichts mit dem Nachtquartier. Du bist sicher nicht sauber genug, Timm. Mit Liebe allein geht das nicht immer. Na ja, du bist ja sowieso kein Bett mehr gewöhnt.« – »Geld will sie«, sagt dann Timm, »oder Seidenstrümpfe.« Und der Ältere: »Oh, du liebst sie also noch. Je, aber wenn man kein Geld hat!«

»Der Eindruck ist stark«, schrieb damals das *Hamburger Abendblatt*. »Das Publikum war angerührt und dankte für ein Erlebnis, das unter die Haut ging.

Am Tage musste ich natürlich weiterhin in den Zeitungsverlag von *Die Welt* fahren und dort meine Lehre weitermachen. (Damals hieß das noch Lehrling und nicht Azubi.) Im Betrieb war man als Lehrling der letzte Lakai. Kaffee kochen, den Angestellten die Tasche nachtragen, Bleistifte anspitzen, Post ablegen, Büroklammern sortieren – alles beliebte Tätigkeiten der leibeigenen Lehrlinge.

Ich schrieb seinerzeit ein kleines Protestgedicht, das dann in der Lehrlingspostille erschien:

Was ein junger Mann lernen muss

Jeder Lehrling ist sich bewusst:
Der Betrieb hat durch ihn nur Verlust.
Darum können sich heute die meisten
Betriebe den Luxus nicht leisten.

Zwar haben auch Lehrlinge Rechte
(was ja niemand abstreiten möchte),
aber richtiger sieht man das so:
Wer Arbeit hat, der ist froh!

Ein fauler und bequemer
Lehrling wird nie Unternehmer.
Arbeitet er aber gerne,
besitzt er auch später Konzerne.

Zum Bierhol'n ist niemand verpflichtet,
der sich nach den Vorschriften richtet.
Doch das Leben, es lehrt uns auch hier:
Wer klug ist, holt trotzdem das Bier.

Der Lehrling muss stets zuerst grüßen.
Er liegt seinem Meister zu Füßen.
Weil er ohne seinen Meister verloren ist –
und entschuldigt sich, dass er geboren ist!

Aber zum Glück gibt es auch Menschen, die über den eigenen Horizont hinausblicken können. So einer war mein Kollege Helmut Esch, stellvertretender Leiter der Anzeigen-Werbeabteilung. Morgens um acht Uhr am Schreibtisch sitzen, wenn man nachts um eins nach Hause gekommen war, da schläft man dann schon mal über den Karteikarten ein. Näherte sich Abteilungsleiter Holz auf dem Flur, ein ziemlich autoritärer Erfolgsmensch mit schneidigem Auftreten, hörte man ihn an seinem militärisch-festen Schritt glücklicherweise früh genug. Kollege Esch bewarf mich dann mit einer Handvoll Büroklammern, und ich war wach. Ach ja, dieser Esch hat mir als ahnungslosem Mittelschüler auch so manchen Bildungsanstoß gegeben:

»Wie bitte? Du kennst Bert Brecht nicht? Den größten lebenden Dichter und Dramatiker unseres Jahrhunderts?«

Sofort las ich alle Dramen von Brecht und war von da an ein großer Bewunderer der *Dreigroschenoper* und der Musik von Kurt Weill sowie der Verfilmung mit Lotte Lenya. Ich schmettere heute noch zum Entsetzen meiner Frau die »Seeräuber-Jenny« oder den »Kanonensong«, wenn mir danach ist.

Helmut Esch hatte selbst ein Studentenkabarett gegründet und auch Kabarettszenen geschrieben. Durch ihn bekam ich zum ersten Mal eine Ahnung von den Kriegsgreueln, die sich schon im Ersten Weltkrieg abgespielt hatten. Esch war ein Kenner und Verehrer des Schriftstellers und Dramenschreibers Ernst Toller. Begeistert erzählte er mir von Tollers Dreiakter-Tragödie *Hinkemann*, die eine verblüffende Parallele zu Borcherts *Draußen vor der Tür* darstellt. Nur, wie ich heute denke, dass sie viel radikaler und realistischer als das Borchert-Stück ist. Zum ersten Mal merkte ich, dass Theater auch etwas mit Freiheitskampf und Humanismus zu tun hat.

Esch war erklärter Pazifist. Obwohl mein Freund Andreas und ich uns schon entschlossen hatten, Kriegsdienstverweigerer zu werden und uns bei der bevorstehenden Einführung der Bundeswehr mit allen Mitteln zu wehren, begann ich durch Helmut Esch, mich mehr für das aktuelle politische Geschehen zu interessieren. Wir, Andreas und ich, waren ja in diesen politischen Sachen noch ziemlich naiv – jedenfalls hatten wir allen Ernstes überlegt, uns, falls wir in die Bundeswehr eingezogen werden sollten, notfalls einen Finger abzuhacken. So war Helmut Esch während meiner drei oder vier Semester theater53-Wissenschaft sozusagen einer meiner freien Dozenten. Ich konnte mein »Studium« oftmals am Tage im Büro von *Die Welt* mit Helmut Esch fortsetzen.

Und abends wieder ins Theater! Das Ensemble mit Daniela Dalhöfer spielte in der Saison vor dem Borchert-Abend einen »Abend mit Cocteau«. Für mich auch etwas völlig Unbekanntes. Cocteau – ein Franzose. Ja, ich glaube, ich hatte wohl schon von ihm gehört, nichts Vernünftiges, sondern den bösen Tratsch: dass der Typ schwul sei und mit dem Frauenhelden Jean Marais (*Fantomas*) zusammenlebe. Schwul sein, das war noch lange nicht gesellschaftsfähig. »Die sind vom anderen Ufer«, sagten meine Eltern dazu. Und, ehrlich gesagt, dass Männer Männer küssen, fand ich überhaupt nicht prickelnd. Dass sie miteinander Sex hatten, konnte ich mir in meiner jugendlichen Einfalt noch nicht einmal vorstellen. Wie soll das denn funktionieren?

Jedenfalls: Ich durfte den Cocteau-Abend ansehen. Danach war ich nur noch voller Ehrfurcht und Staunen für Daniela Dalhöfer. Sie spielte das Solodrama: *Die geliebte Stimme*. Ich hatte noch keinen Vergleich zwischen Schauspielern und Stücken – wann konnte ich denn damals schon ins Theater gehen? –, darum war diese grazile, energiegeladene Person ein Wunder für mich: Dass jemand mit solcher Kraft und Leidenschaft sich auf der Bühne seelisch völlig entblößen kann – das war wie ein Naturereignis für mich. Das geniale Solostück Cocteaus feierte 1930 in Paris Premiere und wird bis heute immer wieder gespielt: Eine Frau telefoniert mit dem geliebten Mann, der sie verlassen hat und zu einer anderen geht. Sie macht alle Stationen der Verzweiflung, der Hoffnung, des Irrsinns, der Selbstaufgabe durch, ist von vornherein die Verliererin und kann und will es nicht glauben, dass der Geliebte niemals wiederkommen wird, und geht zum Schluss daran zugrunde. Dieses Stück war für viele große Schauspielerinnen ein Prüfstein für ihr Können. Am besten von allen, denke ich, hat Hildegard Knef dieses Drama gespielt (auf Youtube in Schwarzweiß zu sehen). Heutzutage wirkt es allerdings ein bisschen wie aus einer völlig anderen Zeit. Wer telefoniert schon noch mit einem Schnurtelefon mit Lochwählscheibe und kann sich zum Schluss mit der Telefonschnur erdrosseln? 1954 gab es noch kein Handy, und das war gut so.

Für mich war Daniela nach dieser Vorstellung unnahbar geworden.

Ich hätte mir niemals vorstellen können, ihr näherzukommen. Ja, auch mich in sie zu verlieben, musste mir als Vermessenheit vorkommen. Und doch geschah gerade das.

Nach dem Borchert-Abend sollte ich in der Komödie *Mirandolina* von Goldoni mitspielen. »Du machst den Kellner, den Fabrizio«, bestimmte Scholz.

Zuerst dachte ich ja: Na gut, der Kellner Fabrizio, das ist eine Nebenrolle. Aber so manche große Karriere hat ja schließlich mit dem Auftritt »Herr Graf, es ist angerichtet!« begonnen. Bei dem Fabrizio aber ist es anders. Ja, es fängt so bescheiden an mit ihm: »Zu Diensten, Herr. Es geht ihr gut, Hochwohlgeboren?« Aber im Laufe der Handlung stellt sich immer mehr heraus: Eigentlich spielt er die Hauptrolle. Mit wachsender Spannung las ich, dass es ausgerechnet Fabrizio ist, mein Fabrizio, den die Wirtin Mirandolina am Ende heiratet. Klar, er hatte im ganzen Stück nicht viel zu sagen – aber er ist doch sozusagen die Geheimwaffe der Wirtin. Ich hatte das Stück noch gar nicht richtig kapiert, aber beim Anstreichen der Rolle las ich schon: Mirandolina macht mir einen Heiratsantrag und nennt mich Liebster.

»Zweifle nicht an mir, ich werde dich immer lieben!« Ich wurde immer aufgeregter. Das ist ja nicht zu fassen. Daniela würde natürlich die Wirtin spielen. Und ich würde am Ende ihr Ehemann sein. Mein Gott, das fuhr mir in die Glieder. Dass Liebe auf der Bühne mit der Liebe im Leben überhaupt nichts zu tun hat, war mir zwar klar – aber ich bekam es trotzdem durcheinander. Und dafür sorgte die Angehimmelte auch selbst – wie ich annehme, mit weiblicher List.

Als Ensemblemitglieder bekamen wir selbstverständlich kaum Gage. Woher denn auch? Das theater53 stand ja dauernd vor der Pleite. Genauer gesagt, 1954 ging es der Theaterleitung noch so schlecht, dass sie ihren beiden Hunden (ein schottischer Schäferhund und ein Dackel) buchstäblich das beste Futter wegfressen mussten. Es gab da nämlich einen Sponsor – will sagen: einen theaterbegeisterten Beamten, die hießen damals noch nicht Sponsor –, der sorgte sich um die Ernährung der Truppe. Er war Postbeamter im höheren Dienst. Ihm taten, wie er behauptete, die armen Hunde leid, weil sie so hungern mussten. Darum sorgte er dafür, dass Marcus Scholz einmal in der Woche zwei große Marmeladeneimer mit Essensresten aus der Postkantine abholen konnte. Ich war einmal dabei und durfte einen der Eimer tragen. Zu Fuß vom Stephansplatz. Ich muss sagen: Da waren noch richtig gute, appetitliche Fleischstücke dabei. Die wurden alle aussortiert und auch die noch ansehnlichen gekochten Kartoffeln. Dann aß sich die avantgardistische Theatergeschäftsleitung erst einmal gründlich satt!

Im Juli 1954 war es. Das Theater musste übers Wochenende renoviert werden. Neuer Anstrich von »Foyer« und Zuschauerraum. Es war selbstverständlich Pflicht, dass die Ensemblemitglieder als Handwerker mitmachen mussten. Frau Dalhöfer persönlich hatte es übernommen, das Foyer zu streichen. Decke und Wände. Ich hatte schon einige Erfahrung im Anstreichen und Tapezieren – von der Instandsetzung unserer Wohngarage her. Von Daniela war das eine großmütige Geste. Marcus Scholz und einige Zuschauer hatten sie nach *Die geliebte Stimme* mit Anna Magnani verglichen. Es entstand also eine Situation für mich, als würde heute Julia Roberts oder Meryl Streep mit mir zusammen den Rasen mähen oder den Schuppen aufräumen. Ich konnte auch nicht ahnen, in welche Verlegenheit mich diese Arbeit bringen sollte. Um die Decke zu streichen (zu witschern, wie man in Hamburg sagt), musste man erst einmal die Farbe ansetzen. 1954 brauchte man dazu Wasser, Kalk und Leim.

Daniela hatte einen großen Bottich, den ich halb voll mit Wasser laufen lassen und in die Mitte des Raumes schleppen musste. Dann öffnete sie die große Tüte mit Kreide, schüttete sie ins Wasser und gab den Leim dazu. »Jetzt müssen wir mit den Händen alles kräftig umrühren. Aufpassen, dass sich keine Klumpen bilden!«, sagte die wunderbare Frau, die »Geliebte Stimme«. Ich zog mein Oberhemd aus, Daniela war bereits im Turnhemd zur Arbeit erschienen. Es war nicht zu vermeiden: Wir kamen uns näher. Ich geriet in die unmittelbare erotische Ausstrahlung ihres zarten, bezaubernden Körpers, ich konnte mich noch so sehr bemühen, ihre kleinen, festen Brüste nicht zu bemerken, ich sah sie doch an und immer schnell wieder weg – und ich knetete, ich knetete mit aller Kraft den Leim und die Kreide. »Es dürfen keine Klümpchen entstehen«, lachte Daniela. Was es da wohl zu lachen gab? Sie strahlte mich an, sah mir mit ihrem wundervoll frechen Blick tief in die Augen – und dann ... Oh Gott, was war das denn? Ich fühlte ihre Hand auf dem Grund des großen Eimers – und diese Hand hielt plötzlich meine Hand mitten in der Leimfarbe fest, obwohl, vielleicht schien es mir ja auch nur so, denn es war kein fester Händedruck, sondern sie verschränkte zärtlich ihre Finger mit den meinen. Ich dachte: Das muss ein Irrtum sein. Sie verwechselt vielleicht meine Hand mit ihrer anderen Hand.

Blödsinn, so was kann doch nicht sein. Was will sie mir damit sagen? Ich glaube, ich lief rot an wie ein Mädchen in Verlegenheit. Da sagte Frau Dalhöfer mit schelmischer Stimme:

»Na, na, Hans. Was ist das denn? Was machen wir denn da?«

»Oh, Entschuldigung«, stotterte ich. »Ich habe gar nichts gemerkt ...«

»Also, du bist mir ja einer«, sagte sie und schüttelte scherzhaft den Kopf.

»Nein, nein, so war das nicht gemeint.«

»Wie war das nicht gemeint?«

»Ich wollte sagen, ich habe Sie nicht absichtlich ...«

»Sie? Wie lange willst du mich eigentlich noch siezen?«

Mein Gott, was war hier los? Ich hatte schon einen trockenen Mund.

»Ja, wenn Sie meinen ...«

»Dann müssen wir uns einen Kuss geben«, sagte sie – und schloss die Augen, als hätte sie lange davon geträumt, mich zu küssen.

Ich brachte kein Wort heraus.

Sie aber rief fröhlich: »Los, los! Komm raus aus der Farbe, aber lass die Arme über den Eimer hängen, dass wir nicht auf den Boden kleckern!«

Ich gehorchte: Wir standen uns am Farbeneimer gegenüber, hielten die Arme über die Farbe, neigten unsere Köpfe zueinander – bis die Lippenpaare sich auf gleicher Höhe befanden.

Ich weiß noch, dass ich eine heiße Aufwallung verspürte: Mich, den unerfahrenen Jüngling, durchfuhr der Gedanke, der starke Wunsch: Nimm sie jetzt in die

Arme und ziehe sie an dich! Mir war dabei voll bewusst, was für einen Farbenschweinkram das ergeben würde ...

Wir zögerten noch einen Augenblick und gaben uns dann einen Kuss, einen Verbrüderungskuss, nicht mehr – ganz anständig. Ich hatte die Augen geschlossen, da hörte ich:

»Macht wohl großen Spaß, das Anstreichen, was?«

Marcus Scholz stand plötzlich hinter uns. Ich war so verwirrt, dass ich alle Vorsicht vergaß und mich zu ihm umdrehte. Dabei kleckerte ich nun doch weiße Leimfarbe auf den Boden.

»Vorsicht. Mach nicht solchen Dreck hier!«, rief Marcus Scholz.

Daniela aber lachte nur, lachte fröhlich und herzlich – und gab keine Erklärung ab. Scholz geriet mit seinen Turnschuhen versehentlich in einen Farbklecks, hob das Bein an und humpelte aus dem Raum.

»Verdammt, so ein Schweinkram!«, rief er dabei.

Daniela blieb gelassen.

»Ich habe auch keine Lust mehr«, sagte sie. »Soll er doch selbst sein Theater streichen.« Und verschwand in ihren Gemächern.

Ich ging an diesem Tage mit frohen, euphorischen, aber auch sehr bangen Gefühlen nach Hause. Um Himmels willen, was denkt nun bloß der Intendant von mir? Ich konnte doch gar nichts dafür, aber andererseits war ich doch so froh: Daniela hatte mich zärtlich berührt, mir in die Augen gesehen und mich geküsst. Das bedeutete doch (nach dem damals herrschenden Verständnis) nicht mehr und nicht weniger als: Wir sind verlobt. Was soll nun daraus werden? Als Erstes, das war mir sofort klar, musste ich es meiner festen Freundin und Fast-Verlobten Karin sagen. »Ich liebe jetzt eine andere«, formulierte ich im Kopf. »Wir haben uns ein symbolisches Versprechen gegeben. Es wird wahrscheinlich zu Komplikationen kommen. Ich befürchte, die Frau meines Lebens wird auf den erbitterten Widerstand ihres Mannes stoßen. Vielleicht wird er sie verstoßen, sich scheiden lassen oder noch was viel Schlimmeres ersinnen. Aber ich muss zu ihr halten. Ich bin fest entschlossen, alles mit ihr gemeinsam durchzustehen.«

So jedenfalls dachte ich noch am Abend, als ich nach Hause ging.

Schwarze Wolken über meinem Haupt, aber ein großes Ziel vor Augen. Ich war völlig benebelt von meinem Glück. Als ich durch die Hallerstraße zum Grindel ging, um dort in die Straßenbahn zu steigen, hörte ich aus den geöffneten Fenstern Jubelrufe und Geschrei. Es kam mir vor, als ob die ganze Welt von meinem Glück erfahren hätte und mit mir feiern wollte. Zu Hause saß mein Vater mit unseren Nachbarn, Frau Möller und Herrn Schneider, mit den Geibels und den Dienhoffs in dem kleinen Innenhof, sie tranken Rotwein, lachten und redeten aufgeregt durcheinander, wie ich es seit unserem Einzug in die Garage noch nie erlebt hatte.

»Junge, Hans, mein Sohn!«, rief mein Vater. »Komm her und feiere mit uns: Deutschland ist Weltmeister!« Es war der 4. Juli 1954. So werde ich das Datum meiner »Verlobung« mit dem Star unseres Theaters nie mehr vergessen.

Mindestens vier Wochen lang bekam ich die neue Frau meines Herzens nicht mehr zu sehen. Die Proben zu *Mirandolina* hatten zwar begonnen. Sie fanden aber erst einmal ohne die Hauptperson statt. Das sei normal, wurde mir erklärt. Daniela hat die Rolle von früheren Aufführungen drauf – und steigt dann nahtlos ein. Zwei-, dreimal durchquerte sie zwar das Foyer, wo geprobt wurde, sprach auch mit Uwe Friedrichsen und Günther Nöring, war fröhlich und spöttisch wie immer – mich aber sah sie nicht an. Ich verstand das sehr gut. Schließlich hatten wir ein Geheimnis. Sicher wollte sie auch die Premiere nicht gefährden. Sie durfte ihren Mann auf keinen Fall zu früh ernsthaft erzürnen.

Der jedoch ließ sich nichts anmerken.

Theaterferien gab es nicht. Aber der Sommer ist ja auch für andere Theater eine Sauregurkenzeit. So stand ich des Öfteren abends ab 18 Uhr mit Marcus Scholz auf der Rothenbaumchaussee vor dem Zugang zum Theater, um Zuschauer einzufangen. Wie die Koberer auf der Reeperbahn sprachen wir Passanten an.

»Du nimmst die junge Frau da, die mit den schwarzen Haaren«, befahl mir Scholz. »Ich nehme den Herrn mit Aktentasche.«

»Oh, guten Abend, liebe Dame, entschuldigen Sie, dass ich Sie so anspreche. Wir sind ein kleines Experimentiertheater. Wir spielen einen Wolfgang-Borchert-Abend. Haben Sie nicht Lust hineinzugehen? Fünfzig Prozent Preisnachlass.« Nachdem ich die erste Scheu überwunden hatte, lief ich sogar neben den Angesprochenen her. Gar nicht so selten hatten wir sogar Erfolg. Wir verkauften immerhin zirka zehn Karten am Abend. Die überfallenen Passanten hatten meistens noch Zeit, vorher nach Haus zu gehen und kamen dann zur Vorstellung wieder. Einmal, das weiß ich noch genau, standen wir draußen und wussten, dass das Theater am Abend leer sein würde. Keine einzige Karte war im Vorverkauf reserviert worden. Scholz gab die Parole aus: Heute spielen wir gratis. Erzähl den Leuten, es ist eine geheime Generalprobe, sie hätten die einmalige Gelegenheit, bei einem Experiment dabei zu sein. Hauptsache wir spielen, sagte er.

Wir kriegten etwa elf Personen zusammen. Damals hörte ich zum ersten Mal den Spruch: Wenn mehr Personen im Zuschauerraum sind als auf der Bühne, wird gespielt. Daran habe ich mich auch später immer gehalten. Das Versprechen war ja auch besonders leicht zu halten, wenn ich allein auf der Bühne stand.

Über den »Skandal« mit Daniela verlor Scholz nie ein Wort. Ich rechnete jeden Tag damit, aber es geschah: nichts.

Die Proben zu *Mirandolina* gingen voran. Daniela ließ sich nichts anmerken. Ich litt so vor mich hin und wusste nicht mehr recht, woran ich glauben sollte. Und wieder bekam ich Komödie und Wirklichkeit durcheinander. Mirandolina treibt ein herzloses Spiel mit den drei Herren, die in ihrer Herberge wohnen und sich alle in sie verliebt haben, der Marquis von Forlipopoli, der Graf von Albafiorita und der Weiberfeind und Ritter von Ripafratta.

Sie macht sie alle aufeinander eifersüchtig. Aber immer wenn sie dabei in Schwierigkeiten gerät, lässt sie ihren Diener Fabrizio kommen, also mich, und deutet an, dass sie dem Fabrizio sehr zugetan ist und redet ihn mit »Liebster« an. Das rettet sie dann vor der Zudringlichkeit der Herren, bringt diese aber auf die Palme. Für den Diener ist es eine Qual, weil er nicht weiß, ob sie es wirklich ernst meint. Zweimal spricht er in Richtung Publikum: »Was ist das für ein Leben. Ich halte das bald nicht mehr aus!« So ging es mir im Stück und in Wirklichkeit. Meiner Freundin Karin hatte ich noch nichts gesagt – eben weil ich schon anfing, an dem »Skandal« zu zweifeln.

Einmal, als ich nach der Aufführung über den Nebeneingang zum Theater zurückkam, weil ich meine Straßenbahnmonatskarte vergessen hatte, sah ich jedoch eine Szene zwischen Daniela und Marcus mit an. Sie hatten sich laut gestritten, ich verstand kaum ein Wort, nur so viel: Daniela schrie »... geh doch! Geh doch und red nicht immer nur davon!« Scholz saß auf der Bank im Foyer, erwiderte irgendetwas – sie ging wortlos auf ihn zu und trat ihn mit voller Kraft gegen das Schienbein. Er beherrschte sich, sprang auf und ging hinkend aus dem Raum.

Heute läuft das alles wie ein wüster Film vor mir ab.

Ich bekam einen großen Schreck. »Das ist alles meine Schuld!«, sagte ich zu mir. »Das wollte ich doch nicht. Ich darf doch nicht schuld sein, dass ihre Ehe zerbricht. Ich muss den ersten Schritt tun«, überredete ich mich selbst und kam mir sehr stark dabei vor. »Ich werde Daniela sagen: ›Es kann nicht sein. Wir dürfen uns nicht lieben!‹«

Kompliziert war die Sache noch dadurch, dass Scholz inzwischen begonnen hatte, eine eigene Komödie zusammen mit mir zu schreiben. »Die Laufmaschen«. Er hatte mitbekommen, dass ich wohl ganz gut Dialoge schreiben konnte. In dem Stück sollte es um einen komischen Kauz von Erfinder gehen, der ein hundertprozentiges Mittel gegen Laufmaschen erfunden hatte, das er sich patentieren lassen wollte. Laufmaschen waren damals ein ständiges Problem für alle Frauen. Meine Mutter zum Beispiel schwor darauf, dass eine Laufmasche nicht mehr weiterläuft, wenn man sie rechtzeitig bemerkt und sie dadurch stoppt, dass man sie mit einem Stück Toilettenseife einreibt. (Ein Mittel, das wohl auch andere Frauen anwandten. Immer wieder sah man eine Frau schnell vor einen Hauseingang eilen, den Rock anheben und an ihrem Seiden- oder Nylonstrumpf herumfummeln.) Gegenspieler in diesem ziemlich chaotischen Stück (»Romance in Bourlesque« nannte Scholz das Ganze) war ein Pärchen aus dem Rotlichtmilieu: Nick, ein Zuhälter und Einbrecher, mit Lizzy, seiner Nutte oder »Bordsteinschwalbe«, wie es damals hieß. Die beiden sollten bei dem Erfinder einbrechen und ihm seine Erfindung stehlen. Den Dialog zwischen den beiden durfte ich beisteuern. Er war, glaube ich, nicht besonders geistreich, denn er bestand hauptsächlich aus den Worten »Schnauze« und »Klappe«.

Als Autor dieses wahrhaft unbedeutenden Werkes zeichnete ein gewisser Ivo Hamasc. Das Pseudonym hatte Scholz erfunden. Erst heute lüfte ich das große Geheimnis: Hinter Hamasc verbargen sich die Namen Hans Marcus und Scholz Scheibner. Wie gesagt, ein Werk aus der Abteilung Stücke, die die Welt nicht braucht. Nur für unseren Kollegen Uwe Friedrichsen sollte es doch von einiger Bedeutung sein. Friedrichsen spielte den Einbrecher und Zuhälter. Die Nutte gab Margot Goetts. Friedrichsen machte das großartig.

Die Leute amüsierten sich köstlich über seinen Monolog mit dem Geldschrank im Hamburger Dialekt:

(Er versucht die ganze Zeit, die Gasflamme seines Schneidbrenners zu entzünden, was ihm aber nicht gelingt.)

»Gleich mach ich dich fertig, du dusseliger Schrank! Hat doch keinen Zweck, noch große Fisimatenten zu machen. Nick kommt jetzt mit seinem Brenner und brennt dir ein Loch in deine Panzerjacke, das geht so schnell, dass du nicht mal Piep sagen kannst.

Dazwischen dann immer Lizzy: Beeil dich Nick, er kommt doch gleich.

Nick: Klappe! Wenn nämlich mein Aze..., hier aus der Flasche, also mein ...tüleen, wenn das mit den andern da, mit dem, mit dem Stoff ...

Lizzy: Sauerstoff, Nick. Nun mach doch schon.

Nick: Du sollst die Klappe halten ... Wenn nämlich zwei Flaschen zusammenkommen, ne, also was da drin is in den Flaschen. Hier der Azetüleen und hier der Sauerstoff ...

Lizzy: Mach doch, Nick, er kommt gleich!

Nick: Halt die Klappe, sag ich! Die schlafen beide noch, verstehst du, das Azetüleen und der Sauerstoff, die wissen noch nix voneinander – die sind wie ein Mann und eine Frau. Da passiert noch gar nix. Aber mit einem Mal! Mit einem Mal liegt er auf ihr oder sie auf ihm. Dann macht das Peng!! und Paff!! – eine Stichflamme entsteht von über zweitausend Grad Celsius. Das ist wie bei der Liebe, eine Stichflamme – die brennt einfach alles kaputt, was sich ihr in den Weg stellt. Da bleibt kein Auge trocken ...«

Eines Tages saß ein Regieassistent aus dem Schauspielhaus in unserer Vorstellung. »Der junge Mann, der den Einbrecher spielt, soll doch mal bitte übermorgen ins Schauspielhaus kommen, sich beim Inspizienten melden: Herr Gründgens sucht eine Besetzung für den Schüler in seiner *Faust*-Inszenierung.«

Wir waren alle aufgeregt und gratulierten Uwe schon. Der aber war noch aufgeregter.

»Ich hab doch gar keinen Text. Was soll ich denen denn vorsprechen?«

»Ist doch keine Frage, Uwe, du spielst deine Erfolgsrolle, den Nick!«

Zwei Tage später meldete der Pförtner vom Bühneneingang des Schauspielhauses der Regieassistenz:

»Hier ist ein junger Mann, der hat einen Schneidbrenner bei sich und möchte bei Herrn Gründgens vorsprechen.«

Uwe Friedrichsen bekam die Rolle in der legendären *Faust*-Inszenierung mit Will Quadflieg, Gustaf Gründgens, Elisabeth Flickenschildt, Hermann Schomberg und Heinz Reincke.

Bis zur Premiere von *Mirandolina* versuchte ich zweimal mit Daniela unter vier Augen zu sprechen. Wir müssen Schluss machen mit unserer Beziehung, wollte ich ihr sagen. Sie ließ es aber nie dazu kommen. Immer hatte sie etwas anderes, Wichtigeres vor.

Dann kam die Premiere von *Mirandolina*. Überfülltes Haus – statt 80 Personen saßen mindestens 83 drin. Die Presse war da. Große Aufregung. Lampenfieber. In der Pause mussten Daniela und ich um das Theater – also die ganze Baracke – herumgehen, weil wir nur von außen hinter die rechte Seite der Bühne kommen konnten – also den Verschlag, mittels dem man auch auf- oder abtreten konnte. Zum Schluss der Komödie kam es nämlich zu den für mich entscheidenden Dialogstellen. Mirandolina war von ihren Verehrern in die Enge getrieben, da musste sie auf ihren Diener zurückgreifen:

»Meine Herren«, sagt sie zum Ritter, zum Grafen und zum Marquis, »damit Sie es wissen und kein weiteres Unheil angerichtet wird (sie deutet auf mich, Fabrizio): Dieser hier soll mein Gemahl werden!«

Fabrizio ist verdattert und kann es kaum glauben. Aber Mirandolina:

»Liebster, ich werde ganz dein sein. Ich werde dich immer lieben, du wirst mein Ein und Alles sein!«

Nun stelle man sich vor: Vor dem Auftritt, hinter dem Bretterverschlag, ergreift die heißverehrte Frau, mit der ich Schluss machen wollte, meine Hand, sieht mir wieder in die Augen und flüstert, weil die Zuschauer, die schon wieder Platz nahmen, es nicht mithören sollten:

»Du musst es nicht nur spielen, Hans, du musst mich lieben! Du musst mich wirklich lieben! Versprichst du mir das?« Ich bekam weiche Knie. Ich sank tatsächlich vor ihr zu Boden. »Ja, Daniela, ja! Das tue ich. Aber ich muss dir etwas sagen. Wir dürfen …« Sie hielt mir die Hand über den Mund: »Pst! Kein Wort. Konzentrier dich und merk dir meine Worte!« In der Schlussszene reicht Fabrizio der Mirandolina die Hand und haucht:

»Nehmt sie, meine Liebe! Ich ergebe mich!«

Ich weiß es nicht mehr genau, aber ich vermute: Ich

hatte echte Tränen in den Augen. Hand in Hand verneigten Daniela und ich uns. Und mir war schwindelig.

Meine Freundin Karin war natürlich in der Premiere. In den darauffolgenden Tagen machte ich immer mal wieder Ansätze zu einem Geständnis. Karin aber war wohl von selbst schon draufgekommen.

»Du hast dich wohl schon richtig verknallt in die Tante.«

Ich stritt das erst mal ab. Aber Karin erkannte mit weiblichem Instinkt: »Pass bloß auf! Die nimmt dich doch gar nicht ernst.«

»Na hör mal, wie kommst du denn darauf?«

»Auf der Bühne macht sie sich hinter deinem Rücken über dich lustig. Sie lacht ins Publikum und zwinkert mit dem Auge, wenn du abgehst!«

»Das gehört doch zum Stück. Aber zum Schluss heiratet sie mich!«

»Sagt sie«, sagte Karin. »Man weiß ja nicht, wie's weitergeht.«

Und damit hatte sie recht. So genau hatte ich den Goldoni gar nicht begriffen. Es musste für jeden ersichtlich sein: Diese Mirandolina hält sich nicht an ihr Eheversprechen. Nur mir war das nicht klar. Aber Karin steckte mich mit ihren Zweifeln an. Meine große Liebe und mein edler Verzicht hatten die ersten Schrammen.

(Später hat mich dann Uwe Friedrichsen mal aufgeklärt. Das mit dem »Du musst mich wirklich lieben!« hat sie bei Stanislawski gelernt. Das war so ein beknackter russischer Regisseur. Der verlangt von seinen Schauspielern: »Wenn du ein Mörder auf der Bühne bist, musst du wenigstens für dich selbst auch wirklich einer sein!«)

Und dann kam noch ein letztes erschütterndes Erlebnis hinzu: Der Cocteau-Abend, so erinnere ich es, wurde für einige Vorstellungen wieder aufgenommen. Daniela bereitete sich wieder auf die *Geliebte Stimme* vor. Wenn sie das tat, verwandelte sie sich wieder in die empfindsame große Diseuse, die nicht gestört und nicht angesprochen werden durfte.

Frau Dalhöfer ließ mir ausrichten, ich möge doch bitte die Aufgabe übernehmen, in ihrem Solo das Telefon zu bedienen. Das hieß: Ich musste am Abend hinter dem besagten Bretterverschlag an der Bühnenseite sitzen und auf ein Stichwort hin auf einen Klingelknopf drücken. Dann läutete das Telefon auf der Bühne, der geliebte Mann, der sie verlassen hatte, rief noch einmal an – eine letzte Hoffnung für sie.

Aber, oh Gott, oh Katastrophe: Ich musste ja immer noch morgens um sechs Uhr aufstehen und im Verlag Karteikarten ausschreiben. Ich schlief ein. Der geliebte Mann rief nicht an. Auf der Bühne wartete Anna Magnani II. vergeblich. Sie konnte wohl auch nicht einfach sagen: Oh, ich glaube, das Telefon hat geklingelt – das wäre ja eine Verfälschung des heiligen Cocteau-Textes gewesen. Sie schaffte es aber wohl irgendwie, aus ihrem Bühnenbett zu steigen und sich an die Wand zu schleppen, von wo aus sie hinter den Verschlag zu mir blicken konnte. Ich war jedenfalls halb erwacht und sah sie unwirklich auf mich zutaumeln.

Ich begriff aber nicht, was los war. Die große Darstellerin stieß ein verzweifeltes »Warum rufst du denn nicht an?« hervor. Da begriff ich erst. Und drückte auf den Klingelknopf.

Daniela sprach kein Wort mehr mit mir. Ich wurde meines Telefonklingelpostens enthoben. Noch in derselben Woche las ich in der Zeitung: »Daniele Dalhöfer nach Frankfurt am Main engagiert«. Mein Studium der Theaterwissenschaft war fürs Erste beendet.

Totenkirchl

Nachdem ich meine kaum begonnene Theaterkarriere erst einmal beenden musste, fing das an, was ich später immer meine »Leidenszeit« nannte. Ich litt nämlich darunter, dass ich mein Geld noch nicht mit der Arbeit verdienen konnte, die ich liebte: dem Schreiben.

Mein Vater hatte es durch seine »Beziehungen« geschafft, mir 1954 eine Lehrstelle beim Axel Springer Verlag zu besorgen, und zwar bei der Zeitung *Die Welt*. Die »Beziehungen« meines Vaters bestanden darin, dass er hin und wieder den Leiter der Personalabteilung von Hertie als Chauffeur nach Hause fahren musste. Der Personalleiter wiederum kannte den Personalchef der *Welt*. So trat ich dann eine Lehre als Verlagskaufmann an. Als ich die hinter mich gebracht hatte, durfte ich als Redakteur volontieren – und erhielt als besondere Auszeichnung eine Festanstellung als Redakteur bei *Das Neue Blatt* im Ressort Gerichtsreportagen. Meine Eltern, besonders mein Vater, waren stolz darauf. Ihr Sohn ist Redakteur. Ich aber hielt es schon nach kürzester Zeit nicht mehr aus in dieser »Soraya«-Redaktion. Das Blatt verdiente seine Auflage hauptsächlich mit Berichten über die persische Kaiserin und ihre Probleme mit dem Schah. Ich musste Gerichtsreportagen schreiben nach dpa-Meldungen, obwohl ich nie ein Gericht von innen zu sehen bekam. Das Einzige, was mir eine diebische Freude bereitete, war das Schreiben des Horoskopes. Der echte Horos-koplieferant war wohl zu teuer geworden. »Dann machst du das ab heute, Hans!«

In die höheren Etagen des Feuilletons aufzusteigen, hatte ich keine Chance. Ich hatte ja kein Studium absolviert. Zwar lernte ich im Verlagshaus der *Welt* den großen Willy Haas kennen. Haas war 1925 Mitbegründer der legendären *Literarischen Welt* und schrieb zu meiner Lehrzeit wöchentlich eine Kolumne unter dem Pseudonym Caliban. Aber er begriff sofort, dass ich nicht Journalist werden wollte, sondern Schriftsteller. »Schreiben Sie«, sagte er. »Doch verdienen Sie sich ihr Geld nicht damit. Dann bleibt das Schreiben Ihre Geliebte und wird nicht zu Ihrer Ehefrau!«

Das war leicht gesagt, aber richtig. Dazu kam auch noch der Einfluss von Kierkegaard, über den ich im nächsten Kapitel schreibe. Meine Eltern waren entsetzt und sehr enttäuscht, als ich ihnen erklärte, ich würde jetzt bei einer Firma für Lacke und Farben als kaufmännischer Korrespondent anfangen. Und so begann meine »Leidenszeit«.

Ich schrieb zu Hause Gedichte und entwarf Dramen und Romane, aber ich kam damit nicht so recht voran. Also musste ich noch mehrere Firmen durchlaufen: als Mitarbeiter der Phoenix-Hauszeitung, was noch schlimmer war als bei der Yellow Press, als Werbeleiter einer kleinen Pharmafirma, die mit der Abfüllung von billiger Rheumasalbe kriminelle Gewinne machte, und schließlich als Werbeleiter in der Maschinenbaubranche bei einer Firma, die Dosierpumpen und Messgeräte herstellte.

Über diese Zeit könnte ich noch ein weiteres Buch

schreiben – hier müssen Sie sich als Leser mit meiner Schlusserkenntnis begnügen, die da lautet:

Das Beste waren die Ferien.

Darum kommen hier nun ein paar Zeilen über meine Liebe zu den Bergen.

Karin und ich fuhren fünfzehn Jahre lang immer in die Alpen. Zuerst nur als Wanderer, später dann auch zum Klettern. Warum mir das wichtig ist? Weil es dabei hin und wieder wortwörtlich um Leben und Tod ging. Und das gehört doch wohl in eine Lebenserinnerung hinein!

Ob wir eventuell zusammen gehen könnten, hatte ich den starken jungen Mann im Stripsenjochhaus am Tisch neben mir gefragt. Er hatte gerade mit ein paar anderen Kletterern über den Führerweg gesprochen. Der sieht mich an, mustert mich.

»Was bist du denn schon gegangen?«

»Na ja«, sage ich. »Scheffauer – den Normalweg.«

Er nickt und trinkt einen Schluck von seinem Bier.

»O. k.«, sagt er. »Ich heiß Ewald. Paar Karabiner mitbringen und dein Seil.«

»Ich heiß Hans. Geht in Ordnung.«

»Morgen früh, fünf Uhr, vor der Hütte.«

Und schon wurde mir mulmig. Ja, ich hatte es mir gewünscht, jemanden zu finden, der mich mit auf das Totenkirchl nimmt. Aber jetzt gab's kein Zurück mehr. Das Totenkirchl ist das imposanteste Stück Fels im ganzen Wilden Kaiser. Wenn man auf dem Stripsenjoch steht, hat man es zum greifen nahe vor sich. Steil vor der Nase ragt es direkt in den Himmel. Man kann gerade noch erkennen, dass der große Fels wohl aus zwei großen Stufen besteht. Da hoch oben scheint es einen Absatz zu geben – aber danach kommt dann der Gipfelaufbau nach Osten.

Warum wagt man so etwas? Bin ich denn verrückt geworden? Ich bin in Hamburg geboren und lebe in Hamburg. Da gibt es keine Felsen, außer den künstlichen Fels im Tierpark Hagenbeck. Aber nachdem wir 1959 geheiratet hatten, zog es Karin und mich jedes Jahr in unserem kurzen Urlaub wieder in die Berge. Wir waren sogar in den Alpenverein eingetreten, für verbilligte Übernachtungen auf den Berghütten. In den ersten beiden Jahren waren wir brav und ahnungslos nur auf den normalen Wanderwegen gegangen. Hin und wieder kamen wir an einer Abzweigung vorbei: »Nur für Geübte«.

Aber im dritten Jahr fühlten wir uns schon stark genug: Scheffauer 2111 Meter, stand da. Widauersteig. Nur für Geübte. Jetzt mussten wir es ausprobieren.

Und siehe da: Es war halb so schlimm. Der Widauersteig ist gesichert. Überall Drahtseile und Haken, an denen man sich festhalten kann. Wir waren jung, wir hatten Kondition. Und schwindelfrei waren wir auch so einigermaßen. Hinter der Kaindlhütte geht es los. Eineinhalb Stunden immer steil die Wand rauf – in einer bequemen Rinne, versteht sich.

Eigentlich ein Kinderspiel. Trotzdem vergesse ich nie den dicken Tom. Er war mit seinem Freund zur selben Zeit wie Karin und ich eingestiegen.

Plötzlich fing er an zu klagen und zu weinen. »Ich habe Angst, ich habe Angst.« Na ja, für normale Touristen sind die Steige eben nicht gedacht. Nur für Geübte.

Das war es auch, was uns immer wieder in die Berge zog: Da oben, wo es anstrengend und auch ein bisschen gefährlich wird – da oben trauen die dicken Touristen sich nicht hin. Dort oben ist man unter sich. Dachten wir – bis immer mehr Seilbahnen gebaut wurden und die Rucksacktiroler auch auf der Hütte ihre Lieder anstimmten: »Warum ist es am Rhein so schön?«

Das Totenkirchl ist aber schon ein anderes Kaliber. Meine Freunde Andreas und Heinerle waren auch schon am Stripsenjoch gewesen, aber an das Totenkirchl hatten sie sich nicht herangewagt. Hat ja auch so einen furchteinflößenden Namen. Karin hatte von vornherein klargemacht: Nee, aufs Totenkirchl – das ist nicht mein Ding. Da trau ich mich nicht ran.

Ich ja eigentlich auch nicht. Aber das ist ja der Reiz, die Versuchung beim Bergsteigen: Man hat immer wieder neue Ziele. Jedenfalls in meiner Jugend war das noch so. Schwierigkeitsgrad drei – alles was man noch mit Händen und Füßen erledigen konnte, vielleicht mal einen Haken einschlagen, aber nichts mehr darüber hinaus, das glaubte man sich als Bergsteiger aus Hamburg noch gerade so zuzutrauen. Das Totenkirchl war eine Art Zwischending. Für echte Kletterer überhaupt kein Problem.

Für die wilden Freeclimber von heute ist das nur ein Spaziergang. Aber ich werde es nie vergessen, wie ich in dem Kamin hing und nicht über den Klemmblock hinwegkam. Ein schreckliches Gefühl: Du hast dich mit den Fingern oben in diesen Klemmblock eingehängt (das ist einfach ein großer Felsbrocken, der vor hundert Jahren mal irgendwie in den Kamin gefallen oder gedonnert ist und sich dabei eingeklemmt hat).

Nun kommst du aber nicht an ihm vorbei, du musst auf ihn raufklettern und dann weiter im Kamin – doch unten baumelst du plötzlich mit den Füßen im Freien. Ich hätte es keine zehn Sekunden mehr ausgehalten.

Und mich an den Händen hochziehen? Völlig unmöglich.

»Lass dich ins Seil fallen!«, rief Ewald von oben. Das war auch nicht so verlockend, blieb aber die einzige Möglichkeit. Er sicherte mich ja von oben. Es konnte nichts passieren, doch gefühlsmäßig denkst du erst mal, du stürzt ab. Ich fiel höchstens etwas mehr als einen Meter in die Tiefe. Nun pendelte ich frei herum. Ewald rief: »Ich lass dich noch ein Stück tiefer, bis du Stand hast.« Dann hatte ich Stand und kletterte noch einmal auf den Klemmblock. Es ging jetzt ganz leicht, mit zwei, drei Griffen und Stufen kam ich über den Klemmblock, denn Ewald, der Bär, Ewald, der Starke, sicherte mich und zog mich gleichzeitig am Seil hoch. Niemals hätte ich den Klemmblock sonst geschafft. Der Rest mit Ewald voran, war dann fast ein Genuss. Ich schaffte sie alle, diese im Kletterführer beschriebenen leichten Problemstellen: 25 Meter Querung auf schmalem Sims (bloß nicht nach unten gucken!), dann 8 Meter steil hinabklettern in eine Rinne (Ewald stand unten und wartete, aber ich schaffte es auch so), entlang der Führerwand zum Führerkamin (nicht nach dem GRÖFAZ so betitelt, sondern nach dem Erstbesteiger Fritz Führer) 50 Meter hoch und über den verteufelten Klemmblock, links an steilem Quergang zur Leuchsrinne, 50 Meter hinaus zum Ausstieg auf die zweite Terrasse, die man vom Stripsenjochhaus aus erkennen kann. Es kommt ein grüner

Absatz, auf dem man gemütlich wie ein normaler Bergwanderer laufen kann, dann noch mal durch eine breitere Rinne mit einigen Kletterstellen, oben ein höhlenartiger Ausgang, die Erich-König-Höhle. Ein weiteres Mal aussteigen, und schon waren wir auf der dritten Terrasse – ebenfalls ein begrüntes Band, einfach zu gehen. Jetzt nur noch der Ausstieg zum Gipfel: etwa 50 Meter wieder klettern, zwei Dreierstellen.

Dann stand ich neben Ewald am Gipfelkreuz des Totenkirchls.

Diesen Kletterweg habe ich mir natürlich später auf der Hütte noch einmal aufgeschrieben. In der Erinnerung habe ich ihn nicht mehr so präsent in allen Einzelheiten – eins weiß ich nur: Es war aufregend. Es war aufregend schön.

Ewald hat mich auch beim Abstieg gesichert. Den Dülfersitz hatte ich geübt, der half mir auch beim Absteigen durch den Kamin. Ach, ich war stolz wie Bolle, als wir am späten Nachmittag wieder auf der Hütte saßen.

Ewald musste leider wieder weiter ins Tal. Dass er aus Füssen stammte, hat er mir noch verraten, und dass er Erdarbeiter war. Ich habe Ewald mein ganzes Leben nicht wiedergesehen, aber auch mein ganzes Leben nicht vergessen.

Das ist der Grund, weshalb ich diese Heldentat in meiner Biografie erwähne. Es gab aber auch einen Zusammenhang mit meinem literarischen Leben. Ringelnatzfreunde wissen, dass dieser kauzige Seemann sich ebenfalls für die Berge begeisterte – und sogar für den Totenkirchl:

Ausflug nach Tirol

Kann man das Jodeln wohl
In meinem Alter lernen?
Nie war, wie in Tirol,
Ich derart nah den Sternen.

Ich sah vom Stripsenjoch
Drüben an steiler Wand
Leute aufs Totenkirchl kraxeln,
Wahrscheinlich Sachseln
Aus Hosenträgerland.
Aber kühn und schön war es doch.

Zwischen 1959 und 1970 war ich also Verlagskaufmann, Hilfsredakteur, Wahrsager, Werbeleiter, Pillen-
verkäufer, Werbefilmdreher, Farbenfachmann und
Bestechungsgeldverwalter.

Zehn Tage Urlaub im Jahr hatten meine Frau Karin
und ich in den ersten beiden Jahren, als wir noch Lehrlinge waren. Das ganze Jahr haben wir uns auf diese
zehn Tage gefreut und dafür geplant und gespart.
Dann sind wir mit dem Alpen-See-Express im Liege-
wagen von Freitag auf Samstag nach Kufstein gefahren. In Kufstein stiegen wir aus – und waren frei.

Wir stiegen mit unseren zwanzig Kilo schweren
Rucksäcken vom Bahnhof aus direkt in die Berge hin-
auf. Mit einem Mal war dieser stickige Büro- und Kan-
tinenmief von uns abgefallen, mit einem Mal atmeten
wir die Freiheit. Wir stöhnten und ächzten unter unseren Rucksäcken, ich schwitzte jedes Mal aus allen Po-
ren, ich hinterließ eine Schweißspur, uns taten die

Füße weh, wir liefen uns Blasen an die Hacken – aber es war schön. Zehn Tage, davon fielen zwei für die Hin- und Rückfahrt weg. Wir waren acht Tage nur in den Bergen, schliefen auf den Hütten, bestiegen in den ersten beiden Jahren hin und wieder einen Gipfel und fast jeden Tag rannten wir die Serpentinen rauf und wieder runter. Wir hatten wenig Geld, aber wir brauchten auch nicht viel. Zwei Mark für die Übernachtung auf dem Matratzenlager. Bei jedem Wetter stiegen wir jeden Tag weiter zur nächsten Hütte. Kein Glücksgefühl im Leben ist mit dem Glücksgefühl vergleichbar, das dich überkommt, wenn du nach sechs Stunden Wanderung im Regen, im Schneesturm endlich die Hütte siehst, die du erreichen willst. Die steht dann allerdings jedes Mal auf der anderen Seite des Tals, du musst noch mal dreihundert Höhenmeter wieder runter und zweihundert Höhenmeter wieder hoch. Aber endlich bist du da, ziehst deine Bergstiefel aus und die Hüttenlatschen an, gehst in die Gaststube, sinkst auf die Bank und bestellst dir eine Radlermaß. Und danach gleich noch eine!

Søren Kierkegaard

Eines muss ich im Verlauf dieser Lebenserzählung einmal klarstellen, falls es wirklich Menschen gibt, die an meiner Existenz interessiert sind: Ich war ein Radikaler. Ich wollte mich tatsächlich dem allmächtigen Herrn des Himmels und der Erde verschreiben. Auf der Suche: Wo geht es denn nun eigentlich hin mit mir? Was soll das Ganze? Wofür soll ich leben?, stieß ich auf Søren Kierkegaard. Uninteressant, wie ich dazu kam. Kann sein, dass mich die Morgenandacht dazu brachte. Wenn ich die morgens beim Aufstehen nicht rechtzeitig abgestellt hatte, war ich immer schon mittendrin in so einer laberigen Predigt. Vor allem fiel mir schon ganz früh auf, dass der Priester oder Pfarrer oder Vikar oder was für einer das nun gerade war, meistens ohne weiteres behauptete, Gott habe dieses gesagt oder jenes. Soviel mir bekannt war, hat nämlich noch kein Mensch Gott gesehen oder wenigstens mit ihm telefoniert. Wieso sagen diese Leute immer: Gott hat gesagt – warum sind sie nicht so ehrlich, lieber zu sagen: Ich behaupte, dass der Gott, von dem ich annehme, dass es ihn gibt, das Folgende gesagt hat?

Da kam mir nun der philosophische Existenzialist Søren Kierkegaard zu Hilfe.

Ich las mit zunehmendem Interesse, ja mit großer Begeisterung, wie dieser Mann zunächst einmal eine gewisse Ordnung in die Kategorien des menschlichen

Denkens und Handelns brachte. Das hatte zunächst gar nichts mit dem lieben Gott zu tun oder überhaupt mit Religion. Kierkegaard ging, so wie ich es verstanden habe, zunächst von Kants berühmtem Satz aus: »Zwei Dinge erfüllen das Gemüt mit immer neuer und zunehmender Bewunderung und Ehrfurcht, je öfter und anhaltender sich das Nachdenken damit beschäftigt: *der bestirnte Himmel über mir, und das moralische Gesetz in mir.*«

Ich weiß nicht, warum, aber in jugendlichem Alter faszinierte mich fast nichts so sehr wie die Tatsache, dass der Mensch sterben muss. Ich grübelte immer wieder darüber nach, und mir wurde irgendwie klar – oder besser: ich glaubte zu erkennen –, dass sich aus dieser Tatsache ergibt, zu leben ist etwas Ernstes. Oder vielleicht nicht so verbissen gesagt: Wäre der Tod nicht die einzige Gewissheit, die wir haben, wäre alles Larifari.

Kierkegaard nun – ich mache es wirklich ganz kurz – bringt in seinem ersten Werk *Entweder – Oder* die Sache auf den Punkt: Entweder du versuchst, den ethischen Weg zu gehen, du folgst der Stimme, im naiven Sinne, ein guter Mensch zu sein (nicht zu verwechseln mit dem abwertenden Begriff Gutmensch) – also einer, der sich mitverantwortlich für die Gemeinschaft der Menschen fühlt und der sich einbringt –, oder du versuchst, das Leben, das du ja nur ein einziges Mal hast, sozusagen frei von innerlichen Verpflichtungen mutig zu genießen, möglichst keine Sekunde zu verschenken und beim Genießen nicht einen primitiven Weg zu gehen, sondern vielmehr Dinge und Menschen und Genüsse zu wählen, die wenigstens einen »Ewigkeitswert« haben – Schönheit, Kunst, Erotik.

Mir hat es jedenfalls gefallen, dass da mal einer aufgeräumt hat mit der Blässe des Gedankens, mit dem Herumschwimmen im Ungefähren oder dem »seinshaftigen Sein und dem nichtseiend Seienden sowie dem Nichtsein des Seins« oder so ähnlich ...

Kierkegaard machte sich besonders gern lustig über solche gelehrten Zeitgenossen, die zwar alles beweisen konnten, aber immer nur »bis zu einem gewissen Grade«. So hatte Kierkegaard, wie ich es verstanden habe, ganz besonders Georg Wilhelm Friedrich Hegel im Visier. Über dessen großen Entwurf der Weltgeschichte, mit dem Hegel wohl beschreiben wollte, dass das menschliche Wirken und Streben sich letztendlich zu einem großen Gesamtwerk, einem übergeordneten Ziel zur Vollendung, entwickeln würde, also darüber konnte sich Kierkegaard sogar herzlich amüsieren.

Es erheiterte ihn total, dass das Gesamtwerk natürlich noch längst nicht fertig war und so auch Hegels Theorie darüber noch nicht abgeschlossen sein konnte, sondern eben nur »bis zu einem gewissen Grade«. Dieser Kierkegaard faszinierte mich, weil er so entwaffnend auf den Punkt kam. Die großen Entwürfe der »Weltenlenker« funktionieren ja sowieso immer nur »bis zu einem gewissen Grade«, und nichts Genaues wissen sie nicht. Für Kierkegaard gab es noch immer keinen größeren Denker als den Ironiker Sokrates, der alle seine klugen Zeitgenossen nur so lange zu fragen brauchte, bis sie einsehen mussten, dass auch sie nichts wissen. Sokrates aber wusste wenigstens das: dass er nichts weiß. Und Kierkegaard war ein Wahlverwandter des Sokrates, nämlich einer, der seine Überzeugung existierend ausdrückte. Wer sich für einen bestimmten

Weg zu leben entscheidet, der muss dann eben auch so leben, sonst ist das Ganze ja nicht ernst gemeint.

Kierkegaard war ein glänzender, ein brillanter Satiriker. Irgendwann haben ihn ja wohl auch die Existenzialisten aus der Sartre-Szene zu ihrem Idol erkoren.

Das aber, denke ich, hängt noch mit etwas anderem zusammen: Kierkegaard lag nichts daran, die Massen anzusprechen. Kierkegaard schrieb für den Einzelnen. Darum war er natürlich für die Marxisten schon mal gar nicht zu gebrauchen. Natürlich ist der Arbeiterbewegung oder überhaupt einer Bewegung, die sich nur in Solidarität behaupten kann, mit einem Einzelnen nicht viel gedient.

Für Kierkegaard war der Einzelne das Universum. Dass es für die Schwachen klug ist, sich mit mehreren zusammenzutun, war nicht sein Thema. Mir als nichtstudierter Mensch, der sich so gern auch schriftlich und ironisch ausdrücken wollte, gefiel dieser Däne, dieser radikale Einzelgänger. Immer hat mich der Gedanke begleitet: Es ist möglich, dass ein Einzelner gegen die ganze Welt recht behalten kann. Falsch und gefährlich aber ist es, über Menschengruppen oder Rassen pauschal zu urteilen oder sie einzuteilen. »Die Deutschen waren Nazis« – mit dieser Aussage wird jeder einzelne Deutsche diffamiert. Oder wie der große Satiriker Gerhard Polt sinngemäß sagte: »Der Asiate als solcher ist ja sauber.« So wandte sich also Kierkegaard immer an den Einzelnen, an den einzelnen Leser.

Die beiden Kategorien, die Kierkegaard meinte: das Ethische hier und das Ästhetische dort, waren nicht als Verpflichtung für den Einzelnen gedacht und auch nicht als Anleitung, so oder so zu leben. Sie sind allein

ein Wegweiser: hierhin oder dorthin. Wichtig ist nur, dass man wenigstens einen Anhalt hat, wie man das menschliche Dasein einigermaßen einteilen kann. Vor allem, wenn man sich in jugendlichem Alter immer fragt: Was hat es für einen Sinn, dass ich lebe? Oder hat es eben keinen?

So weit war ich dem großen Dänen noch mühelos gefolgt – bilde ich mir zumindest ein. Es kam mir nur immer ein bisschen so vor, als sähe er die Sache mit der Ethik etwas zu bürgerlich. Das war aber nur mein Eindruck, der Eindruck eines Autodidakten. Das ist ja überhaupt das Schöne, wenn man das Glück hatte, in einer Behelfswohnung groß geworden zu sein und mit 16 eine sogenannte Lehre anfangen zu müssen: Man konnte sich über Philosophie, über Klassiker, über Atomkerne und die Relativitätstheorie seine ganz persönliche Meinung bilden. Man musste ja nicht in Klausur darüber gehen.

Dazu muss ich aber noch sagen: Dieser Kierkegaard war ein schwerer Brocken für mich. Er musste ja unbedingt noch einen Schritt weitergehen. Er musste noch zum Religiösen vorstoßen. Ich weiß zwar nicht, was das noch mit Kants berühmtem Satz zu tun hatte, aber nun versuchte sich Kierkegaard in unbekanntes Gelände zu begeben. Für mich war Kierkegaards Gedanke einfach dieser – ach nee, eigentlich waren es zwei:

Erstens: Angenommen, nur mal angenommen, es gibt ihn wirklich, so einen allmächtigen Gott und somit auch die Ewigkeit – ja dann, dann wäre es ja sträflich dumm, wenn nicht jeder Mensch versuchen würde, sich mit allem, was er darüber erfahren kann, zu beschäftigen, denn dann würde die bedrohliche Wahrheit, »jeder muss einmal sterben«, vielleicht doch noch eine andere Bedeutung bekommen.

Zweitens: Wenn es stimmt, was das Christentum lehrt, dass der Mensch in der Erbsünde lebt (keine Angst: Später habe ich begriffen, dass es sich hierbei um eine ganz gemeine erpresserische Idee handelt – aber ich möchte den Gedanken zu Ende führen –), wenn das also stimmt, dann müssten ja alle Menschen diesem Christus unendlich dankbar sein und um seinetwillen Frieden halten und Liebe verbreiten – für siebzig Jahre Glauben und Beten dann das ewige Leben erhalten: Einen besseren Deal kann es nicht geben.

Das ist jetzt mal so dahingeworfen. Kierkegaard kann mich ja nicht mehr dafür belangen. Er würde sicher auch einwenden: Ich habe dir auch gesagt: Wer in dieser materiellen, geistesfeindlichen Welt Christ sein will, der muss damit rechnen, verfolgt und getötet zu werden.

Gegen Ende seines Lebens gab Kierkegaard eine kleine Zeitschrift heraus,, mit der er in rücksichtsloser Schärfe die dänische Staatskirche angriff. Der Bischof Martensen hatte seinen Vorgänger im Amt, Bischof Mynster, in seiner Grabrede als großen Wahrheitszeugen gepriesen. Für Kierkegaard war aber schon lange die Tatsache, dass die Geistlichen beim Staat als Beamte angestellt und bezahlt wurden, ein unerträglicher Greuel. Er bezog sich auf das Neue Testament, in dem es bekanntlich heißt:

»Wenn die Welt euch hasst, dann denkt daran, dass sie mich schon vor euch gehasst hat. Sie würde euch lieben, wenn ihr zu ihr gehören würdet, denn die Welt liebt ihresgleichen. Doch ihr gehört nicht zur Welt; ich habe euch aus der Welt heraus erwählt. Das ist der Grund, warum sie euch hasst.«

Bezahlte Wahrheitszeugen, das sind für Kierkegaard nur Heuchler und Scheinheilige. Er stellt den verbeamteten Geistlichen die wahren Märtyrer entgegen wie Giordano Bruno und die Opfer der Inquisition. Mit seinen Blättern aus seiner Zeitschrift *Der Augenblick* brachte Kierkegaard seine ganze Verachtung der Staatskirche zum Ausdruck und stellte klar: Kaum ein Mensch hat das Recht, sich Christ zu nennen. Nun aber – durch das Zusammengehen von Kirche und Staat – sind wir alle Christen.

Welch ein Wunder.

In *Der Augenblick* schreibt der Satiriker Kierkegaard, im Neuen Testament stelle Jesus Christus die Sache so dar:

»›Und die Pforte ist enge, und der Weg ist schmal, der zum Leben führet; und wenig ist ihrer, die ihn finden.‹ (...) Nun aber sind wir alle Christen, die Pforte ist weit, der Weg ist breit – allein schon in Dänemark gibt es jetzt so viele Christen, dass man kaum noch einen Nichtchristen findet.«

Wenn man diese Schriften heute noch einmal liest, möchte man dem Satiriker Kierkegaard gern einmal von heutigen christlichen Verhältnissen erzählen: Da gab es inzwischen eine Kirche, die mit dem Hakenkreuz marschierte, da gibt es immer noch christliches Verständnis für die Diskriminierung von Deserteuren im Dritten Reich, da gibt es die christlichen Kinderschänder und die christlichen Parteien von heute, die dafür sorgen, dass die Armut in der Welt immer größer und der Reichtum immer ungerechter verteilt wird. Sie nennen sich aber wie zum Hohn christliche Parteien. Als ob eine Partei christlich sein könnte! Aber von denen hatte Kierkegaard ja noch gar keine Ahnung – ihm war es ja schon ein Greuel, dass plötzlich jeder ein Christ ist, der seine Kirchensteuer bezahlt. Das war es, diese klare Verachtung der Mittelmäßigkeit, die mir so imponierte. Und diese Haltung hat mich auch veranlasst, immer wieder die kirchlichen Institutionen und ihre Vertreter zu verspotten.

Ist Abendmahl heute

Papst Benedikt war mal wieder groß da!
Achtung: eine neue Enzyklika:
»Bei Höllenstrafen: Niemals vergessen:
Wir wollen unsern Christus persönlich essen.
Nicht irgendwie nur anstatt und symbolisch!
Wir essen sein Fleisch, und nur das ist katholisch.
Bitte schön: Hier der Wein ist sein Blut!
Nicht dass ihr das Bluttrinken nur so tut!
Es ist sein Blut, und das schluckt ihr jetzt mutig.
Schön den Bart abwischen. Der ist ja ganz blutig.
Und dazu sein Fleisch, ungekocht und roh!
Das Brot ist sein Fleisch, es tut nicht nur so!
Wie soll ich es denn nun noch deutlicher sagen!
Die Liebe zum Herrn geht direkt durch den Magen.
Wir essen dich auf, mit Haaren und Haut!
Sechs Stunden später ist der Herr schon verdaut!«

Jawoll, alter Bene, so muss man es machen.
Voll genug ist die Welt von halbgaren Sachen.
Da hört man von den evangelischen Leuten:

das Brot soll ja seinen Leib nur bedeuten.
Und bedeuten soll das Blut nur der Wein!
Na, da kann ja jeder Menschenfresser sein.
Nee! Wenn schon, dann richtig und nicht sich
　　verstecken!
Ist Abendmahl heute! Haut rein! Lasst's euch
　　schmecken!

Ich bitte euch, meine Freunde, zu bedenken: Ich war
17 oder 18 Jahre alt, als mich Kierkegaards Philosophie überrollte. Ich war hungrig nach Erkenntnis, ich
wollte immer noch wissen, wer ich bin oder was das
Leben überhaupt soll. Ich erschrak manchmal geradezu vor dem Gedanken.

Jedenfalls hat dieser Kierkegaard damals einen tiefen Eindruck auf mich gemacht, und ich brauchte eine
ganze Weile, um zu erkennen: Auch diese Sittenstrenge
und absolut idealistische Auffassung ist nicht durch-
zuhalten. Da zähle ich mich denn doch lieber zu den
Oder-Typen des großen Denkers, also zu denen, die
Wein, Weib, Schubert und Mozart, die Rolling Stones
und die Beatles anbeten. Geschadet hat mir aber diese
idealistische Verirrung in meiner Jugend nicht. Ich
habe gelernt, Gewäsch und Mittelmäßigkeit – oder wie
Kierkegaard es immer nannte: »Galimathias« – zu ver-
achten. Im Übrigen: Jeder soll glauben dürfen, was er
will – solange er mich nicht zwingt, dasselbe zu glauben.

So gab mir Søren Kierkegaard letztlich auch das
geistige Rüstzeug, mich aus dem Hintertreppenjourna-
lismus zu verabschieden. Das habe ich nie bereut.

Die Griechin

Horst Wernstedt war am Apparat. Leitender Redakteur NDR Unterhaltung. Die Fernsehredaktionen saßen damals noch zusammen mit dem Hörfunk an der Rothenbaumchaussee.

Ob ich mir zutrauen würde, eine Reportage in Griechenland zu drehen. Thema ist: die griechische Frau heute. (Das war im Jahre 1976.) Ich schluckte zweimal. Griechische Frau? Reportage? Davon hatte ich keine Ahnung.

»Ach ja«, sagte ich, »kann ich mir ganz gut vorstellen. Für die Griechen habe ich mich schon immer interessiert.«

»Dann komm her, und lass uns drüber reden!«

Ich fuhr erst mal ganz aufgeregt nach Hause.

»Ich soll 'ne Fernsehreportage machen – über die griechische Frau.«

»Wieso? Hier sind doch fast nur die griechischen Männer, als Gastarbeiter«, meinte meine Frau.

»Nein, doch nicht hier in Hamburg. In Athen und auf dem Peloponnes.«

»Ist ja toll. Fliegst du dann da hin?«

»Ich weiß nicht, aber wird wohl so sein. Ich nehme an, das zahlt der NDR.«

»Wir sind noch nie in unserem Leben geflogen.«

Da war ich noch aufgeregter. Aber am meisten beunruhigte mich: Ich habe keine Ahnung von griechischen Frauen. Genau genommen habe ich grundsätzlich von Frauen keine Ahnung.

Karin und ich haben nach der Schulzeit geheiratet – das war unsere ganze »Erfahrung«. Aber nun. Die Griechin. Ich hatte ja tatsächlich so ziemlich alles an griechischen Tragödien und Komödien und natürlich die *Ilias* und die griechischen Sagen gelesen.

Aber das würde mir doch hier nichts nützen. Allerdings: Halt! Da kam mir eine Idee. Und wenn ich erst mal eine Idee habe, werde ich auch meistens wieder ganz zuversichtlich. Ich muss das nehmen, was ich weiß, sagte ich mir. Etwas, bei dem ich mich auf sicherem Boden befinde.

So konnte ich am nächsten Tag einigermaßen selbstbewusst zu Wernstedt in die Redaktion gehen. Er erklärte mir die näheren Bedingungen: »Es handelt sich um eine unterhaltsame Dokumentation, musst du wissen – innerhalb unserer Sendereihe *Das fiel uns auf!* Da nehmen wir uns immer typische Erscheinungen oder Personen oder Ereignisse aus anderen Ländern vor. Die sollen dann von einem Journalisten möglichst flott und bisschen frech kommentiert werden.«

Hm, dachte ich. Das ist nichts für mich. »Flott und bisschen frech«, das liegt mir nicht – genauer gesagt: Das kann ich nicht ausstehen. Aber das durfte ich ja jetzt nicht zugeben.

»Hast du ein Konzept?«, fragte Wernstedt.

»Na ja«, sagte ich. »Ich will ganz einfach die großen griechischen Heldinnen und Göttinnen in Athen treffen. Ich nehme an, die leben alle noch.«

»Wie bitte?«, lachte mein verantwortlicher Redakteur. »Das ist doch Unsinn. Das Griechenland der Antike gibt es nicht mehr. Die Griechen sind keine Helden mehr und keine Göttersöhne. In Wirklichkeit sind sie arbeitslos. Viele von denen arbeiten jetzt in Deutschland bei Opel oder im Hamburger Hafen. Die Frauen der griechischen Sage sind heutzutage Marktfrauen oder Kellnerinnen.«

Wernstedt war ein sehr geduldiger Mensch. Und er hatte Sinn für ausgefallene Ideen. Außerdem war er vielseitig gebildet. Er kannte sich in der klassischen Literatur aus. Und er war ein großer Fußballfan – er hätte ab 1981 ohne weiteres bei *Wetten, dass..?* gewinnen können: Sämtliche Mannschaftsaufstellungen der deutschen Bundes- und Oberligavereine konnte er auswendig aufsagen, und zwar mindestens die der letzten drei Jahre. Das hatte natürlich nichts mit meinem Auftrag zu tun. Ich erwähne es nur, um zu zeigen: Wernstedt war eben kein normaler Unterhaltungsbeamter, sondern ein echtes Schlitzohr. Darum sagte er: »Soll ich dir mal erzählen, was diese Unternehmung kostet? Mit Flug und Spesen und Personal? Du hast doch so etwas noch nie gemacht. Wenn nichts dabei herauskommt oder nur dummes Zeug, hab ich den Ärger. Ist dir das klar?«

»Ja, ja, natürlich«, sagte ich leicht eingeschüchtert. »Ich bin da aber ganz zuversichtlich ...«

»Zuversichtlich? Du hast gefälligst überzeugt zu sein. Also, du fliegst jetzt los! Peter Vigg ist dein Regisseur und Kameramann. Der haut dir was an die Ohren, wenn du Mist baust. Also, los, Scheibner: Zeig uns, wo die Göttinnen sind!«

Wow! Ich spürte die Last der Verantwortung. Aber ich war begeistert. Meine erste Fernseharbeit!

»Ja«, sagte Wernstedt. »Das ist eine Testaufgabe. Wollen mal sehen, ob du das kannst!«

Mein Gott, dachte ich: Jetzt weiß ich, warum ich mich so für die alten Griechen begeistert habe. Ich hätte am liebsten den ganzen Trojanischen Krieg aufgeführt.

Jedenfalls stand ich schließlich am Flugplatz, und mein Regisseur Peter Vigg fragte nach einem Drehbuch. Doch ich hatte keins.

In Athen empfing uns zum Glück ein Herr Konitsiotes ein sehr freundlicher Mensch und freier Fernsehkorrespondent in Athen. Horst Wernstedt hatte also vorgesorgt, damit Peter Vigg und ich nicht hilflos durch Athen irren mussten.

Schon bei der Begrüßung am Flughafen klärte Peter Vigg den Konitsiotes auf seine unnachahmlich witzige Art auf, in etwa so: »Ich bringe Ihnen hier einen halbgebildeten Mythologen. Er bildet sich ein, dass in Athen immer noch diese Dame gleichen Namens mit dem Vornamen Pallas herumläuft. Er möchte sie gerne kennenlernen.«

Ohne eine Miene zu verziehen, antwortete Herr Konitsiotes, das wolle er gern arrangieren. »Wir suchen jetzt Pallas Athene. Aber seien Sie vorsichtig!«, sagte er. »Sie liebt es, mit Waffen zu spielen wie Speere und Pfeil und Bogen und so weiter. Sie hat schon einmal einer Touristin aus Versehen den Kopf abgeschlagen. Die hieß Pallas, die Touristin. Um ihren kleinen Mord wiedergutzumachen, hat Athene deren Vornamen angenommen, Pallas. Eine noble Geste, nicht wahr. Wenn sie Ihnen den Kopf abhaut, können Sie verlangen, dass sie sich in Zukunft Hans Athene nennt. So kann man hier unsterblich werden.«

So führte mich Konitsiotes zusammen mit Peter Vigg auch gleich zur Athene. Sie stand in Marmor gekleidet in einem gehobenen Andenkenladen mit dem üblichen Schnickschnack, allerdings in höherer Preislage.

Ich trat schüchtern an die herausragendste in der griechischen Götterriege heran und stellte mich mit meinem Namen vor. Der Regisseur hatte schon seine Kamera postiert, der Tonmann angelte mit dem Mikro über meinem Kopf, es standen Leute um uns herum und schauten aufmerksam zu. Und da geschah es – Sie können es mir glauben –, Athene sprach zu mir, und das Besondere: Sie sprach in reinen Hexametern.

»Kauf mich, Tourist mit dem Barte«, sprach sie, und ich zählte im Geiste gleich mit: Das waren drei Daktylen. Und sie fuhr fort: »Ich koste nur dreitausend Drachmen!«

Ja, so hat sie gesprochen! Wir zahlten also dreitausend Drachmen für eine steinerne Göttin. Immerhin die hatte ich schon gefunden.

Dann zeigte mir Pallas Athene – im Verein mit Herrn Konitsiotes – Penelope, die treue Hausfrau, die griechische Mutter. Wenn ich heute an die Szenen und Bilder zurückdenke, wird mir ganz wehmütig. Griechenland hatte sich gerade endgültig von der Militärjunta befreit. Von 1967 bis 1974 hatten die Obristen die Macht und unterdrückten alle Versuche, Demokratie zu schaffen, mit brutaler Gewalt. Zweimal haben die Militärs geputscht. Zuerst 1967 und sieben Jahre später dann noch einmal – aber diesmal reichte die Kraft der Rechten und Faschisten nicht mehr aus, und ausgelöst auch durch den Zypernkonflikt, über den meine Eltern zu Hause damals immer diskutiert hatten, kam es endlich zu demokratischen Wahlen von epochaler Bedeutung.

Was mich angeht: Ich hatte mich damals noch nicht wirklich für Politik interessiert. Erst in Griechenland wurde mir auch durch die vielen »Penelopes«, die mir Konitsiotes zeigte, bewusst, welche schweren Zeiten die griechischen Bürger hinter sich hatten. Auf die Besetzung im Zweiten Weltkrieg durch die Deutschen folgte ab 1946 ein blutiger Bürgerkrieg und später dann die erwähnte Militärdiktatur. Trotzdem: Wenn ich heute an meine Griechenlandreise zurückdenke, sehe ich so viele frohe, freundliche Gesichter vor mir, als hätten die Griechen endlich die ersehnte Freiheit gefunden. Ich dachte damals, diese Menschen sind zufrieden mit ihrem einfachen Leben.

Ja, und was Penelope angeht: Nach heutigen Maßstäben der Emanzipation und der Frauenrechte war es ein einziges Elend, was die normalen Ehefrauen in Griechenland erduldeten. Damals allerdings kam es mir nicht so vor – und den Frauen selbst wohl auch nicht. »Penelope«, sagte Konitsiotes, »Penelope ist überall. Fast jede Frau in Athen lebt für die Aufgabe, Mutter zu sein, die Kinder zu erziehen, ihrem Gatten ein gutes Zuhause zu schaffen.«

Ich lernte also Penelope von 1976 kennen. Ihr Mann, Odysseus, war inzwischen Gastarbeiter in Deutschland. Er half, das deutsche Wirtschaftswunder zu **erschaffen,** und schickte monatlich ein paar Hundert Deutsche Mark nach Hause zu seiner Penelope. Abends saß er dann mit seinen Kollegen von VW oder von der Strabag in der Kneipe – statt wie bei sich zu Hause in der Taverne – und hörte aus der Musikbox Udo Jürgens singen: »Griechischer Wein«!

Penelope wartete bekanntlich zwanzig Jahre auf die Rückkehr ihres Odysseus. Sie blieb ihm zwanzig Jahre treu, was nicht ganz einfach war. Die zurückgebliebenen Männer strichen immer wieder um ihr kleines Häuschen herum und hätten sich zu gern in das verwaiste Bett des Gastarbeiters gelegt. Und so manchem gelang es. Aber wehe ihnen! Hin und wieder erwischte einer der Odysseuse einen von den liebeshungrigen Kerlen, dann gab es wie in der Antike auch um 1976 tatsächlich hin und wieder ein Blutbad. Man muss sich ja schließlich an die Sage halten.

Wir drehten Penelope auf dem Markt, wir drehten sie, wenn sie die Kinder zur Schule brachte, und wir drehten Penelope auf dem Lande – und immer war es eine liebe, freundliche Frau, die ihr Schicksal nicht als schwere Bürde empfand.

Meine Göttin erklärte mir zu dem Thema auch: Ja, die Griechin ist zwar Hausfrau und Mutter. Aber dafür hat sie zu Hause auch das Sagen, dort ist sie wie eine Königin von antiker Größe und Machtfülle. Und alle griechischen Machos wissen ganz genau: Nur der griechischen Frau haben sie es zu verdanken, dass Griechenland in dem Wahnsinn seiner kriegerischen Geschichte nie untergegangen ist.

Und wovon sang die griechische Schlagersängerin Kristiana, die wir auf der Plaka trafen, der wir zuhörten und die wir natürlich filmten und später dann auch in die Sendung stellten?

Natürlich vom Warten.

Wie sehr ich dich liebe, liebe, liebe!
Wie sehr ich immer hoffe, dass du zurückkommst.
Ich habe doch nur dich in diesem Leben.
Ich bleibe dir treu.
Ich werde warten, warten, warten und immer
    warten!

Sie also, die Sängerin Kristiana – ebenfalls eine sehr beeindruckende Penelope.

Natürlich konnte hin und wieder auch eine von den Penelopes nicht ganz so lange warten. Meine Athene flüsterte mir ins Ohr:

»Ich kenne ja diese Familientragödie aus der eigenen Verwandtschaft. Ich sage nur Alkmene. Alkmene war eine der vielen Geliebten meines Vaters Zeus. Sie wurde schwanger und gebar ihm den Knaben Herakles. Der große Göttervater war ja auch ein Feigling. Aus Angst vor seiner Gattin Hera setzte Alkmene den Herakles damals auf einem Feld aus. Da hätte sie es heute allerdings leichter gehabt. Komm mit!«, sprach Athene. »Ich zeige dir eine Alkmene von heute.«

Und wir fuhren mit Kamerawagen, Tonmann und Beleuchter zum städtischen Säuglingsheim.

»Was soll eine Alkmene von heute machen, wenn sie ein uneheliches Kind zur Welt gebracht hat?«, fragte Athene. »Es ist ja noch immer eine Schande für die ganze Familie!«

Und sie zeigte uns: eine Klappe in der Wand des städtischen Säuglingsheims. Groß genug, dass man einen Säugling hinter die Klappe legen konnte. Dann drehten wir die Szene – mit einer Schauspielerin zwar –, aber so, wie sie sich jeden Tag immer wieder zutrug:

Alkmene kommt im Schutz der Dunkelheit, sieht sich immer wieder furchtsam um, geht dann mit schnellen Schritten zur Babyklappe, legt den Säugling hinein und läuft schnell wieder weg. Innen im Heim standen wir natürlich auch mit der Kamera. Kaum war das Baby durch die Klappe hineingelegt worden, ertönte eine Glocke. Zwei Schwestern kamen und nahmen das Kind in die Arme.

Dass wir tatsächlich mit einem lebenden Säugling drehen konnten, war für uns sehr ungewöhnlich. Die Mutter war zwar immer dabei. Aber ich weiß von späteren Erfahrungen: In Deutschland ist es sehr schwierig, mit einem echten Baby zu drehen. Da sind die Behörden ziemlich eisern. Achten Sie mal darauf beim nächsten Krimi: Entweder sehen Sie das Kind nur von hinten – dann ist es eine Puppe. Oder alle gucken in den Kinderwagen, und man hört das Baby sogar lachen – aber man sieht es nicht.

Ich fand die Existenz dieser Babyklappe damals sensationell.

In einem so konservativen Land eine so fortschrittliche Einrichtung. In Hamburg gab es zwar 1709 schon mal eine, die wurde aber 1714 – wegen zu häufiger Nutzung – wieder geschlossen. Erst seit 2000 gibt es in Hamburg wieder so eine vom Staat tolerierte Babyklappe. Und die wurde dann gepriesen und als neueste soziale Erfindung und Errungenschaft dargestellt. Dass es so etwas in Griechenland schon seit Jahrzehnten gab, wusste offenbar nur ich.

Jetzt hatte ich also schon drei griechische Frauengestalten aus der Antike getroffen: Athene, Penelope, Alkmene. Das ging ja gut voran.

Es war ein herrliches Wetter in Athen, man könnte auch sagen: fast nicht zu ertragen – so heiß war es. Abends saßen das Team und ich dann zusammen in einer Taverne auf der Straße. Ich lernte den griechischen Wein, den Retsina, kennen. Nach drei Gläsern hatte ich mich an ihn gewöhnt. Das war ein Fehler, den ich aber erst am anderen Morgen merkte. Im Kopf! Oh, tat das weh! Ich fühlte mich wie Zeus mit der verschlungenen Athene und hätte mir am liebsten selbst mit dem Hammer auf den Kopf geschlagen.

Aber abends beim Wein rief ich noch Horst Wernstedt an. Nicht mit dem Handy, das gab's ja noch lange nicht. Nein, ordentlich mit Voranmeldung übers Festnetz. »Horst, ich hab schon drei Griechinnen aus der Antike gefunden.« Da lachte er und gratulierte mir.

Dann aber am vierten Tag erlebte ich einen Höhepunkt, an den ich gerade in heutiger Zeit, in der es wieder einmal und leider immer noch um die Rechte der Frauen geht, häufiger zurückdenke.

Ich durfte die Größte besuchen und interviewen: Melina Mercouri.

Als wir uns dann gegenübersaßen, war ich am Anfang etwas verlegen. Diese Frau hat Geschichte geschrieben. Mein Gott, wie selten findet man eine Frau von diesem künstlerischen Format, die auch durch ihre Taten, ihr politisches Engagement und mit ihrem Mut Großes für die Menschheit vollbracht hat. Sie hat unter der Junta gelitten, musste Griechenland verlassen, hat ihre griechische Staatsbürgerschaft verloren; sie setzte nach dem Ende der Militärdiktatur ihren Ruhm in der Welt für den Freiheitskampf und für die Rechte aller Frauen ein. Für immer wird unvergessen bleiben, was sie dem griechischen Innenminister der Diktatur nach ihrer Ausbürgerung entgegnete: »Ich bin als Griechin geboren und werde als Griechin sterben. Herr Pattakos ist als Faschist geboren. Er wird als Faschist sterben!«

Und so ging es auch gleich los. Ohne dass ich überhaupt gefragt hatte, sagte sie:

»Die antike Heldin, mit der ich mich identifiziere, ist Medea. Nicht weil sie ihre Kinder ermordet hat, sondern wegen des Motivs zu dieser Tat. Von allen Heldinnen des Theaters ist Medea diejenige, die am überzeugendsten Politik für die Sache der Frauen macht. Sie hat mit Jason und für ihn ein furchtbares Verbrechen begangen, weil sie bedingungslos an ihr gemeinsames Schicksal glaubte. Der Mann aber, Jason, verrät sie, indem er sie verstößt und die Tochter des Königs Kreon heiratet. Sie tötet ihre Kinder, die ihr und Jason das Liebste auf der Welt sind, damit sie mit Jason im Leid wieder vereint ist und die Kinder nicht in die Hände eines Verräters fallen. Das meint Euripides, und darum ist Medea für ihn fast eine Heilige.«

Zur Frage der Gleichberechtigung der Frau sagte die Mercouri: »Die Akropolis ist ein wunderschönes Bauwerk voller Anmut. Mit der Zeit aber hat sie ihre Stärke und Kraft verloren. So, glaube ich, ist es auch mit der Macht der Männer über die Frauen in der ganzen Welt: Sie bröckelt und fällt eines Tage in sich zusammen. Weil die Männer bis heute nicht verstanden haben, dass sie den Frauen ehrlich die Hand reichen müssen zu einer wirklichen Gleichberechtigung. Sonst werden nicht die Frauen, sondern die Männer selbst den größten Schaden nehmen.«

Dass Melina Mercouri uns eine gute, herzliche Gastgeberin war, dass sie uns persönlich Wein und Gebäck servierte und keine Sekunde den Weltstar hervorkehrte, versteht sich von selbst. Wahre Größe erweist sich auch im Alltäglichen.

Ich war glücklich. Wir hatten inzwischen schon mehr als ausreichend Material. Damit hätten wir eine ganze Stunde Sendezeit füllen können. Schön war auch, dass das ganze Team inzwischen mein »Heldenspiel« mitspielte. Am Anfang fragte mich Werner, der Tonmann: »Wenn du die Wahl hättest, einer der griechischen Helden zu sein, welche Rolle würdest du dann wählen?«

Ich dachte nur kurz nach: »Achilles!«, sagte ich.

»Und warum?«

»Weil der auch einen an der Hacke hat – und wegen seiner kaputten F(V)erse.«

Wir wandten uns nun mit frischer Kraft den übrigen antiken Helden zu. Konitsiotes bereitete es keine Schwierigkeiten, uns einem alten, ehrwürdigen griechischen Ehepaar vorzustellen, das vor seinem kleinen Haus vor der Stadt auf einer Bank saß. Wir hatten ihnen noch gar nicht erzählt, warum wir sie filmen wollten, da verschwand die Frau schon im Haus und brachte einen großen Teller mit griechischen Vorspeisen heraus und dazu kleine Bretter und Gabeln – und natürlich eine Karaffe Wein. Wir griffen zu und tranken den Wein und lachten: »Können Sie hellsehen?« Wir wollten sie nämlich filmen, weil sie ein bisschen so aussahen wie Philemon und Baucis. Aber sie sahen nicht nur so aus, sie waren es, sie mussten es gewesen sein, denn Philemon und Baucis wurden ja auch dadurch berühmt, weil sie so gastfreundlich waren.

Übrigens: Zumindest unbewusst sind die beiden mir später ein Vorbild gewesen. Mit meiner Frau Petra spiele ich heute noch auf der Bühne hin und wieder das norddeutsche alte Ehepaar Hermann und Hermine. Die sitzen dann auch immer wie Philemon und Baucis auf einer Bank und führen Gespräche wie dieses:

»Hermine, ich finde, wir sollten uns einen Hund anschaffen«, sagt Hermann.

»Ich will aber keinen Hund«, sagt Hermine.

»Ist aber wichtig«, sagt Hermann. »Wenn einer von uns beiden stirbt, dann bist du allein. Und dann brauchst du einen Hund.«

»Ich will aber keinen Hund«, sagt Hermine.

»Wieso denn nicht? Du musst dich doch mal mit jemandem unterhalten können. Über deine Krankheit. Oder wenn du dich über was geärgert hast.«

»Ich will aber keinen Hund«, sagt Hermine.

»Ja, verdammt noch mal: Warum willst du denn keinen Hund?!«

»Ich hätte Angst, Hermann. Wenn man fünfzig Jahre lang mit einem ewigen Meckerpott und Besserwisser wie dir zusammengelebt hat und kriegt dann so einen lieben Hund, da ärgert man sich doch nur, dass man sich nicht von Anfang an lieber einen Hund genommen hat als einen Mann.«

Einen letzten Gag hatte ich mir noch aufbewahrt. Ich fragte Konitsiotes, ob es wohl in der Umgebung von Athen einen Schweinezüchter gebe – mit frei laufenden Schweinen. Konitsiotes hatte wie gesagt kein Google. Aber den Schweinezüchter machte er trotzdem schnell aus. Wir fuhren los, ich verriet dem Regisseur nicht, was ich vorhatte. Allerdings wird er es sich wohl gedacht haben. Der Bauer hatte auch eine Frau. Und die war nett und fröhlich und erfüllte mir gern den Wunsch, ein bisschen zwischen ihren fünf Schweinen herumzulaufen und sie hin und wieder am Ohr zu ziehen.

Ich erklärte ihr mit Händen und Füßen: Sie sei für mich die Zauberin Circe, welche bekanntlich die Gefährten des Odysseus in Schweine verzaubert hatte. Ich glaube, sie hat das wohl nicht begriffen. Aber sie freute sich trotzdem über das kleine Honorar, das wir ihr gaben.

Dazu sprach ich dann später im Off den sinnigen Vers:

Hört ihr, wie die Verwunschenen schrein?
Jedes Schwein ein Mann, jeder Mann ein Schwein.
Und so wird es sein,
wenn die Frauen sich befrein,
wenn die Stunde der süßen Vergeltung klingelt
und der Mann nur noch grunzt
und das Schwänzchen ringelt.

Als wir nach den Dreharbeiten mit unserem Material nach Hause kamen, ließ sich Horst Wernstedt umgehend die Takes vorspielen und sah alles mit einem kritischen und einem skeptischen Auge. Aber als das Licht wieder anging, grinste er Peter Vigg und mich unverschämt an.

»Doch, ja«, sagte er auf seine trockene Art. »Gar nicht so schlecht, lässt sich verwenden.« Ich hatte also meinen Test bestanden.

»Ich mag so gern
am Fließband stehn!«

Andreas Nowak, mein Schulfreund, fand immer noch
genügend Zeit, meine inzwischen entstandenen schrift-
stellerischen Werke zu redigieren. Ich arbeitete damals
seit schätzungsweise fünf Jahren an einer sensationel-
len Komödie mit dem Arbeitstitel »Pastor Schmidt«.
Meine arme Frau Karin war die Leidtragende: Abend
für Abend, wenn ich aus dem Büro nach Hause kam,
setzte ich mich sofort an den Tisch in unserer Dach-
kammer und schrieb, was das Zeug hielt. Wir waren
jung verheiratet. Aber in den ersten Ehejahren hat sie
mich hauptsächlich schreibend erlebt.

Wir hatten eine Dachgeschosswohnung ergattert in
Hamburg-Wandsbek in der Rennbahnstraße. Nach
den Gesetzen des sozialen Wohnungsbaus war das eine
Wohnung ohne Zimmer. Denn zu einem Zimmer gehörte nach den Vorschriften des sozialen Wohnungsbaus, dass es eine Zimmerdecke gibt. Unser sogenanntes Wohnzimmer hatte aber keine Decke, es waren ja
alles nur schräge Wände. Eine Zentralheizung gab's
natürlich auch nicht. Wir hatten einen kleinen eisernen
Zimmerofen, den wir jeden Tag beheizen mussten.
»Karin, holst du bitte noch die Briketts aus dem Keller?
Ich habe keine Zeit, ich muss unbedingt noch den
ersten Akt fertig machen.« Und Karin ging runter in
den Keller und holte die Briketts. Sie hatte sich völlig
dem Dienst an der Kunst verschrieben. Und die Kunst

erzeugte ihr Gatte (oder was er dafür hielt) in seinem Kabuff, das auch unser Schlafzimmer war. Hihi, Schlafzimmer. Es war eine Dachecke mit kleinem Dachfenster, das man nach oben aufstellen konnte. Unser »Ehebett« war eine französische Matratze – französisch, weil zu deutschen Doppelbetten noch immer zwei Matratzen gehörten. Mein Vater hatte uns dazu einen extrabreiten Feldbettrahmen mit Metallfedern anfertigen lassen und uns zur Hochzeit geschenkt. Also ein Bett ohne Beine. Und eine harte Matratze zum Drauflegen. Das »Bett« reichte mit 1,80 Metern Länge genau von der Wand in der Mitte bis zum spitzen Winkel, der von Dachschräge und Fußboden gebildet wurde. Man konnte die Füße nicht hochheben, sonst stieß man an das schräge Dach. Mein Vater hatte uns das Spezialbett natürlich nicht ohne eine entsprechende Bemerkung geschenkt: »Ich muss ja auch was dazu beitragen, bald Opa zu werden.«

Diesen Wunsch konnten wir ihm dann aber leider all die Jahre nicht erfüllen.

Ich schrieb also wie besessen an einem Stück, das überhaupt kein Ende nehmen wollte. Karin entwickelte eine unglaubliche Fähigkeit im Ein- und Ausräumen von Geschirr und im Orten und Wiederfinden von Dosengemüse bis Tomatenketchup. Die sogenannte Küche konnte nämlich nur von einer Person betreten werden. Nur an der Fensterseite war eine Art Küchenschrank vorhanden. Man konnte sich in der Küche nicht umdrehen. Wenn Karin also einen bestimmten Teller, eine Vase oder anderes Geschirr herausholen wollte, musste sie dazu erst Geschirr, das vor den gesuchten Tellern stand, herausnehmen, auf den Boden oder oben vor die

Fensterbank stellen, und mit dem gefundenen Teller rückwärts aus der »Küche« wieder rausgehen. So entwickelte sie in ihrem Gehirn ein Speichersystem, das es ihr ermöglichte, immer vorn die richtigen Sachen abzuräumen, um an die benötigten Sachen, die dahinter standen, heranzukommen. Dieses Luxusapartment hatte eine Grundfläche von insgesamt 25 Quadratmetern (inklusive Flur und Toilette, eine Dusche gab's nicht).

Dort wohnten wir insgesamt neun Jahre – und waren glücklich verheiratet.

Da es nun mit dem Christenverfolgungsstück nicht richtig zu Ende ging, versuchte ich tagsüber am Arbeitsplatz wenigstens kleine Gedichte zustande zu bringen. Damals hatte ich einmal im Radio gehört, dass Klaus Kinski einen ganzen Abend lang nur Gedichte sprach. Ich glaube Gedichte von François Villon, von dem ich zwar keine Ahnung hatte, aber so entstand bei mir die fixe Idee: Wenn es mit deinen Dramen nichts wird, kannst du vielleicht mit eigenen Versen auftreten. Immer stand der Wunsch dahinter: Raus aus der Tretmühle, dem verhassten trockenen Büroleben!

Mein Freund Andreas war im Beurteilen meiner Gedichte geradezu grausam. Ich erhielt sie von ihm jedes Mal mit Noten zurück. Ein x bedeutete: geht so, zwei x bedeuteten: ganz gut, drei x hießen: prima, und in Ausnahmefällen erhielt mal ein Gedicht drei x und noch ein kleines x hinten hochgestellt. Wenn aber eines meiner wunderschönen Lyrikwerke überhaupt kein x bekam, dann hieß das: Kannst du gleich vergessen. Klar brachte mich ein solcher Verriss durch Nichterteilung eines x oftmals zur Weißglut. »Der hat mich doch überhaupt nicht begriffen. Wieso muss ich mich von einem Finanzbeamten zensieren lassen!«, wütete ich. Das Dumme war nur: In allen Fragen der Literatur, der bildenden Kunst und der klassischen, der Jazz- sowie Pop-Musik waren wir uns immer einig. Tolstoi entdeckten wir ebenso zusammen wie Ringelnatz oder wie Graßhoff, Kästner ebenso wie Mühsam und Tucholsky. Wir waren ja unbeschriebene Blätter, kein bisschen befangen in modischen Richtungen – und wegen unserer mangelnden Bildung hatten wir ja noch gar keine Ahnung, was da alles so lief. Wir orientierten uns in lyrischer Hinsicht an dem unsterblichen Heinrich Heine. Also konnte ich ja wohl davon ausgehen, dass ein Gedicht mit drei x und noch einem kleinen x hinten hochgestellt, schon irgendwie an Heine herankam. Später, als der Hamburger Traditionsverlag Christians bereits mein erstes Bändchen mit Lästerlyrik veröffentlich hatte (*Herr Es, stark auf sein Innen achtend*), habe ich mir mal Manuskripte mit Gedichten, die wenigstens ein x hatten, angesehen und auch solche mit keinem x. Andreas, der Finanzbeamte, hat immer recht behalten. Die ohne x sind wirklich missraten. Und sind auch nicht veröffentlicht. Wohl dem, der einen so sicheren Qualitätsrichter zum Freund hat.

In der Zeit meiner ungestümen Gedichtproduktion tauchten auch die ersten Liedermacher auf. Ich bewunderte Reinhard Mey. Der hatte Texte wie »Ankomme Freitag, den 13.« zum Beispiel oder auch die »Diplomatenjagd« und so weiter. Texte, die mich beflügelten, es weiter in der sogenannten Kleinkunst zu versuchen. Allerdings dachte ich nicht daran zu singen. Ich hatte kein Instrument gelernt – mein erster Versuch, Klavier spielen zu lernen, scheiterte nach der dritten Stunde.

Meine Eltern hatten mich zwecks Geldersparnis zu Tante Elly geschickt, der Schwester meines Vaters. Die aber wollte mir außer Klavierspielen und Notenlesen auch noch gutes Benehmen beibringen – das gefiel mir ganz und gar nicht. Außerdem hatte sie es immer nur mit Hugo Wolf und seinen Mörike-Liedern: »Denk es, o Seele!«, »Schlafendes Jesuskind«, »Ein Stündlein wohl vor Tag«. Damit brach meine musikalische Ausbildung ab. Deshalb hatte ich nie daran gedacht, jemals Lieder singen zu können. Und mein ehrlicher Freund machte wohl zum ersten Mal einen Fehler: »Du kannst ja ganz gut schreiben«, sagte er. »Aber singen kannst du nicht.« Also Singen ohne ein einziges x.

Dann kam es aber doch anders.

Schon seit 1946 gab es in Hamburg im Kleinkunststudio Dichterbrettl »Die Wendeltreppe«, das sich »literarisches Kabarett« nannte. Es verstand sich in der Tradition der Kleinkunstbühnen in Berlin, die vor dem Zweiten Weltkrieg berühmt waren – allen voran das KadeKo, das Kabarett der Komiker. Willi Schaeffers, Heinz Erhardt, Werner Finck, Peter Frankenfeld und Peter Igelhoff waren dort aufgetreten, kurz sogar Karl Valentin. Und auch die Wendeltreppe konnte schon Auftritte einiger namhafter Künstler vorweisen, unter ihnen wiederum Heinz Erhardt und Willi Schaeffers, Hanns-Hermann Kersten, Richard Germer, Hans Harbeck und einmal sogar Werner Finck. Leiter dieser Dichterkompanie war Dirks Paulun, der Missingsch-»Professor«. Er hatte als Erster für das Hamburger Idiom, diese Mischung aus breitem Platt und nöligem

... noch 'ne Geschichte.
Lesung im Klein-Neumarkt

Hochdeutsch, eine lautmalerische Methode gefunden, die Sprache aufzuschreiben. In dieser Technik schrieb er seine Gedichte. Das Besondere aber war, dass er mit dem Missingsch, das ja von den meisten Hamburgern gesprochen wird, ohne dass sie es selber merken, auch noch so sonderbar feinsinnige *grammatikalische* Verdrehungen aufdeckte, die in sich selbst schon wieder komisch sind. Versuchen Sie doch bitte mal, das folgende paulunsche Gedicht laut zu lesen:

Eingebildete Kinder

Noilichs beklaachzisch ein Nachberin
Wassi för Kummer hat mit ihr Hündin:
»Jehdn Herps dasselbe Liht –
krichzi eingebildete Kinder!«
Is mir zuerst gahnich aufgefalln,
was das förn kühne Ausdrucksweise is.
Pedant würt ferlang, sie soll sahng:
»Sie billt sich ein, sie kricht Kinder«,
Abber ich finn das ganz flott.
Anstatt lange rumzudruxn,
libber kühne Ausdruxweise!

In Kriech hattich mal ein Spihs,
dem war ich'n unvergesslicher Zuhhöhrer.
Wenner fon nacktn Bildern rehte,
die wir nich aufheng sollten,
heppich mich nich über mokihrt.
Föllich klah, wasser mit meinte.

Karin und ich gingen also nun des Öfteren in die Wendeltreppe. Fast immer stand Paulun selbst auf dem
Brettl, schwankte immer leicht wie Getreide im Wind –
er beherrschte die Kunst, aus einem Gedicht von vier
Zeilen einen halben Abend zu gestalten, indem er immer wieder abschweifte (er hätte bestimmt gefragt:
»Oder sagt man ›abschwiff‹?«), das Gedicht noch mal
von vorne las und kleine Variationen dazu brachte. Man
hatte manchmal Angst, dass er vom Brettl runterkippte
oder den Faden seines Vortrags nicht mehr wiederfand.
Zwischendurch brachte man ihm auch noch mal einen

neuen Schnaps. Den kippte er nicht einfach weg, sondern erzählte dann wieder eine Alkoholgeschichte, bevor er zu seinem Gedicht zurückkam. Außer Paulun traten auch noch andere wahrhafte Könner auf. Max Ettlinger war einer meiner Favoriten. Ebenso Hans Harbeck, der mal Feuilletonchef beim *Hamburger Abendblatt* war, und Benno Strandt, der für Richard Germer das berühmte Lied über Paula getextet hat.

Die Wendeltreppe war nicht die »Hamburger Szene«, auch nicht ein Vorläufer davon. Trotzdem tauchten Otto und Eckart Kahlhofer hier hin und wieder mal auf. Ich hatte unter anderem ein satirisches Liebesgedicht geschrieben. Da hatte Otto wohl zugehört. Er fragte mich, ob er es für sein Programm haben könne.

Als ich aus dem Fenster sprang,
hoffte ich sekundenlang,
ob es mir nicht noch gelänge,
dadurch, dass ich langsam spränge,
sozusagen nur zu schweben
und den Sprung zu überleben.
Aber gleich lag ich im Blut.
Polizei – tatüü, tatuuut,
hat mich fleißig eingesammelt
und in einen Sarg verrammelt.
Mir ist kalt. Denn nun bin tot ich.
Deinetwegen. Idiot ich!

Meine Verse kamen in der Wendeltreppe nun immer besser an. Dirks Paulun war geradezu begeistert. Es kamen das erste Mal auch Leute in die Wendeltreppe, die noch nie hier gewesen waren. Es hatte sich mit meiner Lyrik schon ein bisschen herumgesprochen. Paulun war noch aus der Vorkriegszeit mit Werner Finck befreundet. Dem schickte er meine erste kleine Gedichtsammlung *Herr Es, stark auf sein Innen achtend*. Und mein Aufstieg in die hohen Gefilde der lyrischen Dichtkunst war nicht mehr aufzuhalten! Ich bin ja sonst ein sehr bescheidener Mensch (hust, hust), aber wenn ich die Zeilen lese, die mir Werner Finck damals für meine Gedichtsammlung schrieb, bin ich immer noch so furchtbar stolz, dass ich vor einen Spiegel hintrete und zu mir sage: »Ja, mein Alter – dieser große Mann hat dich damit gemeint!«

»Es genügt nicht, den Verfasser werter Herr anzureden, lesenswerter Herr wäre besser. Und auch Herr allein genügt nicht. Herr der deutschen Sprache. Denn die beherrscht er wirklich. Das verleiht ihm Seltenheitswert. Auch wenn es manchmal scheint, dass sie ihn beherrscht. Das ist dann aber nur gespielt. Man weiß bei ihm nie ganz genau, wo der Tiefsinn aufhört und der Unsinn anfängt. Darin ähnelt er Morgennatz und Ringelstern. Dichter dieses Namens hat es zwar nie gegeben, und dennoch liebt man sie noch heute. In diesem Buch ist manches sehr umständlich beschrieben, quasi verklausuliert, was auch kurz und knapp und nicht so zeitraubend ausgedrückt werden könnte. Darin besteht sein größter Reiz. Die Zeit, die man hier verliert, ist in Wirklichkeit ein Gewinn.«

Jetzt hatte ich es also schriftlich, dass ich ein Schriftsteller bin, und ich hatte nun auch den Mut, mich beim Schriftstellerverband Hamburg zu bewerben. Der nahm mich als Mitglied auf. Über den Schriftsteller-

verband erhielt ich bald die Einladung, bei der Veranstaltung »Dichter auf dem Markt« mitzuwirken. Die
Schriftsteller begaben sich also unters Volk. Sie wollten
wohl nicht immer nur danebenstehen, wenn die Liedermacher und ersten Comedytalente wie Otto so großen Erfolg hatten. Ich hatte aber Glück. Ich durfte auf
dem Gerhart-Hauptmann-Platz als Vorprogramm für
Fritz Graßhoff auftreten. Ich bewunderte den Autor
der *Halunkenpostille* und auch so vieler anderer kraft-
voller Texte und Balladen. Darum war ich auch sehr
aufgeregt, als ich bei dieser Veranstaltung auf der Stra-
ßenbühne stand, das erste Mal live vor Publikum. Die
Presse nannte es Thespiskarren. Graßhoff nannte seine
Vorstellung »Lästerlieder«. Damit wir zusammenpass-
ten, nannte ich mein Programm »Lästerlyrik«, denn
Lieder hatte ich noch keine. Die Bezeichnung Lästerlyriker hing mir dann noch jahrelang an: Was die Journalisten einmal in ihrem Archiv haben, das wird immer wieder aufgewärmt. Beruhigend war für mich,
dass auch Graßhoff Texte mit Reimen brachte. Ge-
reimte Texte, das war doch überhaupt nicht mehr angesagt. Als »Lyriker« konnte man mich schon deshalb
nicht ernst nehmen. Ich brachte darum auf dieser Lesung auch extra einen ungereimten Text:

Herr Es gebrauchte oft
den geflügelten Ausdruck:
Alles Hühnerscheiße.
Er geriet einmal in eine
öffentliche Ansammlung
geistvoller Menschen, die sich
Mühe gaben,

Mittels Argumenten und Gegenargumenten,
das Problem zu klären,
wie weit der konkrete politische Sinngehalt
eines engagierten Kampfgedichts
in der metaphorischen Umsetzung
transzendental werden dürfe.
Alles Hühnerscheiße,
sagte Herr Es,
ohne jedoch zu erwarten,
dass dieser, sein Diskussionsbeitrag,
als solcher gewertet werden würde.

Mit Singen war natürlich immer noch nichts. Und eines Tages kam ein Herr von der Schallplattenfirma: Lutz Sternberg. Talentsucher. Nachdem ich auf dem Brettl zwei, drei meiner Gedichte gesprochen hatte, setzte er sich mit seinem Glas Wein zu uns an den Tisch und sagte nur: »Ich würde gern eine Langspielplatte mit Ihnen machen.«

Ich dachte nur: Ein Spinner. Eine Langspielplatte – mit mir? Da wollte mich einer auf den Arm nehmen. »Das ist doch wohl nicht Ihr Ernst«, sagte ich. »Ich singe doch gar nicht.«

»Nein, eine Sprechplatte. Wir machen eine Liveaufnahme hier im Remter«, entgegnete der Mann.

Wenn man im Onkel Pö oder auch im Logo saß oder in der Fabrik stand, musste man damals immer darauf gefasst sein, von irgendwelchen Schnackern angemacht zu werden. Ich glaubte dem Typen also kein Wort. Dann erzählte er auch noch, dass er mit Wolfgang Neuss gearbeitet und ebenfalls zwei LPs mit ihm aufgenommen habe. Sein größter Erfolg jedoch sei

Wolf Biermann gewesen: *Chausseestraße* 131. Den habe er entdeckt. Biermann sei sozusagen sein Produkt, er hätte die Lieder nach Westdeutschland gebracht.

Da wollte ich mit dem Mann kaum noch reden. Ich sagte: »Klingt ja ganz gut. Aber das glaube ich einfach nicht. Wieso sitzen Sie dann hier in diesem kleinen Kunstkeller?«

»Rufen Sie morgen bei Philips an«, sagte er.

Karin meinte am nächsten Tag: »Hast du den Typ von gestern Abend schon angerufen?« Na gut, da bequemte ich mich dann, den Typen anzurufen. Zwei Wochen später nahm er mit Philips meine erste Schallplatte auf: »*Wenn die Nachtigall zuschlägt ...*«

Ich war natürlich stolz auf diesen Erfolg. Ahnungslos, wie ich auf dem Gebiet war, nahm ich an: Das ist jetzt mein Durchbruch. Immer noch unter dem Eindruck von Otto Waalkes' Riesenerfolg. Sehr gut möglich, dass auch Lutz Sternberg die Aufnahmen in der Annahme gemacht hat: Scheibner macht witzige Gedichte, Lästerlyrik, wie er es selbst nennt. So etwas Ähnliches macht dieser Otto ja schließlich auch. Gar nicht mal so falsch gedacht. Die Stücke, die Otto brachte, waren ja auch längst nicht alle nur Nonsens oder Klamauk. Der Hauptunterschied bestand jedoch darin, dass Otto sie brachte. Sein Management hatte sich inzwischen mit den *Pardon*-Autoren der Frankfurter Schule, darunter auch Robert Gernhardt, zusammengetan. Aber es war eben Otto, der den poetischen Nonsens zum Blühen brachte.

Aber immerhin: Ich war im Gespräch. Ich wurde inzwischen auch von anderen Clubs angefordert. In

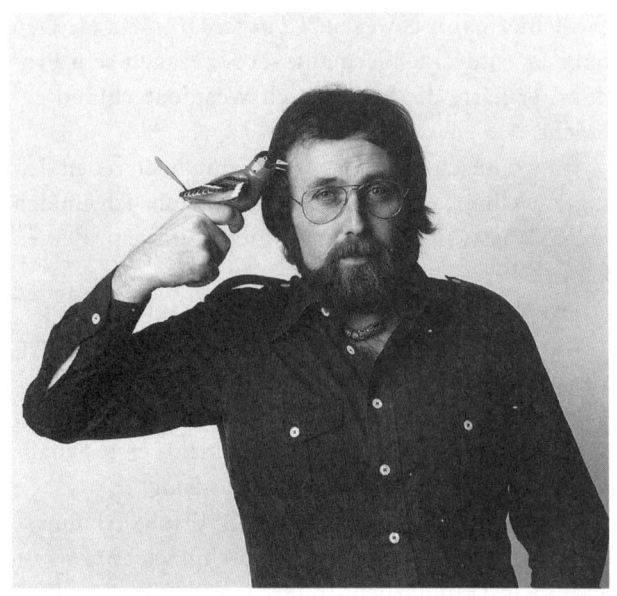

Spott ist allmächtig!

der Fabrik trat ich mit meinen Gedichten auf und im Logo und auch hin und wieder im Onkel Pö. Und ich kam an. Nicht wie Otto – aber auch nicht allzu schlecht für meine Verhältnisse und vor dem Hintergrund, dass ich keine Witze machte, sondern Verse, die manchmal ganz schön anspruchsvoll waren.

Die Hamburger Szene, wie sie in ganz Deutschland jetzt genannt und berühmt wurde, war geboren und entwickelte sich. Als satirischer Schriftsteller ohne Gitarre nur mit meinen Gedichten stand ich zwar nicht mittendrin, aber ich war doch dabei. Und die Hamburger Szene war ja erst am Anfang.

Im Remter musste sich Dirks Paulun 1972 mit einem Nebenraum zufriedengeben. Der große Saal im Remter wurde von den Brüdern Tubbesing für Jazz und Comedy eröffnet. Das Publikum strömte zu den Jazz Lips und zu Bruno's Salon Band, es kam Champion Jack Dupree und röhrte seine Songs nach jedem Schluck aus der Flasche immer tiefer und wüster. Otto kam und spielte im Remter. Berry Sarluis und Leinemann traten schon auf.

Ich war ganz verunsichert von diesen Vollblutmusikern. Ach, wenn ich doch auch meine Texte singen könnte, dachte ich.

In Norderstedt im Herold-Center traf ich mit Peter Meyer zusammen. Peter Meyer war schon berühmt als »Banjo-Meyer« und Bandleader der Jazz Lips. Die Jazz Lips spielten im Herold-Center zum Frühschoppen, und ich brachte zwischendurch ein paar lästerlyrische Gedichte. Nach der Vorstellung tauschten Peter Meyer und ich: mein gerade erschienenes Gedichtbändchen *Wenn die Nachtigall zuschlägt* gegen seine gerade erst erschienene erste Teldec-LP der Jazz Lips.

Ein paar Tage später rief Peter mich an: »Könntest du dir vorstellen, deutsche Texte für Dixieland zu machen?« Er hatte nach unserem gemeinsamen Auftritt in Norderstedt noch am Nachmittag zwei Gedichte aus meinem Büchlein vertont (eins davon war »Als ich aus dem Fenster sprang«), hatte dann einfache Demos angefertigt, war damit zu seinem Musikverlag und zur Plattenfirma Metronome Records gegangen – und die waren sofort begeistert und erteilten ihm den Auftrag, eine neue LP aufzunehmen. Einen Termin fürs Studio hatte er auch schon – nur leider noch nicht genügend Texte.

Ich musste erst mal schlucken. Unsere Freunde Uwe und Helga Krause, die einen Hang für Intellektuelles hatten – auf allen Gebieten der Kunst –, hatten sich einmal ziemlich abfällig über Dixieland geäußert: »Das ist doch Biermusik, die hört man am besten sonntags morgens beim Frühschoppen.«

Also stutzte ich einen Augenblick. Eben noch war ich in die erhabenen Reihen der Schriftsteller aufgenommen worden – und jetzt Dixieland? Fritz Graßhoff wurde übelgenommen, dass er so erfolgreiche Schlagertexte wie »Nimm mich mit, Kapitän, auf die Reise«, »Heimweh nach St. Pauli« oder »Kleine weiße Möwe« geschrieben hatte; mit dem Erfolg seiner Lieder fiel er sogleich durch das Raster des Literaturbetriebs. Und ich, sowieso noch immer mit dem Makel »nicht mal Abitur« behaftet, sollte jetzt Texte für Bumsdada-Musik schreiben?

Die werden doch nicht mal auf Jazzfestivals eingeladen, weil das nur als Stimmungsmusik gilt. Wenn du das jetzt machst, dann ist es wohl vorbei mit deinem Traum zweiter Heine. Dann bist du ein Gebrauchslyriker. Aber verdammt noch mal: Ich saß gern sonntags morgens beim Frühschoppen und hörte Abbi Hübners Low Down Wizards.

»Dixieland mit deutschen Texten – das gibt's nämlich noch nicht«, sagte Peter Meyer. »Mir hängt das ewige ›Ice Cream‹ zum Hals raus.«

»Ja, dann überleg ich mal«, sagte ich.

»Heute ist Freitag«, sagte Meyer. »Montag wollen wir ins Studio.«

»O. k.«, sagte ich. Ich ließ mir den Schreck nicht anmerken. »Wie viele Texte brauchst du?«

»Zwölf Stück«, sagte Meyer.

»Und die Musik? Wo kriege ich die her?«

»Wenn du mir die Texte Sonntagabend gibst, bin ich bis Montag früh fertig.«

Uff, damit hatte ich nicht gerechnet. So läuft das also bei den Jungs. In einer Nacht zwölf Lieder komponieren.

Da wollte ich natürlich kein Feigling sein.

»O.k., geht in Ordnung.« Ich ging nach Hause und dachte: Das schaff ich doch nie!

Ich nannte das Ganze *Herzlose Lieder*. Am Sonntagabend waren zwölf Texte fertig. Drei davon hat Peter nachher rausgeschmissen. Aber man höre und staune: Montags kam er um neun Uhr ins Studio Windrose und legte seiner Band die Arrangements für zwölf Lieder vor.

Und es ging los. Meyer spielte auf dem Banjo und gab die Gesangsstimme vor, die er nur im Kopf hatte, und die Jungs stimmten ein: Chris Hermann von Bruno's Salon Band am Kornett; Wolfgang Schmitz, genannt Schleicher-Schmitz, an der Posaune; Günther Liebetruth, genannt Little Prick, an der Klarinette; Wolf Delbrück am Piano; Ede Wolf an der Tuba; Gunther Andernach am Waschbrett; Helge Fischer und Jimmy Pratt an den Drums. Der Gesang kam von Peter Meyer, Ingeborg Thomsen, Gerd Liedke und – das wusste ich aber noch nicht – von Hans Scheibner. Produzent war Wolfgang Spahr.

Ich weiß nicht mehr, ob wir einen oder zwei Tage brauchten, es ging jedenfalls unheimlich schnell. Alle Lieder wurden live aufgenommen, also im Zusammenspiel der ganzen Band, und nicht einzeln auf mehreren

Tonspuren. Ich hatte ja noch gar keine Ahnung von Musikaufnahmen, ich dachte, das ist wohl immer so. Auf jeden Fall war es natürlich auch die billigste Art der Aufnahme. Ich nehme an, Peter Meyer hatte nur einen ganz niedrigen Etat zu Verfügung.

Später habe ich gemerkt: Das war gut so. Ich hatte mir inzwischen den Namen »Meyers Dampfkapelle« ausgedacht. Das war so üblich. Udo Lindenberg hatte in diesen Monaten sein »Panikorchester« auf die Menschheit losgelassen, es gab Rudolf Rock und die Schocker, die Gruppe Leinemann mit Ulf Krüger und Uli Salm skiffelte drauflos – ein Song handelte vom »Volldampfradio«. Also Dampfkapelle. Ich war Feuer und Flamme.

Eine kleine Schwierigkeit trat aber auf: Meyer und Helge Fischer, der Drummer, versuchten sich an dem »Fließband«-Song. Ich hatte ja im Phoenix-Gummi-werk in Hamburg-Harburg Fließbänder direkt vor der Nase gehabt. Wirklich ein Scheißjob, vor allem für die Frauen, die den ganzen Tag entweder die Sohlen oder die Hacken unter die Schuhe kleben mussten. Dazu er-tönte aus den Hallenlautsprechern, gedacht als Wohl-tat und Balsam für die Seele, endlose Schlagermusik. Alles, was damals mehr oder weniger angesagt und nicht zum Aushalten war. Ich sollte eine kleine Repor-tage darüber schreiben, in der Phoenix-Hauszeitung.

Jürgen Marcus, Rex Gildo, Michel Holm – alle er-denklichen Schlagerfuzzis wurden ununterbrochen ge-dudelt. Das sollte die Frauen aufheitern. »Was hab ich doch für einen schönen Beruf! Ich darf den ganzen Tag die schönste Musik hören und muss nur ein paar Ha-cken ankleben.«

Die Zeile »Ich mag so gern am Fließband stehn«
sollte natürlich Satire sein. Dazu überlegte ich: Wie
kann ich denn die Monotonie dieser Tätigkeit am besten darstellen? Ganz einfach: Indem die Zeile fünfmal
hintereinander immer noch mal gesungen wird. Also
nicht übers Fließband singen, sondern es vorführen:
Schuh und Hacke drauf, Schuh und Hacke drauf,
Schuh und Hacke drauf, Schuh und Hacke drauf,
Schuh und Hacke drauf ... Und Peter Meyer hatte genau das mit seiner Dixie-Melodie mitgemacht; immer
wieder habe ich mich darüber gefreut, wie die Trompete da hinten so nölig das immer gleiche Fließband
nachmacht.

So weit, so gut. Nur mit dem Gesang klappte es
noch nicht so recht. Peter hatte es versucht, ich glaube
Ingeborg Thomsen auch. Jedenfalls entsprach ihre In-
terpretation überhaupt nicht meiner Vorstellung. Sie
waren eben zu gute Sänger, sie wollten singen. Ich
hatte für mich die Idee, dass der sogenannte Gesang
genauso monoton sein müsse wie die Musik. Das
konnte ich aber schlecht erklären. »Dann mach es uns
mal vor!«, sagte Peter.

»Ich glaub, das kann ich nicht. Ich bin unmusika-
lisch.«

»Macht doch nichts. Hier ist das Mikro, setz die
Kopfhörer auf! Los, sing!«

Na ja – und so kam das eben. Meinen Demogesang
fanden sie o. k.

»Das lassen wir stehen.«

Ich hatte gesungen. Zwar nicht so richtig, war ja
nur ein Sprechgesang. Aber ich dachte: Das kann man
ausbauen.

Ausgerechnet der »Fließband«-Song war plötzlich der Dixie-Hit. Also musste ich zu den ersten Auftritten in Harburg und Neumünster und so weiter mit auf die Tournee. Peter Meyer war damit einverstanden, dass ich als eine Art Moderator zwischen den einzelnen Stücken ein bisschen lockere Sprüche klopfe, und ich sollte natürlich das »Fließband« singen.

Wir stellten mit dem »Fließband«-Stück sieben Wochen die Nummer eins in der NDR-Hitparade. Das »Liebeslied« schaffte es in die alternative Hitparade des SDR. Das »Knödl-Mädl« war meistverkaufte Single in den deutschen Musikboxen (so was gab's damals noch in den Kneipen!).

Unerwartete Unterstützung hatten wir durch den Erzbischof von Köln, der beim WDR intervenierte, das »Mütterlein« nicht mehr zu senden. Auch der Münchener Klerus half unbeabsichtigt bei der Promotion, indem er öffentlich gegen das »Knödl-Mädl« protestierte.

Ich gebe gern zu: Das war ein saublöder Text, sexuelle Diskriminierung heißt so was heute: »Ich lieb ein heißes Mädl, das hat die schönsten Knödl«. Pfui, pfui!

Auf den Konzerten, an denen ich teilnahm, streute ich auch das eine oder andere Gedicht ein. Zum Beispiel nach dem Song über Anna im Stau sagte ich: »Wir wollen beten«, und deklamierte:

Die Morgenandacht
Aus dem Autoradio
spricht zu mir so mild und froh
einer, der Gottvater kennt:
Rufus Flügge, Superintendent

aus Hannover.
Plötzlich: rechts biegt einer ein.
»Lass uns, Herr, wie Kinder arglos sein.«
Auf die Bremse! Hilfe! Scheiße! Neinnnnnn!
»... uns einander näherkommen und verzeihn!
Ist der Herr in Seinem Licht erschienen ...«
Nichts wie raus! Die ganze Kiste brennt!
»In der Morgenandacht sprach zu Ihnen
Rufus Flügge, Superintendent
aus Hannover.«

Dann hieß es: Gala-Auftritt zur Plattenpremiere in der Hamburger Musikhalle. Mehrere Nachmittage Proben im Cotton Club. Das darf ich mir gegen Ende meines Lebens zur Ehre anrechnen: Ich habe im Cotton Club gespielt, dem traditionsreichen, renommierten Hamburger Jazz-Club von 1959, den Dieter Roloff 1961 übernommen hat, seit 1971 im Alten Steinweg am Großneumarkt ansässig – und heute, während ich diese Zeilen schreibe, immer noch unter der Leitung von Dieter Roloff.

Er war auch bei den Proben 1972 dabei und half uns – mit ein paar gezapften Bieren, versteht sich. Im Cotton Club lernte ich die Meyer-Gruppe erst richtig kennen, etwa Ede, die beeindruckende Tuba-Persönlichkeit, ein Urtyp, eine echte Musiker-Größe. Er sprach kaum ein Wort – und wenn, dann nur durch sein Sousafon.

Der unermüdliche Günther Liebetruth spielte die Klarinette, und allein er war schon jeden Abend das Eintrittsgeld wert. So einfallsreich und geistreich in seinen Soli, einfach umwerfend.

Am Kornett auf der LP hört man Chris Hermann, ein begnadeter Trompeter und Biertrinker und zudem ein herzensguter Mensch.

Live spielte die Trompete Charly Rittig (genannt »Schultheiss-Charlie«, wegen seiner Vorliebe für Schultheiss-Bier). Er war unser Professor – oder sollte man sagen: ein weiser Eremit, jedenfalls hatte er eine Art Heiligenschein. Noch Jahre später bemühte er sich um meine ewige Seligkeit – ich war aufgenommen unter den Musikmachern!

Im Cotton Club bin ich dann später mehrmals mit Berry Sarluis am Klavier aufgetreten – völlig außerplanmäßig, denn der Laden war ja kein Kabarettkeller. Aber es lief prima, und ich denke immer noch gern zurück an Dieter Roloff, der immer persönlich hinterm Tresen stand und uns Künstler vor der Vorstellung erst mal mit positiven Sprüchen aufbaute.

Aber nun ging's eine Stufe höher: in die Musikhalle, die heute Laeiszhalle heißt. Für mich schon wieder ein Höhepunkt. In dieser heiligen Halle, in der ich mit Karin zusammen mehrere klassische Konzerte erlebt hatte – unter anderem *Das Wohltemperierte Klavier* und Helmut Walcha an der damals neuen Orgel mit *Die Kunst der Fuge*.

Und nun also wir. Mit Dixieland, mit Meyers Dampfkapelle. Als besonderen Gag hatte sich Veranstalter Hans-Werner Funke ausgedacht: Eine echte Rentnerband spielt bei uns im Vorprogramm. Das war schon mal sehr schlitzohrig. Denn die Rentnerband war inzwischen in der Hamburger Szene schon richtig angesagt. Es war die Band, von der Udo Lindenberg in seinem Song »Alles klar auf der Andrea Doria« sang:

»Bei Onkel Pö spielt 'ne Rentnerband,/seit zwanzig Jahren Dixieland./'n Groupie hab'n die auch,/die heißt Rosa oder so,/und die tanzt auf'm Tisch/wie'n Go-go-go-Girl.«

Jetzt gab es diese Band tatsächlich, Peter Petrel war ihr Leadsänger. Die hatten schon einen richtigen Szene-Hit, mit dem sie ins Fernsehen kamen, und zwar in die *Disco*-Sendung mit Ilja Richter. Kommentar eines Kenners der Szene: »Der Song war so scheiße, dass er schon wieder gut war.« Und die Rentnerband, so stand es nun auf unseren Plakaten, würde bei Meyers Dampf-kapelle im Vorprogramm spielen.

Die Lösung des Rätsels: Unser Manager hatte eine Band aus lauter echten Rentnern gesucht – und eine ge-funden. Das waren sechs oder sieben echte Rentner aus Finkenwerder. Die spielten auf Hochzeiten und Ehren-tagen Tanzmusik und auf'm Finkenwerder Fischmarkt. War ja eigentlich ein böser Scherz von uns: Erstens die falsche Information fürs Publikum, von dem vielleicht einige wirklich glaubten, die Rentnerband mit Peter Petrel würde auftreten, und zweitens für die Opas der Rentnerband. Denn die würden ja bestimmt ausgepfif-fen vom Jazzer-Publikum.

Die betagten Herren hatten auch ein gehöriges Lampenfieber: »Wir in der Musikhalle! Das ist ja wohl ein Traum!« Sie probten in der großen Garderobe und stimmten ihre Instrumente, als würden sie gleich die Fünfte von Schubert bringen. Dann endlich ging je-mand auf die Bühne und kündigte sie an:

»Meine Damen und Herren, es spielt für sie die echte Rentnerband!!«

Nacheinander kamen die Herren Rentner auf die

Bühne. Ein bisschen tatterig, wie man das als Rentner so sein muss, alle in schwarzen Anzügen, zwei mit schlohweißem Haar. Sie setzten sich und stimmten noch einmal feierlich ihre Instrumente. Im Saal entsetztes, erstauntes Schweigen. Und dann spielten sie – ich glaube – »La Paloma«, richtig gut mit Power und Dampf.

Der Saal begann zu brodeln. Großer Applaus. Auch für das zweite Stück und das dritte. Die Leute riefen schon: »Bravo! Bravo! Bravo, Opas!« Wir standen hinter der Bühne und sahen uns das Ganze durch den Seiteneingang an. »Zugabe!«, riefen die Leute. Die echten Rentner waren voll angekommen. Weil sie darüber so glücklich waren, spielten sie noch 'n Stück und noch 'n Stück … Nach fünfzehn Minuten gab Peter Meyer ihnen das Zeichen: Jetzt ist genug. Sie spielten schnell noch ein Stück – der Saal gab rasenden Applaus. Am liebsten hätten sie noch mal angefangen.

Aber nun kamen wir! Peter Meyer und die Dampfkapelle. Meyer fing an mit »Papa ist in'n Bach gefallen« – und die Wogen gingen hoch. Ich sang das »Fließband«. Großer Applaus, Pfiffe und Getrampel. Ich war glücklich. Der Auftritt war gelungen!

Die Dampfkapelle hatte dann über fünfzig Fernsehauftritte (bei manchen war ich auch dabei), etwa in der *Aktuellen Schaubude*, in Satiresendungen, Specials und so weiter, darunter Didi Hallervordens *Grand Gala – 3x klingeln*.

Im Übrigen ging ich weiterhin meinem »bürgerlichen Beruf« nach. Ich war inzwischen Werbeleiter in der Firma Bran + Luebbe in Norderstedt. Dass ich mich jetzt häufiger in der Szene herumtrieb und auch mit der Band auftrat, störte die Geschäftsleitung nicht. Ich spielte zwar schon immer mit dem Gedanken, meinen Angestelltenberuf an den Nagel zu hängen, aber ich war ja noch nicht so erfolgreich, dass ich ohne weiteres von den Auftritten hätte leben können, zumal ich immer noch glaubte, wir könnten eine Familie mit zwei bis sieben Kindern werden.

Der Boss Wolfdieter Ladendorf hatte viel Verständnis für meine Zweifel. Ich hatte inzwischen wohl ganz gute Arbeit für die Firma geleistet. Ladendorf wollte mich behalten und bot mir an, mir für die administrativen Arbeiten einen Stellvertreter zur Seite zu stellen. Ich sollte nur die richtigen Ideen haben. Das war ideal, so einen Boss muss man erst mal haben.

Eine zweite LP mit Meyers Dampfkapelle sollte aufgenommen werden. Wieder sollte ich die Texte schreiben – und schrieb auch schon einige.

Was mir aber überhaupt nicht gefiel: Diesmal musste es eine absolut professionelle Produktion werden. Das hieß: nicht mehr mit der urigen Dixieland-Begleitung, live aufgenommen, sondern gefällig arrangiert von dem damals für alle möglichen Produktionen angesagten Joe Kirsten. Es war der typische Fehler, der so oft gemacht wird, wenn etwas einen guten Anfangserfolg hat. Jetzt war mehr Geld da, und jetzt musste alles veredelt werden. Der Charme von Meyers Dampfkapelle war aber gerade der unverfälschte Dixieland. Ich trat also aus dem Unternehmen aus. Und die zweite LP wurde leider ein Flop.

Ich hatte mich allerdings mit der Dampfkapelle einigermaßen in der Szene etabliert. Und jetzt kam für mich erst der Hammer: Ein Herr Doktor Lichthorn rief mich an. Er war Finanzchef im Konzern Philips. Er wolle mich zum Essen einladen. Zum Inder am Winterhuder Marktplatz. Ich hatte noch nie in einem indischen Restaurant gegessen.

Essen gehen, das war für Karin und mich immer noch eine große Ausnahme. In Lohbrügge, wo wir jetzt in einer Wohnung der Schiffszimmerer-Genossenschaft wohnten, gab es plötzlich einen Chinesen.

Das war etwas ganz Besonderes. Aber jetzt wollten wir mal so richtig leichtsinnig sein und viel Geld ausgeben: Wir gingen zweimal in einer Woche zum Chinesen!

Ich verdiente etwa 1800 DM monatlich. Davon konnten wir beide ganz gut leben. Karin hatte ihren Job in einer Industrieröhrenhandlung inzwischen aufgegeben – ein bisschen schon im Hinblick darauf, dass sie für mich Büroarbeiten machen könnte, wenn ich mich wirklich selbständig machte.

Da draußen in Lohbrügge wurden erste Bungalows angeboten. So etwas hätten wir schon ganz gern gehabt. Aber die kosteten mit 150 Quadratmetern die schwindelerregende Summe von 120 000 DM. Unser Spruch war immer noch: Woher haben die Leute bloß so viel Geld.

Na gut. Aber dann kam das Essen mit Dr. Lichthorn beim Inder. »Könnten Sie sich vorstellen«, fragte Dr. Lichthorn bei scharfem Curryreis und geröstetem Hühnchen, »könnten Sie sich vorstellen: Wir machen einen Schallplattenvertrag mit Ihnen – und stellen uns vor: zunächst zwei LPs fürs nächste Jahr? Sie erhalten einen Vorschuss von 100 000 DM.«

Oh Mann, ich hätte mich fast an dem scharfen

Curry verschluckt. Aber ich brachte es trotzdem fertig, ein nachdenkliches Gesicht zu machen: »Hm. Ach ja. Ja doch, das könnte ich mir vorstellen!« Er sah mich an und lächelte milde und freundlich. Er war so ein lieber Kerl. Ich hätte ihn am liebsten geküsst.

Später haben der Pianist Berry Sarluis und ich mal Dr. Lichthorn zum Geburtstag ein kleines Lied komponiert, das hatte den originellen Refrain:

Doktor Horn, Doktor Horn.
Ja, der hat noch was da vorn!
Und so mancher hat es nicht:
Ein Licht!

»Was in Achterndiek in der Nacht geschieht«

Karin musste sich erst mal hinsetzen. »Sag das bitte noch mal!«

»100 000 D-Mark!«, sagte ich. »Ganz egal, ob ich Erfolg habe oder nicht!«

»Ich hol den Sekt rein!«, rief Karin. Es machte zisch und peng, und wir gossen uns den Sekt in Biergläser. Und tranken in einem Schluck.

»Und du hast dich nicht verhört?«, fragte Karin.

»100 000 DM für zwei LPs, ungefähr 24 Lieder!«, rief ich. Wir fielen uns um den Hals.

»Das sind ja 4000 DM pro Lied!« In Kopfrechnen war sie immer schon gut.

Dann holte sie ihren Teddy Jimmy, den Teddy mit nur einem Arm und einem Bein, vom Sofa und ließ ihn vom Sekt probieren.

Danach gingen wir zum dritten Mal in unserem Leben zum Essen zum Chinesen.

»Kannst du mal sehen«, sagte ich. »Die Arbeit am Fließband wird doch ganz gut bezahlt! Aber nur wenn man darüber singt!«

Es war wirklich unvorstellbar. »Dann könnten wir uns ja eine größere Wohnung leisten oder vielleicht sogar ein Haus. Wenn wir doch mal irgendwann Kinder kriegen würden!«

Wir träumten sogar schon von einer kleinen Hütte in den Alpen. Auf jeden Fall kaufen wir uns jetzt einen

2CV! Auf dem Rückweg vom Essen mussten wir unbedingt noch in den größten Wandsbeker Spielzeugladen und den großen braunen Steiff-Teddy kaufen.

»Wie heißt du?«, fragte Karin den Teddy.

»Ich heiße »von Philips‹«, sagte der Teddy und brummte, denn er war von Adel und konnte antworten.

Karin und ich mussten uns erst einmal an das Gefühl gewöhnen, unheimlich viel Geld zu besitzen. Wir konnten noch gar nicht begreifen, warum der Lichthorn mir eine solche Summe geboten hatte. Und zwar nicht, damit ich jemanden dafür umbringen sollte, sondern fürs Texteschreiben, fürs Liedermachen, was ich sowieso am liebsten tat. Die Erklärung war viel einfacher: Die Hamburger Szene befand sich inzwischen auf dem Höhepunkt.

Sozusagen jeder, der eine Gitarre halten konnte, trat mal im Pö auf, Otto war wie eine Rakete aufgestiegen. Udo Lindenberg füllte das CCH, denn es war nun eben mal wieder »Alles klar auf der Andrea Doria«; Leinemann brachte in der Musikhalle die Fans zum Rasen mit »In Hamburg sind die Nächte lang ... hundert Meter lang und länger!«; der wunderbare dicke Willem sang mit seiner versoffenen Stimme »Lass die Morgensonne endlich untergehn«; Peter Petrel sang von der Hamburger Deern, »sag bloß nicht jedem, dass wir'n Liebespaar wär'n«; Ulf Krüger und Lonzo – die hatten entdeckt: »Die Dinosaurier werden immer trauriger«. Und Truck Stop gehörte auch noch dazu (»Wer kennt die Frau, die nichts anhat als den Gurt, auf dem Schild an der Straße, von zu Hause in die Stadt, wo ich so oft langfahr?«). Die Herren von der Plattenindustrie waren jeden Abend in den Clubs unterwegs und suchten nach neuen Goldjungen und -mädchen, die sie zum eigenen Jubel und Triumph rausbringen konnten.

Die Produzenten und Marketingtypen mit ihren Promotern gingen mit prallgefüllten Geldsäcken umher und kauften alles auf, was irgendwie interessant sein konnte. Eigentlich kein Wunder, dass sie auf mich kamen. Immerhin hatte ich schon einen Song in den Charts und war trotzdem noch einer, der bescheiden in der Ecke stand. Den durften sie sich nicht entgehen lassen.

Dass meine erste LP »*Wenn die Nachtigall zuschlägt …*« kein großer Erfolg war, interessierte sie überhaupt nicht. Immerhin war ich doch der »mit dem Fließband«. Inzwischen hatten sie ja auch mitbekommen, dass ich mit meinen satirischen Gedichten Erfolg hatte, denn die waren nun plötzlich auch im Hörfunk gefragt. So etwas zum Beispiel:

Damals in kalter Nacht

In der Einfahrt neben dem Fotoladen
hatten wir damals Schutz gesucht
vor dem Sturm, der uns den Schnee in Schwaden
in die Schnauze schlug. Das biss verflucht.
Weiß noch, wie du sagtest, kommt mir vor,
jemand will uns durch Erfrieren bestrafen.
Und du machtest dir schon Sorgen um dein Ohr.
Ach, mit keiner werd ich je so zärtlich schlafen,
wie ich einst mir dir zusammen
fror!

Nach dem ersten Glückstaumel befielen meine vorsichtige Frau auch schon die ersten Sorgen. »Du kannst doch nicht mal Gitarre spielen.« Damit hatte sie die schwache Stelle genau getroffen: Ich hatte jetzt zwar einen Plattenvertrag, aber weder so richtige Liedertexte, noch wusste ich, wie ich die vertonen sollte. Was also musste ich tun? Ich musste jemanden finden, der meine Lieder vertonen kann.

Aber dann ging's los: Ich sollte wieder mal im Hörfunk des NDR bei einer Liveveranstaltung einige meiner lyrisch-satirischen Verse zum Besten geben. Ich dort hin. Und mit wem hatte ich die Ehre? Mit Berry Sarluis und den Leinemännern. Ich sollte zwischen ihren Stücken »lästerliche Verse« bringen, wie es im Programm hieß. Sie probten, und ich war wieder voll begeistert. Dann machten sie eine Pause, nur Berry probte noch allein ein paar Griffe. Ich ging auf ihn los:

»Hast du nicht mal Harmonien notiert?«, fragte ich so richtig schön doof.

»Nee, brauch ich nicht«, sagte er. »Kommst du mit 'n Bier trinken in der Kantine?«

»Ich hab ein Problem«, sagte ich. »Oder besser gesagt: Ich hab einen Schallplattenvertrag und muss jetzt 'ne Menge Lieder machen. Kannst du so was vertonen?«

»Nee«, sagte Berry. »Hab ich noch nie gemacht.«

»Ja, ich ja auch nicht«, sagte ich. »Aber ich habe hier einen Text, ›Herr Klose, Herr Klose ist Hilfspolizist‹, gefällt der dir?«

Berry las und sagte: »Ja. Ist witzig.«

»Dann fällt dir doch auch was dazu ein«, behauptete ich.

»Nee«, sagte Berry mit seinem gefühlvollen holländischen Akzent. »Mir fällt nichts ein. Ich bin Pianist und sitze am liebsten immer ganz hinten, damit mich keiner sieht.«

»Ach, Berry. Versuch es doch wenigstens mal!«

»Oh Gott«, sagte Berry. »Bis wann denn?«

»Ich dachte: jetzt«, sagte ich. »Wir haben ja jetzt gerade Pause. Und wir haben ein Klavier.«

Er ist schon ein unheimlich gutmütiger Typ, mein Freund Berry Sarluis. Er seufzte einmal kurz auf.

»Ich dachte, ich könnte in der Kantine jetzt ein Bier trinken.«

»Wenn's sonst nichts ist«, sagte ich. »Das hol ich dir!«

Als ich aus der Kantine zurückkam, spielte Berry mir einige Harmonien vor und sang dazu halb holländisch, denn Berry ist ja Holländer: »Herr Klose, Herr Klose ist Hilfspolizist/und Herr Klose, Herr Klose, der sagt, wie es ist ...«

Perfekt. Ich haute Berry auf den Rücken: »Berry, wir haben unseren ersten Song geschrieben. Jetzt kommen wir ganz groß raus!«

»Um Gottes willen«, stöhnte Berry. »Bloß das nicht.«

»Ich brauche dich!«, sagte ich.

»Aber ich hab doch nicht mal ein Klavier«, sagte Berry.

Doch da – zu seinem Schrecken wusste ich sofort eine Lösung: »Wir gehen zu Ruth!«

Mit Ruth ging ich zusammen in die T 10b bei Hugo Hängebauch. Zufällig waren wir jetzt Nachbarn in unserer Mietskaserne. Ruth wohnte mit ihrem Mann Alfred im selben Block. Und sie hatten ein Klavier. Also

Mit Berry Sarluis, Gitarre: »Deutschland,
meine Kneipe«

holte ich Berry spät am Musikermorgen um 16 Uhr aus
dem Bett. Ohne Ankündigung standen wir bei Ruth
vor der Tür: »Dürfen wir bei dir mal ein paar Lieder
komponieren?«

Klar durften wir das. Unsere Freundin Ruth holte
auch gleich einen Kasten Bier vom Balkon. Eine Flasche Cointreau hatte sie noch im Wohnzimmer-
schrank.

»Ich lass euch denn mal allein«, sagte sie.

Wenn der Mensch Lieder komponieren will, muss er dazu in Stimmung sein. Einfach so nüchtern fliegen ja überhaupt keine Musikfetzen und keine Texte durch die Luft. Also brauchten wir zum Anfang erst mal jeder ein Bier.

»Ich liebe doch die Musik«, sagt Berry. »Aber weißt du, was mich dann traurig macht? Zuerst kommen sie immer und sagen: Spielen Sie doch mal was Gutes! Mit Rhythmus! Weiß der Teufel, was die damit meinen. Wenn man dann spielt und fühlt sich gut dabei, kommt garantiert einer und neigt sich zu dir runter und sagt: »Geht's nicht ein bisschen leiser? Wir wollen uns doch auch unterhalten.«

Perlen vor die Säue! Darauf müssen wir einen trinken, und ich schenkte wieder ein.

Dann setzten wir uns tatsächlich ans Klavier. Ich mit Zettel und Bleistift daneben.

Nach einer Stunde vielleicht und einer halben Flasche Cointreau klopfte unsere Freundin Ruth an und trat ein.

»Hör mal, Ruth!«, riefen wir. »Hör dir das mal an! Berry und ich, wir haben ein Lied geschrieben.

Deutschland, meine Kneipe

Die Kneipe, wo ich verkehre,
drei Bier trink und vier Bier bezahl,
die Deutschland heißt, die wäre,
wie ich von Leuten höre,
ein ziemlich unanständiges Lokal.

Dabei – und das ist das Schlimme:
Ich hab meine Kneipe lieb.
Obwohl ich selbst ergrimme
und denen, die sagen, zustimme,
dass man hier Unzucht und Notzucht trieb.

Und die an der Theke sitzen,
die Herren lassen keinen mehr ran.
Der Wirt hält sie aus, und sie schwitzen
bei Würfeln und kernigen Witzen,
über die ich nicht lachen kann.

In dem Punkt kann sie trotzen
der Kritik, meine Kneipe, wie nischt.
Vor Ordnung und Sauberkeit strotzen
ist Gesetz hier. Kriegt einer das Kotzen,
wird sofort der Tisch abgewischt.

Ich sehn mich nach einem Weinkeller,
wo man träumen kann, wenn man trinkt,
wo man nicht gleich erschlägt den Zechpreller,
wo niemand »Zack, zack!« schreit und »Schneller!«,
und wo, wer Humor hat, nicht davon singt.

Ich möchte mit Menschen an Tischen
sitzen und freundlich sein,
statt, wie man hier sagt, »mitzumischen«
und nach Art des Hauses dazwischen
zu brüllen, um dabei zu sein.

Und gibt es mal irgendwie solche,
die die Stimmung im Laden versaun:

Gleich zücken die Kellner die Dolche,
dass sich Sänger und ähnliche Strolche
keinen Mucks mehr zu machen traun.

Oft denk ich: Am liebsten noch heute
nichts wie weg, ich verlass dies Lokal.
Und ich weiß doch: Ich kann nicht. Ich bleibe.
o Deutschland, du meine Kneipe.
Hier sitz ich, sauf mit und bezahl.

Die *Süddeutsche Zeitung* schrieb über unseren Auftritt im Münchener Rationaltheater: »Scheibner liebt
diese Kneipe, wenn er auch, bürgerlichen Gelüsten
nachgebend, lieber Sonette schreibt (wo gibt es einen
zweiten Kabarettler, der solches tut?).«

Damit hatte der Rezensent genau meine damalige
Situation getroffen. Ich wollte damals nicht, und ich
will es auch heute noch nicht, mich von den Wichtig-
keiten des politischen Wirrsinns völlig vereinnahmen
lassen.

»Zeitlose Texte musst du schreiben«, sagte Hanns
Dieter Hüsch mir einmal. »Die kannst du immer wieder gebrauchen.«

Die »scheußlich singende Drossel« war noch keine
reine Lieder-LP. Ich mischte noch, wie ich es inzwischen auch bei meinen Kabarett- und Bierkellerauftrit-
ten tat, meine geliebten Gedichte mit ein. »Schmetter-
lingsdings« kam immer sehr gut an:

Also ich stehe
vor dem Laden »Zierfische Zoo«,
wo ich einen Schmetterling sehe.

Innen. An der Scheibe. Ich denke noch: Oh,
dass die auch Schmetterlinge führen.
Aber da fällt mir ein: Der wird wohl zu Fischen
   und Papagein
und Meerschweinchen und Nagetieren
durch eigenen Irrtum geraten sein
und ist wahrscheinlich gar nicht zu verkaufen.
Ob er das aber weiß?
Und ob die anderen Tiere es ihm glauben?
Denn hier hat schließlich jedes seinen Preis
und selber Grund genug wegzulaufen.
Denn als was man sich fühlt,
war schon immer ganz uninteressant.
Welchen Preis dein Verkäufer für dich erzielt,
beschreibt deinen Freiheitszustand.
Das finde ich aber sehr schön von mir,
dass ich über so ein kleines Tier
so große Gedanken verschütte.
Am liebsten ginge ich jetzt durch die Zooladentür
und sagte: »Einen Schmetterling, bitte.«

Aber da gab es ja immer noch den Schallplattenvertrag.
Ossi Drechsler, Phonogram-Geschäftsführer, und
U-Musik-Boss Jürgen Sauermann verhielten sich noch
sehr fair und abwartend. Songs aus der ersten LP wurden zwar hin und wieder im Hörfunk gespielt, aber
Riesen-Plattenauflagen ließen sich noch nicht erkennen.

Also machte ich mich mit Berry an die zweite LP.
Und siehe da: Ich hatte dafür eine gute Nase – oder es
war eine gute Fee, die mir einflüsterte: Mach doch aus
deinem Hörspiel »Vom Fischer un siner Fru« einfach

eine Art Ballade! Das war eine absolut hirnrissige Idee. Ich konnte mir doch denken, dass so eine Ballade an die zehn Minuten dauern würde. Das verstieß gegen die eiserne Hörfunk-Regel: »Über alles dürfen Sie reden – nur nicht über 2:30.«

Andererseits: Es bot sich doch so an. Jeden Tag neue Meldungen über Anti-KKW-Demos. In Wyhl am Kaiserstuhl war der Teufel los. Ein Walter Mossmann sang seine engagierten Lieder gegen Atomkraftwerke. Bei mir lag der Stoff schon in der Schublade. Bereits 1973 hatte mich Heinz Dunkhase angerufen, er war damals Unterhaltungschef beim NDR-Hörfunk (und Drehbuchschreiber sowie Regisseur des legendären Sylvester-Sketches *Dinner for One*). Ob ich mir vorstellen könne, mit anderen Autoren zusammen an einer Sendung mit Parodien über deutsche Märchen teilzunehmen? Jahrelang hatte ich dem NDR unermüdlich Manuskripte geschickt, in der Hoffnung, dass sie gesendet würden. Regelmäßig kamen höfliche Absagen von der Sorte: »Unsere Absage ist kein Werturteil über Ihre Arbeit …« Und nun diese Anfrage. Ich beriet mich wieder mit meinem Freund Andreas und entschied mich für »De Fischer un sin Fru«. Dunkhase fand das Buch gut und hatte auch gleich die Besetzung für das Stück parat: Helga Feddersen als Fischers Frau und Harald Juhnke als Fischer Jonny Hansen. Mensch, das war vielleicht eine Freude. Ich war als Autor im Studio dabei, wie die beiden Profis meinen Text frech und gekonnt zum Leben erweckten.

Also gab ich mir jetzt den Auftrag: Schreib das Ding zur Ballade um!

In der Hörspielfassung war der Schluss noch klassisch: Weil die Frau zur Ministerpräsidentin werden wollte, versetzt der Fisch sie wieder zurück in ihre alte, kaputte Fischerkate. Inzwischen war aber so viel Verheerendes über die Vergiftung der Elbe und des Rheins und der Nordsee bekannt geworden, dass mir klarwurde: Der Fisch selber, der Butt, muss längst krepiert sein in dem verstrahlten und verseuchten Wasser.

Jonny ging zum breiten Strom,
der ganz abscheulich stank.
Jedoch am Fluss ein Wagen vom
Gewässerschutzamt stand.

Ein Mann mit einem Prüfgerät
stand da und murmelte:
»O2 gleich null, ph-Wert 10.
O weh, o weh, o weh!

Er hielt 'nen Fisch in seiner Hand.
Der war sehr tot und grau.
Und Jonny hat ihn gleich erkannt!
Min Fisch! Min Kabeljau!

Jonny Hansen lief nach Hause.
Angst saß ihm im Genick!
O Gott, wat schall bloß war'n ut uns!
Ut uns – un Achterndiek.

Diese in Verse gefasste Ballade spielt jetzt an der Elbe beim Kernkraftwerk Brokdorf hinterm Deich und hieß daher: »Was in Achterndiek in der Nacht geschieht«.

»Achterndiek«-Auftritt in Brokdorf

Die gleichnamige LP erschien bereits im Frühjahr
1976. Am 26. Oktober 1976 wurde nachts um ein Uhr
unter Polizeischutz mit dem Bau des Kernkraftwerks
Brokdorf an der Elbe begonnen. Ich hatte es also vor-
ausgesehen: Am 30. Oktober 1976 begann die erste
Großdemonstration. Die LP war schon veröffentlicht.
Und das zweite Wunder geschah: Der NDR spielte das
Stück in seiner ganzen Länge (8:59) tatsächlich mehrmals auf NDR 2. So wurde »Achterndiek« zur Brok-
dorf-Ballade. Fritz Köhler, der Philips-PR-Chef,

schickte mich am Wochenende sofort los: Du musst dein »Achterndiek« auf der Demo singen. Davon hätte mich auch nichts abhalten können. Ich schaffte es, zur Demoleitung vorzustoßen, die legten das Halbplayback mit der Musik auf, und ich fing vor fünftausend Demonstranten an, meine Ballade zu singen.

Die Demonstranten kannten den Song schon und sangen jedes Mal mit:

So was gibt es nur in Achterndiek.
Und das liegt hinterm Deich.
Was in Achterndiek in der Nacht geschieht,
das glaubt kein Mensch, dass es so was gibt.
Und da fehlt dir der Vergleich.

Ein unbeschreibliches Gefühl, wenn fünftausend Leute auf deiner Seite sind. Und alle sind sie aufgeladen, wie elektrisiert.

Gleich wird etwas geschehen! Was macht die Polizei?

In den letzten Takten meiner Ballade kam es immer näher. Das Brummen und Peitschen von den Propellerblättern der Hubschrauber. Sie kamen im Tiefflug. Dicht über den Köpfen der Demonstranten.

Der Teufel war los: Ein großer Teil der Truppe der Demonstranten hatte die Absperrungen des Baugeländes durchbrochen und war dort eingedrungen. Da spielte die Polizei verrückt. Ich hatte noch nie so viele Wasserwerfer im Einsatz gesehen. Einzelne Demonstranten wurden regelrecht hinweggefegt, durch die Luft geschleudert. Die Bühne für die Redner und mich stand zwar etwas abseits vom eigentlichen Gelände, aber das spielte für die Hubschrauber keine Rolle mehr.

Sie flogen immer tiefer über die Köpfe der Demonstranten, dann versprühten sie ihr Tränengas.

Das war ein bleibender Eindruck. Tränengas in den Augen tut furchtbar weh. Du stehst plötzlich blind in der Gegend und kannst deine Augen nicht mehr öffnen. Du versuchst, mit dem Taschentuch oder mit irgendeinem Tuch, das du greifen kannst, die Augen zu wischen. Aber das nützt nichts, im Gegenteil, es macht alles nur schlimmer. Alle taumelten umher, jeder hielt sich an dem anderen fest – sicher ein köstlicher Anblick für die Polizisten in den Hubschraubern.

Diese erste Demo wurde ziemlich schnell zurückgedrängt. Ich hatte auch die Nase beziehungsweise die Augen voll und marschierte zurück in Richtung Itzehoe zu meinem Auto.

Wenn ich heute auf dieses Drama zurückblicke, darf ich wohl sagen: »Und das Volk« hat recht behalten. Es hat die Gefahr, die von Atomkraftwerken ausgeht, erkannt, während die Machthaber nur blind auf ihre Macht bestanden. Es gab nach der ersten Demonstration noch weitere, sogar 1981 die größte Demo, die es bisher in der Bundesrepublik gegeben hat. Die Demo war vom Land Schleswig-Holstein durch Ministerpräsident Stoltenberg verboten worden. Die Ballade »Achterndiek« wurde von nun an nicht mehr im Hörfunk gespielt. Ich kann es nicht beweisen, mir wurde aber von Hörfunkredakteuren mitgeteilt, dass Stoltenberg persönlich die Ballade auf den Index setzen ließ. Alle diese Aktionen haben letztes Endes gegen die nackte Gewalt des Staates und der Industrie nichts gebracht. Da mussten erst zwei große Katastrophen – Tschernobyl und Fukushima – passieren, ehe die Einsicht kam.

Brokdorf ging übrigens erst 1986 endgültig ans Netz. Am 14. Mai 1985 gab es das denkwürdige Brokdorf-Urteil: Das Verbot der Demonstration 1981 sei unzulässig. Friedfertige Bürger hätten ein Recht auf Versammlungsfreiheit. Dieses bleibe auch dann erhalten, wenn mit Ausschreitungen Einzelner oder einer Minderheit zu rechnen sei.

Ein später Sieg für die Demonstranten.

Ich habe dies hier nur der Vollständigkeit halber festgehalten. Meine Ballade vom Aufstieg und Fall des Dorfes hinterm Deich mitsamt dem Kernkraftwerk wurde nach einiger Zeit dann doch hin und wieder einmal im Radio gespielt. Mich hat besonders gefreut, dass »Achterndiek« auch von vielen Schulklassen immer wieder aufgeführt wurde. Ich bilde mir wirklich nicht ein, dass ich mit dem Song zur Lösung der Frage »KKW – ja oder nee« etwas Konkretes beitragen konnte. Aber immerhin: Wir waren dabei.

Der Sprung ins Fernsehen

Henri Regnier hatte angerufen: Ich solle mal zu ihm in die Redaktion kommen. Henri Regnier war der Bruder des schon sehr berühmten Schauspielers Charles Regnier.

Das Brokdorf-Drama war schon gelaufen. Aber Regnier sagte: »Diese Ballade »Achterndiek« brauch ich jetzt fürs Dritte Fernsehen.«

»Äh, wie bitte ... Was?«

»Ich würde gern eine Liveaufzeichnung machen, auch noch mit den anderen Liedern und vielleicht ein paar Geschichten.«

Wow! Das war eine kleine Bombe. Jetzt also Fernsehen. Nicht zu fassen! Wunderbar.

Die Regie der Sendung solle Otto Draeger übernehmen.

Draeger war ein junger Regisseur und bekannt dafür, dass er den Schauspielern eigene Gestaltungsmöglichkeiten ließ. Ich fasste gleich Vertrauen zu ihm. Und Henry Regnier hatte mich schon auf ihn eingestimmt. »Mit Otto wirst du dich gut verstehen.« Ach ja, Henry Regnier! Wenn ich heute an diesen wunderbaren Menschen zurückdenke, werde ich immer noch sentimental. Regnier war ein Mensch mit Größe. Er war auch ein Zyniker, der vor Witz und Geist nur so sprühte. Einer, der auch über sich selber lachen konnte. Man stelle sich vor, als ich mich einmal bei ihm bedankte, dass er mir die Möglichkeit einer Sendung gegeben hatte, sagte er ganz locker: »Nee, da liegst du falsch, mein Lieber. Du musst dich nicht bedanken: Wir müssen uns bei dir bedanken. Wir, der NDR. Denn was wären wir ohne euch Künstler!«

Nie wieder hat mir ein verantwortlicher Mann von irgendeinem Sender so etwas gesagt.

Draeger machte alles mit Licht. Das war faszinierend. Immerhin war das schon 1977. Zuschauer und Künstler saßen auf einer Ebene – also die kleine Band, die mich begleiten sollte (Kurt Giese, Schlagzeug; Lucas Lindholm, Bass; Manfred Moch, Marimbafon; Bernd Steffanowski, Gitarre; Holger Voss, Saxofon und Flöte; Berry Sarluis, Klavier sowie Komposition und musikalische Leitung).

Im Hintergrund waren Leinwände aufgestellt. Auf die wurden die Illustrationen, die mein Freund Walther Wachsmuth geschaffen hatte, projiziert. Ich hatte direkten Kontakt mit dem Publikum. Das war aufregend für mich. Man nennt so etwas Lampenfieber. Und als es dann losging, blieb mir fast das Herz stehen: Rechts in der ersten Reihe saß tatsächlich Ida Ehre. Es war zwanzig Jahre her, dass ich mit Friedrichsen in den Hamburger Kammerspielen als Gastspiel die Borchert-Szenen gegeben hatte. Sie hatte mich nicht vergessen!

Die erste Fernsehsendung! Alle gratulierten mir, Regnier, der Produktionsleiter Otto Leibing, die Band und Berry, der mit seiner Musik den Erfolg mit verdient hatte, auch Ida Ehre. Die Kritiken waren in Ordnung und richtig:

»Hans Scheibner kam auf leisen Sohlen und mit satirischen Pfeilen aus dem Alltagsgeschehen. Was in

Achterndiek in der Nacht geschieht, interessiert mit Sicherheit auch nur eine Minderheit, doch trifft Scheibner immer punktgenau das Ziel – mit bitterem Spott wie in ›Deutschland, meine Kneipe‹, mit sanfter Verzweiflung wie in ›Tante Emma ihrem Laden‹. Für Kenner waren das 45 unterhaltsame Minuten, aber wie gesagt: für Kenner, das heißt, für eine Minderheit.«

Ja, ja – »für eine Minderheit«. Aber das war es ja genau, was mir gefiel. Wobei man bedenken muss: 1977 hatte man mit einer Minderheit im Dritten Programm immer noch enorme Zuschauerzahlen, wenn man sie mit den Zahlen von heute vergleicht. ARD und ZDF waren die einsamen Riesen, Privatfernsehen gab es noch nicht.

Darum war es kein Wunder, dass von nun an die Anfragen für Auftritte in Kabaretts oder Kulturvereinen ganz von selbst kamen, ohne einen Agenten oder Manager. Und so begann für Berry und mich eine wunderbare Zeit, vielleicht die schönste unseres Künstlerdaseins.

Jedes Wochenende traten wir in einem anderen Club oder auf einer anderen Kabarettbühne auf – nicht nur in Hamburg, im Pö, im Logo, auch mal in Danny's Pan, nein, sondern auch in der weiten Welt –, zum Beispiel in Reinbek im Sachsenwald-Forum, in Elmshorn im Stadttheater, in Itzehoe, in Harburg im Rieckhof, ja wir schafften es bis Hannover ins TAK, bis nach Nordenham in die Jahnhalle (sogar zur Eröffnung), nach Bremen in die Glocke und – man glaubt es kaum – auch durch die DDR bis nach Berlin in das dortige Danny's Pan – im Zoo-Palast hatten wir sogar 400 Zuschauer. Wir hielten das schon für unseren Durchbruch.

Dabei fuhren wir beide immer allein, Berry und ich. Berry hatte keinen Führerschein und hat auch heute noch keinen. Das war sehr weise von ihm. Der wäre ihm sowieso bald abgenommen worden. Einmal fragte eine Polizeikontrolle ausgerechnet Berry: »Haben Sie was getrunken?« – »Ja, natürlich! Eine halbe Flasche Bacardi mit Cola!« Da wollten sie ihn schon mitnehmen. Aber ich klärte die Herren natürlich auf: »Der Herr ist Musiker. Der hat gar keinen Führerschein. Ich bin sein Fahrer. Und ich bin immer nüchtern.«

Die Tonanlagen in den Kabaretts und Kulturbühnen waren 1978 sehr bescheiden. Unsere großen Kollegen Lindenberg, Achim Reichel mit den Rattles, Franz Josef Degenhardt und Ulrich Roski hatten ja mindestens noch einen Roadie dabei, der ihr Equipment transportierte und es für sie aufbaute.

Solange Berry und ich noch im Keller am Großneumarkt auftraten, bei Broder Drees, dem ungekrönten König der Szene im »Dorf« am Fuße des Hamburger Michels, brauchten wir noch keine eigene »Anlage«, wie man die Beschallungstechnik abgekürzt nannte, aber wo es nun hin und wieder in etwas größere Etablissements ging, es half nichts – da musste man mindestens mit zwei großen 160-Watt-Boxen und dem dazugehörenden Verstärker aufkreuzen. Den hatte mir der Szene-Elektroniker Mc Leinemann höchstpersönlich angefertigt. War groß wie ein Kühlschrank, der Verstärker, und wog im Special Case geschätzte 25 Kilogramm. Es gehörten auch noch zwei Monitorboxen dazu – eine, damit man sich selber hören konnte, die andere für den Pianisten oder die Band. Und dazu noch das Mischpult. Also schaffte ich das alles an und auch die dazugehörenden Kabel für die Mikrophone. Einen Tontechniker als Roadie konnten wir uns nicht leisten. Also musste ich die Technik selber machen und erst einmal die Begriffe lernen. Hatte doch vorher keine Ahnung von Switch und Klinke oder Chinch oder von weiblichen und männlichen Verbindungen (»›Männliche‹«, das sind die fünfpoligen Anschlüsse, bei denen die Steckerpole freiliegen, und ›weibliche‹ sind die mit den entsprechenden Löchern, in die die männlichen hineingesteckt werden! Ist doch nun wirklich ganz einfach, kapiert?!«) Von nun an schleppte ich mich also mit diesem Equipment ab. Es gab noch nicht diese niedlichen kleinen 3200-Watt-PA-Verstärker mit 2 HE/95 mm, Triple-Lüfter und 2x LED-VU-Levelmeter, die man unter dem Arm tragen kann.

Manche Kabarettbühne befand sich im ersten Stock oder noch höher. Gnadenlos mussten wir die Boxen und Verstärker dort raufschleppen, und ich musste sie selber aufbauen und anschließen. Mein sonst ja immer hilfsbereiter Pianist war meistens gleich nach der Ankunft verschwunden. Das Boxen- und Verstärkerschleppen gehörte nicht zu seinen künstlerischen Aufgaben. Ich sah das auch vollkommen ein: Vom Tragen großer Gewichte in höher gelegene Räume wird die Sensibilität zarter Pianistenhände schwer beeinträchtigt. Ich habe ja nichts davon, wenn der Klavierspieler später danebengreift, weil seine Hände zittern. Außerdem musste Berry auch noch nebenbei das Mischpult bedienen.

Aber mir machte das Boxenschleppen eigentlich nichts aus. Ich schleppte mit Wonne meine Boxen und Kabel auf die Bühnen. Das war es doch, wovon ich immer geträumt hatte: Auftreten, vor Publikum spielen, Geld verdienen mit eigenen Texten und Liedern. Noch konnte ich nicht davon leben, aber das Ziel rückte näher. Und wenn ich dann am nächsten Montagmorgen erschöpft und verkatert an meinem Arbeitsplatz bei der Pumpenfirma saß, war ich glücklich. Und rücksichtslos gegenüber meinem Arbeitgeber schrieb ich auch am Arbeitsplatz als Erstes wieder einen neuen Liedertext.

Heiliger Marx! und die Folgen

Mein Gott, wie könnte ich heute dastehen. Wenn ich nicht immer so vorlaut gewesen wäre. Statt mal einen Augenblick die Klappe zu halten und abzuwarten, bis alles vorbei ist, zwickt es mich immer so, und dann sag ich was, obwohl ich gar nicht gefragt bin – und bums hab ich wieder die Nackenschläge.

Gerade hatte ich das schöne Brokdorf-Lied über Achterndiek geschrieben, da gingen mir doch wieder die Nerven durch. Wirklich nur die Nerven. Immer dieses Gelaber um mich herum von »Solidarität« und »Die Partei hat immer recht« und »Der Sozialismus wird siegen!«, und alle rennen mit der Mao-Bibel rum – das fand ich irgendwie ganz doof. Aber leider war ich der Einzige. »An Marx darf man nicht zweifeln«, hieß es damals. Ja, ist ja wunderbar. Aber ich kann nicht anders: Wenn ich nicht zweifeln darf, dann fang ich automatisch an zu zweifeln. Außerdem: Es war ja gar nicht lange her – mein Vater und meine Mutter, die durften auch nicht zweifeln, an der glorreichen Idee vom Herrenmenschen.

Und mein Vater hatte mir eingebimst: »Immer wenn sie kommen und dir erzählen, sie wollen nur dein Glück und du sollst ihnen vertrauen und einfach mitmarschieren, dann sieh bloß zu, mein Junge, dass du nicht auf sie reinfällst.«

Also wollte ich nicht dabei sein und habe meine

Klappe nicht gehalten 1977, in der hoffnungsvollsten
Phase meiner Karriere, und habe eine weitere LP mit
Liedern veröffentlicht. Da waren so Texte drauf wie:

Sie verkünden die Lehre vom Weltengeist,
der die Träumer in die Gehirne beißt.
Die absolute Glückseligkeitsregel,
zuerst erschien sie dem großen Hegel.
Karl Marx, der erhabene Prophet,
hat sie ein bisschen zurechtgedreht.
Und Hosianna! seit jener Zeit
ist die sagenhafte Gerechtigkeit,
ist der Himmel auf Erden gar nimmer weit.
Nur ein bisschen Mut,
nur ein bisschen Blut,
ihr werdet schon sehen:
Der Mensch ist gut
und keiner ist bucklig und keiner schielt.
(Den biegen wir grade, der das nicht fühlt!)
Habgier und Neid sind abgeschafft
ganz allein durch das Geistes Kraft.
Und keiner wird mehr als der andre bekommen.
(Propheten und Jünger ausgenommen.)

Aber auch andere Texte, von denen ich gar nicht erwartet hatte, dass kluge Menschen an ihnen Anstoß
nehmen könnten:

Ich bin ein deutscher Anarchist,
bierernst sind meine Lieder.
Die ganze Welt beschissen ist,
Humor ist mir zuwider!

Mein Kampf, mein hohes Ideal,
die große Lehr wird siegen.
Das war in diesem Jammertal
noch niemals ein Vergnügen.

Im Onkel Pö hatte mir mein Freund Hannes Wader gesagt: »Damit du es weißt, Hans, ich bin jetzt Kommunist.« Das hat mir imponiert. Ich sagte: »Der Großvater meiner Frau war auch Kommunist, die Nazis haben seinen Sohn abgeholt und umgebracht. Und ich ziehe den Hut vor all den Kommunisten, die gegen die Ausbeuter und Fabrikherren gekämpft haben – viele haben ihr Leben gelassen. Weil sie an die Sache glaubten und an den Sieg des Sozialismus zum Ende der Menschheitsgeschichte. Ich selber glaube nicht an den Kommunismus, aber ich habe Respekt vor denen, die ihr Leben in den Dienst des Kommunismus gestellt und alles für ihn hingegeben haben. Wirst du jetzt deine Mühle und dein Vermögen der Partei geben?«

Diese Frage fand Hannes aber nicht gut. Das sehe er gar nicht ein, sagte er.

Ich kam ihm wahrscheinlich vor wie einer, der von einem Christen verlangt! »Verkaufe alles, was du hast und gibt das Geld den Armen.« – wie es ja eben in der Bibel steht.

Also erlaubte ich mir, ein kleines Spottlied auf den Sänger der Arbeiterlieder zu schreiben. Ich konnte die Klappe nicht halten, obwohl ich doch gerade Hannes als Liedersänger so verehrte und immer noch verehre:

Hannes Wacker, der Sänger mit den Arbeiterliedern

Karl Kramer an der Drehbank steht
und täglich hundert Achsen dreht.
Und abends fährt er dann nach Haus
und ruht von seinem Drehen aus.
Und morgen dreht er weiter.
Karl Kramer ist Arbeiter.

Hans Wacker die Gitarre schlägt
und singt gar freudig und bewegt
von Karl der an der Drehbank steht.
Und jeder, der ihn hört, ruft: Seht!
Er singt: So geht's nicht weiter!
Er kämpft für die Arbeiter!

Nach dem Gesang fährt Hans nach Haus
und ruht in seiner Mühle aus,
die er mit Arbeitsliedern hart
ersungen und zusamm gespart.
Und morgen singt er weiter
vom Elend der Arbeiter.

Ja, ich seh es heute ein: Das tut man wirklich nicht, einen Kollegen verspotten. Man darf über alle Nestbeschmutzer spotten und lachen, aber das eigene Nest, das darf man nicht beschmutzen.

Henning Venske, mein Freund von heute, der mich damals gelobt hatte, war tief enttäuscht von mir. Ich kann das heute verstehen: Wenn man gerade glaubt, den richtigen Weg gefunden zu haben – plötzlich kommt da einer und verdirbt einem die Freude.

Auf der Rückseite meiner LP hatte ich einen Klappentext veröffentlicht, der ging so:

»Statt sechshundert Seiten Marxismuskritik

Wolf Biermann lässt seine Oma Meume beten: »O Gott, lass du den Kommunismus siegen!« Es ist natürlich schön, wenn man so eine weltgeschichtsbewusste Oma hat. Meine Oma Reimer dagegen – mit der habe ich in der Beziehung weniger Glück. »Es ist alles Beschiss, mein Junge!«, lautet ihr politisches Testament. Und dann sagt sie noch so Sachen wie »Immer wenn sie schrei'n, dass sie nur dein Glück wollen, musst du vorsichtig sein. Denn du sollst das Glück, das die wollen, nachher aushalten«. Man muss zu ihrer Entschuldigung sagen, dass die alte Frau allerhand einschlägige Erfahrungen mit Menschheitsbeglückern gemacht hat. Aber natürlich fehlt ihr auch das rechte Klassenbewusstsein. Ich habe ihr deshalb erklärt: »Im Marxismus, Oma, wird das Volk selber regieren. Die Arbeiter besitzen ihre Fabriken selbst. Keiner ist mehr neidisch auf den andern. Alle sind zufrieden und lieben einander.«

Da hat Oma Reimer mir einen Magenbitter eingeschenkt (und sich selbst auch einen) und mich so komisch angeguckt und mit bitterer Stimme gesagt: »Ein Glück, dass ich das nicht mehr erleben muss.«

Natürlich, diese Oma Reimer gehört nur zu jenen kleinen Leuten, auf die sowieso kein Mensch hört – und schon gar nicht die großen Poeten und Wahrheitskämpfer. Aber das Schlimmste ist, dass sie mich mit ihren Worten richtig verunsichert hat. Immer wenn ich zum Beispiel die Propheten meiner Zeit von den gewaltigen Aussichten der menschlichen Gesellschaft singen höre, redet mir im Geiste Oma Reimer dazwischen. Hör ich zum Beispiel Wolf Biermann singen »So oder so, die Erde wird rot:/Entweder lebenrot oder todrot«, sagt Oma Reimer: »Siehst du wohl: Für ihre große Lehre bringen sie auch Leute um.« Ich antworte ihr dann – ebenfalls im Geiste: »Aber Oma, wenn das große Ziel nun mal gewisse Opfer verlangt ...« Doch sie fährt mich nur böse an: »Gewisse Opfer? Das kenn ich schon alles. Entweder man schreit Hurra!, oder man ist ein Volksfeind!« – »Klassenfeind, Oma!«, sage ich schnell. »Na, wenn schon«, schimpft sie dann: »Gnädiger Kaiser! Herrlicher Führer! Heiliger Marx! Alle lieben sie das Volk. Aber wehe dem Volk, wenn es ihre Liebe nicht erwidert!«

Also schrieb Henning Venske in der *Konkret*:

Hans Scheibner stärkt Filbinger und Co. den Rücken und fällt Antifaschisten von hinten an.

Heiliger Marx! – *dieser Titel seiner LP offenbart schon das Ausmaß der gedanklichen Verwirrung, denn solche Terminologie darf sich nur ein Könner wie Biermann erlauben. Scheibners sogenannte Lyrik zeigt, dass er Marx nicht gelesen, folglich auch nicht verstanden hat. Ein Scheibner kann Marx nicht »(un)heilig« sprechen.*

Den Besitz seiner Mühle wirft er Hans Wacker vor – gut, dass Scheibner nicht weiß, dass Marx ein Antiquitätenfan war –, denn ginge es nach ihm, Kommunisten müssten in Wellblechhütten hausen. Oder rübergehen, wenn's ihnen hier nicht passt.

Damals hab ich einen gehörigen Schreck bekommen – und schon wieder gezweifelt, diesmal an mir. Ich hatte doch gehofft, all die klugen, weitsichtigen Engagierten um mich herum würden meine Platte hören und mir sofort recht geben und sagen: Das ist ja nun wirklich ein haarsträubender Irrtum mit diesem unfehlbaren Marxismus-Sozialismus. Ob ich vielleicht zu vermessen war?, fragte ich mich. Ob ich dann vielleicht eines Tages als Konterrevolutionär eingesperrt würde?

Aber, Gott sei Dank!, sie haben es ja dann irgendwann selbst eingesehen, meine Kritiker von damals, und mir sicher verziehen. Jedenfalls haben sie irgendwann auf das Marx-Engels-Denkmal in Berlin geschrieben: »War ja nur mal so 'ne Idee.«

Ach, war ich erleichtert.

Ich muss aber noch etwas hinzufügen: Den Wolf Biermann habe ich bewundert und bewundere ihn immer noch. Seine Nibelungentreue zum Marxismus mag ja etwas übertrieben gewesen sein. Aber der Mann hatte immerhin den Mut, mit dem Drachen zu kämpfen. Er hat immer mit einem Bein in Bautzen gestanden.

Dafür allein haben wir ihn bewundert und geliebt. Was haben denn wir westlichen Liedermacher dagegen anzubieten? Na gut, ich habe meine Fernsehsendung verloren, weil ich Soldaten mit Mördern verglichen habe. Henning Venske ist es vielleicht noch schlechter ergangen. Ihn haben sie auch immer weniger gesendet. Aber mal ehrlich: Was ist das schon gegen Knast und Folter und Schikane?

Ich bin nicht so vermessen, zu behaupten, dass ich an Biermanns Stelle genauso mutig gewesen wäre.

Auch über Biermanns spätere Entwicklung erlaube ich mir kein Urteil.

Im Jahr 1977, als ich die LP *Heiliger Marx!* in meiner Naivität aufnahm, hatte ich mit Protest gerechnet. Es kam aber jetzt ziemlich dick. Am meisten hat mich damals Michael Frank von der *Süddeutschen Zeitung* enttäuscht. Wir hatten uns in einem Münchener Biergarten getroffen, und ich hatte den Eindruck, dass er meine Motive, auch einmal die unfehlbare Intellektuellenszene satirisch aufs Korn zu nehmen, nicht nur verstand, sondern richtig fand. Er schrieb dann aber doch sehr polemisch, ich hätte jetzt meinen Mantel nach dem Wind gehängt – nach dem Wind der rechten Politik im Lande. Das war falsch. Ich war gerade so dumm, meinen Mantel *nicht* nach dem Wind des Mode-Marxismus im Lande zu hängen, ich war so dumm, zu glauben, ein Liedermacher oder Kabarettist dürfe es sich auch einmal erlauben, die Borniertheit der Ideologen unter den eigenen Kollegen darzustellen.

Chaosvorstellung im Schauspielhaus

Am 6. März 1978 konnte ich mir einen langgehegten Traum erfüllen: einen Auftritt im Deutschen Schauspielhaus in Hamburg. Veranstalter war Hans-Werner Funke. Der hatte mir abgeraten, in die Musikhalle zu gehen wie seinerzeit mit Meyers Dampfkapelle. »Du musst ins Schauspielhaus mit deinen poetischen Texten«, sagte er. Ich freute mich irrsinnig, dass so etwas möglich sein sollte. Eben noch am Klein-Neumarkt im Keller und nun in das große Schauspielhaus. Dann las ich auch noch: Am Vormittag gibt auf derselben Bühne Will Quadflieg eine Matinee mit Gedichten von Rilke. Ausgerechnet Quadflieg. Für mich gab es doch keinen größeren Schauspieler als diesen Quadflieg.

Wie oft hatte ich in den Sechzigerjahren mit Karin für 70 Pfennige auf einem Stehplatz im Parkett ganz hinten gestanden, um Will Quadflieg zu sehen und zu hören. Wir hatten ja noch die Gründgens-Ära miterlebt, das alte, traditionelle Theater-Theater. Quadflieg als Heinrich IV. mit Hermann Schomberg als Falstaff: Ich werde es nie vergessen.

Einmal, das muss 1960 gewesen sein, fiel Karin im Stehparkett um. Es war heiß und stickig da hinten. Ich führte sie nicht raus an die frische Luft, ich legte sie einfach ein bisschen auf den Boden, damit ihr das Blut wieder in den Kopf laufen konnte, dann hob ich sie hoch und stützte sie, damit sie die Vorstellung zu Ende sehen konnte. Wenn der Quadflieg spielt, darf man doch nicht schlappmachen!

Und nun also Scheibner und Quadflieg am selben Tag auf dieser Bühne. Das konnte den Sohn des Maschinenbauers Carl Scheibner schon ein bisschen nervös machen. Damals wusste ich ja noch nicht, dass uns bald eine wunderbare Freundschaft verbinden würde.

Es wurde der aufregendste Auftritt, den ich bisher gehabt hatte. Ich wollte den Abend mit Berry allein gestalten. Aber ich hatte inzwischen auch schon mindestens dreißig neue Lieder geschrieben. Einige wie »Achterndiek« und »Mümmelmannsberg« kannte man nun schon. Dazu hatte ich genügend satirische Gedichte, außerdem hatte ich mir einen – wie ich hoffte – witzigen Moderationstext geschrieben. Berry und ich hatten alles perfekt drauf. Genau eine Woche vor dem Termin hatte die Plattenfirma ein großes Radiokonzert in München abgeschlossen – mit der Hamburger Band Okko, Lonzo, Berry, Chris & Timpe. Das waren immer noch die Auswirkungen der Hamburger Szene. Dazu brauchten sie unbedingt Berry. Und ich konnte nichts dagegen machen, wenn ich mir nicht die Freundschaft der Plattenfirma verderben wollte. Aber: »Großes Ehrenwort! Am 6. März fährt die Band morgens mit dem D-Zug zurück und ist nachmittags in Hamburg.«

Damals musste man nicht mit einer planmäßigen Verspätung der Bahn rechnen. Die Züge kamen immer einigermaßen pünktlich. Also war ich ruhig. Das würde schon alles gutgehen. Berry und ich müssten die Lieder kurz vor dem Auftritt nur noch einmal anspielen, wir hatten ja fleißig genug geprobt.

Aber dann am großen Tag, es war zwei Uhr nachmittags: Lorenz »Lonzo« Westphal am Telefon.

»Hans, tut uns schrecklich leid, ist uns wirklich furchtbar peinlich: Wir wollten lieber fliegen. Aber der Flug ist annulliert. Wir wissen nicht, ob heute überhaupt noch eine Maschine nach Hamburg fliegt. Bitte entschuldige, es nützt ja nichts, das lange zu schildern ...«

»Verdammt, ihr müsst es aber schaffen. Ich brauche Berry. Allein kann ich das nicht!« Mir standen die Haare zu Berge. Das Schauspielhaus war ausverkauft.

Ich tigerte wie ein Wilder zu Hause auf und ab. Kann ich das wagen, ganz allein aufzutreten?

Ich dachte: Dann spreche ich die Liedertexte eben und verzichte auf die Begleitung. Das hatte ich zu Hause schon ausprobiert. Texte wie »Erst kommen die roten Balkons, dann kommen die gelben Balkons, dann kommen die blauen Balkons, dann kommen die grünen Balkons, dann kommen die braunen Balkons, dann kommen die roten Balkons, dann kommen die gelben, die blauen, die grünen – und dann die roten Balkons, die sechste Reihe, acht Reihen von unten und von oben zweie« konnte ich zur Not auch ohne Musik bringen. Dennoch, was für ein Desaster!

Um 14 Uhr 30 – wieder Lonzo am Telefon: »Alles Roger, Hans. Wir haben uns einen Privatflieger genommen. Schlappe 600 DM. Zahlst du die Hälfte?«

»Natürlich zahl ich das! Fliegt los, fliegt los! Macht Berry das denn überhaupt mit?«

»Ja klar. Ich glaub aber, er kriegt das wohl gar nicht so richtig mit. In seinem Zustand.«

Oh Gott, da wurde mir ganz schwindelig. Sie hatten

Berry erst einmal abgefüllt, damit er überhaupt mit-
fliegt. Berrys Flugangst war doch überall bekannt in
der Branche. Ein einziges Mal hatte ich Berry über-
reden können, mit mir im Lufthansa-Jet nach Düsseldorf zu fliegen. Das war ein Job bei der Gewerkschaft.
Vorher am Flugplatz hatte Berry Schweiß auf der Stirn
und musste sich an der Bar erst einmal die Angst weg-
trinken. Im Flugzeug gab's zum Glück auch noch Bier.
Berry hatte, als wir in Düsseldorf ankamen, keine
Angst mehr.

Er konnte aber auch nichts mehr hören. Die Tas-
ten hätte er wahrscheinlich auch nicht mehr getroffen.
Mit dem durchgestandenen Flug hatten wir aber noch
Glück. In der Stadthalle angekommen, sah man uns
sehr erstaunt an. »Ach, ihr wollt zu der Veranstaltung
mit Willy Brandt? Ja, die war gestern. Die Festleitung
ist sehr böse auf euch!«

Ich war fix und fertig. Ich sah mir die Flugtickets an.
Die hatte die Gewerkschaft uns in Hamburg hinterle-
gen lassen. Sie waren tatsächlich auf einen Tag früher
ausgeschrieben. Das hatten die beim Einchecken nicht
bemerkt! Wie es möglich war, dass wir trotzdem unsere Plätz einnehmen konnten, ist mir bis heute völlig
rätselhaft. Unvorstellbar. Jetzt mussten wir aber sofort
zurückfliegen, denn das Rückflugticket war richtig auf
einen Tag nach der Vorstellung ausgestellt. Ich
schleppte also meinen Freund wieder mit süßen Worten zum Flugplatz.

Vom Flug zurück nach Hamburg merkte Berry
nichts mehr. Er war selig eingeschlafen.

Aber was wird nun aus meinem Konzert im Schauspielhaus? In meiner Not rief ich Gottfried Böttger an.

Der ging tatsächlich ans Telefon. Wir hatten vor ein paar Monaten mal ausprobiert, ob er mich begleiten könnte. Aber er kannte ja die Lieder gar nicht, erst recht nicht die neuen.

»Ich könnte zwischendurch immer mal einen Boogie spielen!«, schlug er vor. Das fand ich ganz toll von ihm. »Ja«, sagte ich. »Komm bitte vorbei! Aber vielleicht schaffen die fünf das ja sogar noch mit dem Flugzeug.«

Und wirklich: Sie schafften es. Gottfried war gerade eingetroffen, das Publikum strömte schon in den Saal, da kamen meine fünf Freunde hinter dem Vorhang auf die Bühne getorkelt.

»Ich bin tot, ich bin gestorben!«, brummte Berry vor sich hin. Ich dachte: Der ist nicht mehr zu gebrauchen. Es waren noch zehn Minuten bis zum Vorstellungsbeginn.

Lonzo erzählte: »Es war ein sehr interessanter Flug. Viel hoch und runter und zwischendurch ein Krach wie vom Weltuntergang. Gewitter. Aber der Pilot hat nie die Nerven verloren. Berry mussten wir festhalten, um ihm die Beruhigungsgetränke einzuflößen. Ich habe ihn immer gestreichelt: ›Du musst an deinen Freund Hans denken. Das machen wir doch alles für den großen Poeten. Wenn wir abstürzen, schreibt er noch extra ein Lied für uns.‹«

»Am Flughafen in Hamburg wollte man uns dann verhaften«, erzählte Chris Hermann. »Wir sind über den Flugplatz gerannt und wollten ganz schnell raus, es war ja schon 19 Uhr 30. Da hat uns die Flughafenpolizei natürlich für Terroristen oder für die RAF gehalten. Sie wollten uns richtig totschießen. Aber als wir gesagt haben: ›Wir wollen doch zu Hans Scheibner!‹, haben sie uns am Leben gelassen.«

Der Vorhang ging auf. Berry war gleich am Klavier sitzen geblieben.

Er spielte wie ein junger Gott! Es wurde eine gute Vorstellung.

»Das macht doch nichts, das merkt doch keiner«

Bei Philips/Phonogram – über dem Parkhaus am Rödingsmarkt in Hamburg – bezogen die Macher inzwischen ihre neuen Büros, und das Verhältnis wurde etwas kühler. Kann auch sein, dass ich mir das nur einbildete, aber ich glaubte es an kleinen Vorkommnissen zu merken. Vor einem Jahr noch hatten sie mir sozusagen den roten Teppich ausgerollt, wenn ich die Firma besuchte. Oh ja, da kam der Labelchef Ossi Drechsler persönlich an den Empfang und versicherte mir immer wieder, dass sie sich so furchtbar freuten, mich unter Vertrag zu haben. »Wir versprechen uns ja noch so einiges von dir«, lachte er dann laut und schrecklich. Ich lachte natürlich mit. Was sollte ich auch sonst tun? Sie warteten immer noch auf ein neues »Fließband«. Aber ich hatte keins.

Beim nächsten Besuch kam nur noch der Abteilungsleiter Popmusik und begrüßte mich herzlich: »Schön, dass du da bist, Hans. Hast du ein zweites »Fließband« dabei?« Ich lachte wieder herzlich mit. Aber es wurde mir allmählich peinlich.

Als ich das nächste Mal kam, um ein paar Tonmitschnitte abzuliefern, kam gar keiner mehr. Die Dame am Empfang musste erst einmal anfragen. »Hier ist ein Herr Scheibner. Er möchte zu Herrn Sauermann.« Und dann zu mir: »Einen Augenblick noch. Herr Sauermann sagt Bescheid.«

Fritze Köhler, der verschmitzte Promotion-Chef, hat es mir einmal erklärt:

»Mit den Popkünstlern ist es wie mit Leuten, die im Paternoster Fahrstuhl fahren. Zuerst kommen sie aus der Tiefe hochgefahren. Solange sie noch kommen, sehen sie zu dir auf. Dann sind sie schon auf gleicher Höhe mit dir – und grüßen dich freudig. Der Paternoster fährt weiter, und schon erheben sie sich über dich hinaus. Dann sehen sie auf dich herab, du siehst nur noch staunend, wie sie langsam nach oben verschwinden. Sie sind weg, sie sind uneinholbar entschwunden. Sie sind in den Himmel des Ruhms und der Millioneneinahmen aufgestiegen. Du bist der kleine Mann, der zurückbleibt und der von solch einem Aufstieg nicht mal träumen kann. Du möchtest schon weggehen und sagst dir: ›Die haben mich doch sowieso schon alle vergessen.‹ Aber das ist falsch. Du musst unbedingt noch eine Weile stehen bleiben: Schau, da kommen sie auf der anderen Seite schon wieder runter! Meistens mit verzweifeltem Gesichtsausdruck. Die steigen dann sogar manchmal auf deiner Höhe aus: ›Wir müssen dringend mal miteinander reden. Ich hab ein kleines Problem.‹«

Die Manager der Les Humphries zum Beispiel waren damals plötzlich verschwunden – nach London oder so, weil wohl die Steuerfahnder hinter ihnen her waren.

Inzwischen hatte ich zwar schon an meinem Werbeleiterschreibtisch den Text für »Schmidtchen Schleicher« geschrieben, dachte aber schon lange nicht mehr daran, dass daraus etwas werden könnte.

Ich sollte nun also die dritte Platte liefern. Und die musste es nun, verdammt noch mal, bringen! Ausgerechnet in diesen Wochen hatte Berry bedeutende Einsätze mit der Gruppe Leinemann und anderen Bands. Er war wohl inzwischen wegen der ständigen Daueraufträge auch ein bisschen ausgemolken. Kann ja nicht angehen, dass ich ihn immer wieder zwang, Einfälle zu haben. Philips aber, die etwas nachhelfen wollten, brachten mich mit Hans-Georg Moslener zusammen, der bereits ein etablierter Komponist und Arrangeur in der Branche war und große Erfolge vorzuweisen hatte: Berry gegenüber brauchte ich kein schlechtes Gewissen zu haben. Er hatte mich angerufen und gesagt: »Ich muss mal 'n bisschen aussetzen mit dem Komponieren. Irgendwie ist das auch zu ungesund für mich.« So begann meine Freundschaft mit Schorsch Moslener.

Wir, die wir aus der Hamburger Szene kamen, waren trotz aller Erfolge immer noch Amateure, will sagen: Wir arbeiteten uns als Liedermacher durch die Lebenswirklichkeit, unser Stoff war alles, was uns aufstieß, unsere Produktion war frei von aller Formalität. Schorsch dagegen war ein unwahrscheinlich gewissenhafter Produzent und Arrangeur. Es begann mit ihm immer ganz leicht: Ich faxte ihm einen Text zu, und spätestens einen Tag später rief er mich an und spielte mir auf seinem uralten Flügel die Komposition vor. Ich zeichnete sie per Telefon mit dem Anrufbeantworter auf und hatte damit eine Vorlage zum Üben. Danach ging es ins Studio. Hatte ich bei vorigen Produktionen immer einigermaßen sorglos drauflosgesungen, achtete Schorsch nun auf jede Phrasierung und brachte mir kleine Tricks bei, freier und gekonnter zu klingen.

Manche Songs dauerten mehrere Tage. Schorsch war ein unermüdlicher Arbeiter. Oft machte er die Nacht durch. Ich schlief dann häufig im Studio ein. Einmal weckte er mich morgens um sechs Uhr. »Aufstehen, Hans! Aufstehen und singen!«

Ich konnte kaum die Augen aufkriegen, Schorsch war immer noch putzmunter.

Das Beste aber war, dass wir uns so gut verstanden. Schorsch hatte denselben Humor wie ich. Wenn ich ihm einen irgendwie doppelsinnigen Text brachte, erfasste er sofort, wie wir ihn umsetzen mussten. Das schönste Beispiel ist das Lied »Das macht doch nichts, das merkt doch keiner«.

Ich war es gewohnt, metrisch einigermaßen sauber zu texten, und darüber war Schorsch besonders froh: »Deine Texte komponieren sich von allein«, sagte er. Als dann meine Fernsehsendungen kamen, war er schon mein Hauptkomponist. So entstanden Songs, die – wie Schorsch immer sagte – »viel zu schade fürs Fernsehen sind«. Eine ganze Reihe sind nie auf Platte erschienen. (Dazu zählen auch einige Titel, die Christopher Evans-Ironside für mich komponiert und arrangiert hat. Chris Evans arbeitete damals hauptsächlich mit Drafi Deutscher zusammen.)

Hans-Georg Moslener und ich haben immerhin an die 120 Titel zusammen geschrieben.

Und plötzlich wurde alles anders. Nicht nur die Lieder – überhaupt mein ganzes Leben.

»Ich habe bei Bran + Luebbe gekündigt«, sagte ich zu Karin.

»Aber wir bauen doch das Haus!«

»Ist egal«, sagte ich. »Ich muss Klarheit haben. Das Haus bauen wir ja von der Kohle für unsere Platte. Den Rest muss ich mit Tingeln verdienen.«

Endlich hatte ich den Absprung geschafft. Ein wunderbares Gefühl. Nur Karin war voller Sorge. Aber ich konnte gut schlafen und kam mir richtig mutig vor. Ich frage mich heute immer noch, warum ich das nicht viel eher gewagt hatte.

Ein halbes Jahr später waren alle Aufnahmen zur LP *Das macht doch nichts* fertig. Ich hatte meine Telefonzelle abgeworfen!

(Sie wissen doch: Läuft ein Verrückter mit einer Telefonzelle auf dem Rücken durch die Wüste. Fragt ihn einer: »Warum schleppen Sie sich denn mit der Telefonzelle ab?« – »Wegen der Löwen. Wenn ein Löwe kommt, werf ich die Telefonzelle weg. Dann kann ich schneller laufen!«)

Wenn ich Texte schreiben will, muss ich spazieren gehen. Dann kann ich mich konzentrieren. Vor einem weißen Blatt Papier fällt mir nichts ein. Beim Spazierengehen fiel mir auf: Da führte ein kleines Abflussrohr in einen Graben vor einer Autoreparaturwerkstatt. Aus dem Rohr plätscherte braunes Abwasser. Was genau das war, konnte ich nicht erkennen. »Ist wohl billiger«, dachte ich, »die Brühe in den Graben zu leiten anstatt sie in einer Tonne aufzufangen und zwischenzulagern.« Heute hätte ich wohl gedacht, »anstatt sie zu entsorgen« – man gewöhnt sich ja sogar beim Denken schon die Klischeebegriffe an. (Entsorgen, so was Blödes! Soll das heißen, dass man dann keine Sorgen mehr damit hat?) Damals fiel mir dazu meine Mutter ein. Eine ihrer Lebensweisheiten hieß nämlich: »Das macht doch nichts, das sieht doch keiner!«

Das Loch in der Socke, wo vorne der Zeh rausguckt. »Nein, das kann ich nicht sofort stopfen. Zieh den Schuh an! Das macht doch nichts, das sieht doch keiner!« Mein Vater hatte solche praktischen Einstellungen auch manchmal. »Ich hab einen Fleck auf der Hose. Ist das schlimm?«, fragte ich. – »Ach wo. Beim schnellen Vorbeigehen sieht das doch keiner!«

Ja, das waren praktische Lebensratschläge, die ich auch heute noch anwenden kann: »Das macht doch nichts, das sieht doch keiner!«

Die LP *Das macht doch nichts, das merkt doch keiner* wurde der erhoffte Erfolg. Gott sei Dank! So wurde ich fürs Erste auch weiterhin in der Plattenfirma vorn am Empfang abgeholt. Der Titelsong lief im Hörfunk und stand zwei oder drei Wochen auf Platz eins der NDR-Schlagerparade. Dabei wollte ich mit Schlagern überhaupt nichts zu tun haben. Aber jetzt steckte ich mittendrin. Also konnte ich mir immerhin sagen: Wenn man es mit einem solchen kritischen Text schafft, in die Hörfunkprogramme zu kommen, kann man zufrieden sein.

Ich wollte nicht gerade die Welt verbessern, aber wenn ich es hätte wollen, müsste ich immerhin gehört werden. Jedenfalls wurde mir von allen Seiten bestätigt: Es sei einer der ganz wenigen Kabarettsongs, der von einem breiten Publikum gehört werde.

Meine Ausrede, politisch nicht besonders interessiert zu sein, nahm man mir nun nicht mehr ab. Ganz klar: »Das macht doch nichts« war der erste Versuch, mich bewusst wenigstens ein bisschen einzumischen.

»Achterndiek« war da nur eine Zwischenstation gewesen. 1979 wussten alle Leute sofort, was gemeint war mit Zeilen wie:

Es saß ein Richter viele Jahr
zu Gericht in unserm Land,
obwohl er selbst ein Schurke war,
seine Akten war'n verbrannt.
So ein Heuchler, so ein gemeiner:
Das macht doch nichts, das merkt doch keiner!

Dass sich Hans Filbinger damals diesen Vers anhören musste oder dass viele Menschen einen Schlager gern hörten und mitsangen, in welchem es hieß, dass er ein Schurke sei, und zwar ein gemeiner, empfand ich als wohltuend. Filbinger musste gerade zurücktreten, als die LP erschien. Wie schön! Das machte Freude. Heute wissen das viele Leute nicht mehr. Auch alles, was wir niemals vergessen wollten, wird vergessen. 1978 stellte die Filbinger-Affäre ein weiteres Signal für die Vergangenheitsbewältigung und die Rehabilitierung aller Nazi-opfer dar. Ich will damit nur andeuten, in welcher politischen Atmosphäre der Song erschien. Aber was wissen schon die Digital Natives davon, wie viele ehemalige Nazis sich bis in die Achtzigerjahre in den Bundestag oder zumindest in hohe Ämter geschlichen hatten?

Die Beschwörungen, dass auch die Jugend von heute die Verbrechen der Nazis niemals vergessen dürfe, nützen nicht viel. Es ist gar nicht so lange her, 2012, da musste ich mir anhören, wie die jüngste Wahlfrau zur Wahl des Bundespräsidenten im Hörfunk sagte, sie könne unmöglich die Mitbewerberin Beate Klarsfeld

wählen. Denn die habe ja schon einmal einem Minis-
terpräsidenten ins Gesicht gespuckt. »Auch eine Bun-
despräsidentin sollte anderen Leuten gegenüber Respekt gezeigt haben.« Immerhin nicht nur irgendeine
junge Frau, sondern eine ausgesuchte Wahlfrau war es,
die das sagte. Ich erlaubte mir, ihr als Kolumne einen
offenen Brief zu schreiben:

»Beate Klarsfeld, liebe Frau D., hat den Kiesinger
damals nicht angespuckt, sie hat ihm eine Ohrfeige gegeben. Sie machte mit dieser respektlosen Tat die ganze
Welt darauf aufmerksam, dass im Nachkriegsdeutsch-
land ein Altnazi Bundeskanzler war. Heinrich Böll
schickte ihr damals fünfzig rote Rosen. Auf dem Anrufbeantworter von Beate Klarsfeld meldete sich eine
bekannte Stimme mit den Worten ›Wunderbar, was Sie
tun!‹. Es war Marlene Dietrich.«

Ob Frau D. wenigstens weiß, wer Marlene Dietrich
war?

Mit »Das macht doch nichts, das merkt doch keiner«
ist mir wahrhaftig eine Jahrhunderterkenntnis gelungen. Ich bin ganz sicher, dass man auch 2020 oder sogar 2050 noch irgendeinen korrupten Funktionär vom
Weltfußballverband oder einen Autokonzernchef über-
führen wird, weil er entweder Millionen Steuern hin-
terzogen oder Bordellbesuche mit dem ganzen Betriebs-
rat als Weiterbildungskurs abgerechnet hat. Und schuld
daran bin dann immer ich. Jedenfalls kommt es mir
manchmal so vor: Nach meinem Motto oder nach den
Worten meiner unschuldigen Mutter »Das merkt doch
keiner« handeln sie alle. Und zur Strafe für mich sagt
dann jedes Mal der *Tagesschau*-Sprecher auch noch:
»Scheibchenweise kam die Wahrheit ans Licht.«

Das hat allerdings den Vorteil, dass ich diesen Song immer wieder mit neuem Text bringen kann. Aus neuerer Produktion zum Beispiel:

Frau Lorenz ließ die Brüste sich
vergrößern fest und stramm
»Das tu ich nicht etwa für mich.
Das tu ich für mein' Mann.
Ja, gestern war'n die Dinger noch viel kleiner.
Wenn ihr's nicht merkt, dann merkt's mein Heiner!«

Oder auch:

Wir messen unser'n Abgasmesswert
zu Hause und allein.
Das machen wir seit Jahren so,
da pfuscht uns keiner rein.
Zu Hause sind die Werte auch viel kleiner:
Das macht doch nichts, das merkt doch keiner!

Der allerschönste Vers aber war der nach Helmut Kohls Neujahrsansprache 1986:

Die Reden unsres Kanzlers Kohl,
die sind so wortereich
und inhaltsleer und öd und hohl
und immer wieder gleich,
verwechselt das Band einmal einer …

Aber jetzt: Wie soll ich das nur nennen, was jetzt mit mir passierte? Meine wilde Zeit? Der große Break? Auf jeden Fall: Es ging drunter und drüber. Die LP *Das macht doch nichts* entstand hauptsächlich in Berlin mit Schorsch Moslener. Aber dazwischen und währenddessen und jeden Tag immer wieder neu stürzte meine persönliche heile Welt ein.

Im Mai 1959 hatten Karin, meine Schulfreundin, und ich in Hamburg geheiratet. Für uns beide gab es keine Frage: Wir gehörten für immer zusammen. Ich war 22 Jahre alt, Karin war ein Jahr älter.

Mein Vater war auch in Karin verschossen, er himmelte sie an und schwärmte von ihren schwarzen Haaren und ihren schwarzen Augen. Am Hochzeitstag allerdings umarmte er zuerst die Falsche. Das war Elke, Karins Zwillingsschwester. Die beiden sahen sich damals noch zum Verwechseln ähnlich. In der Schule hatten sie das natürlich ausgenutzt, bei der mündlichen Matheprüfung tauschten sie in der Prüfungsstunde die Plätze.

Karin und ich waren 29 Jahre miteinander verheiratet. Wir bekamen keine Kinder, wir hatten nur ein Meerschweinchen, und Karin besaß und liebte inzwischen eine ganze Teddybärenfamilie. Teddybären waren ihre Leidenschaft. Und jetzt, 1979, hatten wir sogar ein Haus.

Aber was war geschehen? Kurz und schlicht: Wir hatten uns auseinandergelebt. Ich hatte immer weniger Zeit für uns beide. Da war noch mein Beruf, und jetzt kamen immer mehr Auftrittstermine und Lesungen hinzu, ich machte Ton- und Fernsehaufnahmen und reiste dauernd im Lande umher, während meine Frau zu Hause blieb und sich höchstens mal um unsere Eltern kümmern konnte. Das ging auf die Dauer nicht gut.

Ich verließ, nachdem wir zwanzig Jahre zusammengelebt hatten, unser gerade erst fertig gewordenes Haus und überließ es Karin. Es war ein endgültiger Auszug.

Als es mit mir durchging, war ich immerhin schon vierzig Jahre alt. Und was Frauen anging, immer noch ziemlich unerfahren. Ja, das war tatsächlich eine andere Zeit als heute – zum Beispiel im Vergleich zur Jugendzeit meiner vier Töchter. Keine ist bis heute verheiratet. Mit fünfzig Jahren bin ich noch Vater geworden, aber davon später.

»Schmidtchen Schleicher«

Ich saß immer noch in Norderstedt am Schreibtisch in der Dosierpumpenfirma und musste irgendwelche Informationsblätter für die Wasseraufbereitung in lesbares Deutsch übersetzen, da ruft mich »König Silberlocke« an, Jürgen Sauermann.

Ob ich ihm eventuell mal bitte eben einen lustigen Text für einen holländischen Sänger machen könne. Müsse möglichst in einer Stunde fertig sein. Sie seien im Studio.

Und ob er mir den Schimmel, also den Blindtext für das Metrum, eben durchsagen könne. Ich solle mitschreiben.

Natürlich hab ich gesagt, versuch ich. Ich war ja noch immer jedes Mal wie elektrisiert, wenn die Plattenfirma anrief.

Es war ein Foxtrott. In der Originalversion hieß der Titel »Foxy Foxtrott«. Ich hatte keine Ahnung, was ich damit anfangen sollte. »Kontaktschlamm-Umwälzverfahren« stand auf dem Infoblatt vor mir; es ging darum, dass irgendwelche Bakterien durcheinandergewirbelt werden mussten, damit sie die Jauche reinigen – oder so ähnlich.

Aber »Foxy Foxtrott«? Ein Stabreim also. Seit meinem ersten Kontakt mit der Szene kannte ich gerade mal ein paar Dixieland Jazzer – und einer davon wurde »Schleicher-Schmitz« genannt. (Warum weiß ich bis heute nicht. Er war Trompeter und stand immer ganz unauffällig im Hintergrund.) Aha, da war er ja, mein Stabreim. Und das war das Wichtigste, das Übrige dichtete ich dann irgendwie zusammen. »... mit den elastischen Beinen« reimt sich auf »die Frauen fürchten sich und weinen«. (»Wie bist du darauf gekommen, dass die Frauen weinen?« – »Ganz einfach! Wie das berühmte Wiesel: ›saß auf einem Kiesel/inmitten Bachgeriesel‹.«) Silberlocke angerufen, Text durchgegeben.

»Danke schön!«

»Aber als Textautor nennen Sie bitte mein Pseudonym K. A. Klatte.«

»Warum das denn?«

»Ach nur so. Ich will kein Schlagertexter sein.«

Weiter ging's im Pumpentext: »Beim KSU-Reaktor wird der Schlamm so lange umgewälzt und mit Sauerstoff angereichert ...«

Inzwischen liefen die sogenannten »Promotion-Aktionen« für meine eigene LP. Hauptsächlich Senderreisen für »Das macht doch nichts, das merkt doch keiner«. Meine Kollegen in der Pumpenfirma waren jedenfalls sofort begeistert, als sie mich aus dem Radio singen hörten. Ich muss darüber an anderer Stelle noch ausführlicher berichten. Hier will ich nur kurz erwähnen, dass ich meinen ersten Weltruhm nicht zuletzt meinen lieben Kollegen zu verdanken hatte. Personalchef Franke kam in der Mittagspause mit der Frage, wie viele Stimmkarten man wohl an die NDR-Redaktion schicken müsse, um zur Nummer eins aufzusteigen. Das wusste ich nicht. Ich war noch nicht so erfahren in dem dubiosen Geschäft der U-Musik-Branche. Immerhin war ich aber Werbeleiter einer Dosierpumpenfirma und mit Werbeaussendungen vertraut.

Franke, Kollege Nevermann, Kollege Beyer und noch einige Abteilungsleiter schlugen mir einen Deal vor: »Wir lassen in jeder Abteilung möglichst viele Stimmkarten von unseren Angestellten für ›Das macht doch nichts‹ schreiben, die sie dann selber in ihrer Straße zu Hause in den Briefkasten werfen. Wenn alle Karten von einer Adresse kommen, würde das ja auffallen. Du musst aber eine Bedingung erfüllen: Du bezahlst das Porto, und jeden Montag, wenn die neuen Platzierungen in den norddeutschen Charts bekanntgegeben werden und du mit deinem Lied dabei bist, gibst du zum Wochenende im Konferenzraum eine Party. Das heißt Sekt und Bier für alle, die noch nicht nach Hause fahren. Das Ganze wird gesteigert von Woche zu Woche, wenn du einen Platz höher kommst. Beim ersten Mal nur Getränke, beim zweiten mal auch Schnittchen, beim dritten Mal auch Pizza – und wenn du auf Platz eins stehst, ist ein Fest mit Festzelt fällig, möglichst mit 'ner kleinen Band.«

Natürlich hatte ich große Bedenken gegen diese Korruptionsmasche. Aber was blieb mir übrig? Ich konnte es mir ja nicht mit meinen Kollegen verderben, und die waren alle knallharte Industriekaufleute und ganz wild darauf, ihre normalen Korruptionsmethoden auch mal für einen künstlerischen Zweck einzusetzen.

Vier Wochen später stand »Das macht doch nichts, das merkt doch keiner« auf Platz eins. (Wir feierten die Party bei mir zu Hause – allerdings ohne Festzelt.) Ich hatte ein sehr ungutes Gefühl, also leichte Gewissensbisse, und mochte es gar nicht so gern, wenn mir von Freunden und Verwandten gratuliert wurde.

Ich gestand also Fritze Köhler, dem Promotion-Chef von Philips, meine Untat. Der konnte mich dann auf seine liebevolle Art sofort beruhigen: »Wenn du wüsstest, was wir sonst alles tun müssen ... Ach, leg dich wieder hin und ruh dich aus!«

Da war ich nun schon aus der unmoralischen, geisttötenden Zeitungs- und Boulevardbranche ausgestiegen, um auf »anständige Art« mein Geld in der Industrie zu verdienen – begriff aber ziemlich schnell, dass es so anständig hier auch nicht zuging. Ich befand mich eben immer noch auf dem Gleis der klaren Kierkegaard-Dialektik eines Entweder-Oder, also einer strengen Gewissensethik.

Ich kann mich daher auch noch gut an den Striptease-Zwischenfall während der Hannover-Messe erinnern. Nach Feierabend wollten die Herren Vertreter und zwei Abteilungsleiter aus meiner Pumpenfirma unbedingt noch einen Zug durch die Gemeinde machen. Mich nahmen sie mit. Der Zug durch die Gemeinde führte jedoch direkt ins Rotlichtviertel. Da gab es einen Stripteaseschuppen, wo das Publikum der Herren die Darbietungen der Damen hautnah betrachten und von allen Seiten sowie aus allen Perspektiven fotografieren durfte. Alle Kollegen hatten damals ihre Boxkamera dabei, mit der sie auf der Messe fotografierten. Sofort drängten sie rein in den Schuppen und umringten die nackten Frauen. Und ich? Das konnte ich mir auf keinen Fall erlauben! Und wenn ich es heute bedenke, war es eigentlich auch keine Prüderie, sondern ganz gut begründet: Es hat doch irgendwie was

Entwürdigendes, nicht nur für die Stripteasetänzerinnen, sondern auch für die Männer. Also weigerte ich mich, das mitzumachen. Das sahen meine Kollegen aber nicht gern. Es bestand ja auch die Gefahr, dass ich sie verraten könnte – bei den Damen der Firma oder so. Was ich natürlich nicht tat. Auf jeden Fall galt ich von da an als Spielverderber und Sonderling.

Ich muss nun schnell auf Eva Claudio zu sprechen kommen, die Frau, die mich aus der moralischen Verkrampfnis befreite. Aber bevor ich es vergesse: Ein paar Jahre später habe ich dann mal miterlebt, wie die professionelle Promotion in ihrer ganzen Konsequenz funktioniert. Das war im RIAS-Berlin, im Funkhaus in Schöneberg in der Kufsteiner Straße. Das Sendestudio für die Unterhaltungssendung lag im obersten Stockwerk unterm Dach.

Am Livemikrophon regierte damals ein Typ, ich nenne ihn jetzt mal Hugo, von dem ging die Kunde, er sei früher selbst ein großer Bandleader gewesen, von der angesagten Rock-'n'-Roll-Band Franny and the Fireballs.

Wir kleinen Würstchen von den Plattenfirmen – neben mir drei Betreuer und noch ein Künstler, ich glaube von Electrola – saßen artig im Studio, durften keinen Mucks machen, während Hugo, der DJ, meist amerikanische Neuerscheinungen auflegte und dazu seine als Manuskript vor ihm liegenden spontanen Sprüche über den Äther schickte. Neben sich hatte er einen Stapel von Singles und LPs liegen, von denen er eine Auswahl vorstellen wollte. Plötzlich ging die Tür auf.

Ein Typ in Leder stürmte herein, sah nicht nach links und nicht nach rechts, lief direkt auf Hugo zu, der eine Livesendung moderierte! Und hielt ihm eine Single direkt unter die Nase.

»Die Neue von Udo!«, rief er laut – die Hörer mussten es über Hugos Mikro mithören. »Sensation! Sofort auflegen!«

Hugo wurde leichenblass, als wenn ihn jemand mit 'nem Revolver bedrohte. Er schaltete das Mikro ab:

»Hey, Manni, was soll das!? Ich hab dir doch gesagt, nächste Woche!«

»Halt die Fresse! Jetzt sofort. Du tust, was ich dir sage!«

»Na ja, vielleicht, aber erst mal muss ich hiervon senden!« Er zeigte auf den Plattenstapel neben sich.

Hugo wusste nicht, wie ihm geschah: Der Typ in Leder nahm den ganzen Stapel Schallplatten von Hugo, ging damit wortlos zum Fenster und schmetterte sämtliche Platten von oben, vom vierten Stock, aus dem Fenster!

»So, jetzt machst du mit mir weiter!«, sagte der Ledertyp und legte einen eigenen Stapel aus seiner Aktentasche auf den Sendetisch.

Ich habe nie gehört, dass diese spontane Promotion-Aktion irgendwelche ernstlichen Folgen hatte.

Mit solchen kleinen Zwischenfällen kann man allerdings gestandenen Promotern aus der Schallplattenbranche überhaupt nicht imponieren. Mike Krüger beschreibt in seiner Biographie, wie er damals mit Unterstützung der Plattenfirma gleich die ganze Musikredaktion von RTL in Luxemburg mit Wein und anderen Leckereien zugeschüttet und eine Grillparty für das ganze Haus veranstaltet hat. Ja, so muss man es machen!

Vier Wochen nach meiner »Schmidtchen Schleicher«-Dichtung fand das große SPD-Wahlsiegfest im CCH in Hamburg statt. Das war 1976. Damals machten auch andere Szenekünstler Werbung für die SPD. Die Countryband Leinemann, die Rentnerband und Truck Stop. Ich hatte mich schon seit Willy Brandts erstem Wahlkampf entschieden, für die SPD zu werben, und blieb nach seinem Rücktritt zunächst dabei.

Es gab an dem Abend reichlich zu trinken. Schöne Mädchen gingen umher und sorgten andauernd für Nachschub. Da wurde ich mutig und forderte eine der Damen auf, ihr Tablett abzustellen und mit mir zu tanzen. Also, was man so tanzen nennen konnte. Sie heiße Eva, sagte sie. Sie hatte einen irritierenden Blick, genauer gesagt: Sie schielte auf dem einen Auge. Aber nicht nur darum werde ich sie nie vergessen. Denn mit Eva begann meine Befreiung – und das ging so:

Nach dem Tanzen saßen wir auf irgendeiner Treppe zwischen anderen Künstlern. Auf einmal küsste sie mich, wir umschlangen uns und wälzten uns tatsächlich auf dem Boden herum. Zu sagen hatten wir uns eigentlich nichts, wir hingen nur aneinander und küssten uns wie verrückt. Das war für mich, der ich mich doch immer bemühte, »anständig« und Karin treu zu sein, ein wahrhaft außergewöhnliches Ereignis. Es war ganz schön schlimm, aber weiter geschah natürlich nichts. Andauernd stieg Publikum über uns hinweg, niemand rief uns zur Ordnung.

Dann, nach schätzungsweise drei Stunden auf der

Treppe und gegenseitigem Verschlingen, sagte Eva – oder sang sie es oder lallte sie es ein bisschen? –, sie müsse jetzt auf ihr Zimmer. »Willst du mitkommen?«

Mitkommen? Blöd, wie ich nun mal war, dachte ich sofort daran, dass ich am nächsten Tag nach Köln zum WDR (*Unterhaltung am Wochenende*) müsse und am übernächsten Tag nach Stuttgart sowie nach Saarbrücken und schlug dieses einmalige Angebot (so etwas hatte ich als »anständiger« Typ bisher noch nie erlebt) tatsächlich erst mal aus.

Die einseitig schielende Eva war gar nicht enttäuscht und stiefelte davon.

Die Nacht konnte ich nicht schlafen. Mein Gott, wie konnte ich so dumm sein, diese Einladung nicht anzunehmen. Ich kriegte richtig Panik. Ich muss sie sprechen, ich muss sie erreichen. Rief am nächsten Morgen den Empfang des CCH an: »Ich muss eine Frau Eva sprechen, sie ist Studentin aus Stuttgart und hat gestern beim Service der SPD Gäste betreut, ich weiß aber ihren Nachnamen nicht.«

»Na, Sie sind ja ein Witzbold. Da kann ich Ihnen nicht helfen«, lautete die Antwort aus dem Hörer.

»Warten Sie!«, sagte ich. »Vielleicht erinnern Sie sich an eine junge Frau mit Silberblick. Sie schielt auf einem Auge.«

Was für ein Glück, was für ein Zufall: »Ach so«, brummte der Pförtner. »Das muss Eva Claudio sein, ich verbinde.«

Ein Glücksstrom durchfuhr mich. Sie ist noch da!

»Ja, hallo, was wollen Sie? Es ist noch nicht mal acht Uhr«, maulte eine Frauenstimme.

»Entschuldige bitte, Eva, ich bin's, Hans.«

»Wer?«

»Hans. Von gestern Abend, du weißt doch ...«

»Keine Ahnung. Kenn ich nicht.«

»Mensch Eva, wir haben zusammen auf der Treppe gelegen und uns ...«

»Ich weiß nichts. Ich kann mich an gar nichts erinnern.«

»Wo kann ich dich erreichen?«

»Wozu denn?«

»Gib mir deine Nummer bitte! Ich muss dir was ganz Wichtiges sagen.«

»Es ist noch nicht mal acht Uhr. Du bist wohl verrückt«, maulte sie wieder. »Was soll denn das?«

Aber dann folgte tatsächlich ohne jedes Wort eine Telefonnummer mit Stuttgarter Vorwahl. Und sie legte auf.

Am Tag darauf in Köln beim WDR. Hanns Dieter Hüsch war dabei. Er las aus seinen Manuskripten für seinen Hagenbuch-Roman. Ich war noch so neu in der Satirikerszene, konnte es gar nicht richtig fassen, dass ich den Großmeister persönlich kennenlernen durfte. Unfassbar, wie er mit seinem absurden Pathos die unwichtigsten Details wie historische Ereignisse rezitierte. Ich weiß noch: »Irgendeine Freifrau von Hohenstein, so Hagenbuch zu Meisenkoten, nähte Hagenbuch unaufgefordert einen neuen Aufhänger an seinen alten Mantel. Für die Ewigkeit, für die Ewigkeit ...«

Ich durfte auch einen Text live über den Sender sprechen, dann wurde »Das macht doch nichts« gespielt. Nach der Sendung fragte Hüsch, ob ich ihn auf dem Weg zum Italiener begleiten wolle. Er müsse sich noch zwei Unterhosen kaufen, er habe einen großen Verbrauch an Unterhosen, seine Mutter habe ihm schon gesagt: »Eine saubere Unterhose ist wichtig. Wenn dir was passiert, du musst ins Krankenhaus, sie ziehen dich aus, und du trägst eine schmutzige Unterhose: Das fällt auf deine Mutter zurück.

Fällt alles auf deine Mutter zurück. Und wegen der Nieren, es ist so wichtig, dass die Nieren bedeckt sind ...«

Hanns Dieter Hüsch war immer auf Sendung. Auch wenn er gar nicht auf Sendung war.

Aber ich hatte die ganze Zeit nur Eva im Kopf. Da war irgendetwas in mir los. Ich hatte kein schlechtes Gewissen, wenn ich an den gestrigen Abend dachte. Ein schlechtes Gewissen hätte ich doch mindestens haben müssen nach meinen damaligen Moralvorstellungen.

Die Plattenfirma hatte mir einen BMW als Leihwagen genehmigt. Ich fuhr am nächsten Morgen von Köln nach Stuttgart. Ich hätte Eva schon um elf Uhr aus Stuttgart anrufen können, aber ich beherrschte mich. Wollte sie nicht noch mal aus dem Schlaf holen. Dann endlich, um 13 Uhr:

»Hallo, Eva, hier ist Hans.«

Und es wiederholte sich: »Hans? Augenblick mal ...«

»Aus Hamburg. Freitagabend, du weißt doch. Können wir uns sehen? Ich lade dich zum Essen ein, oder was du willst.«

Schweigen. Dann:

»Ich hab eine Verabredung. Treff mich um zwei mit einer Freundin am Rotebühlplatz.«

»Macht doch nichts, bring sie doch mit!«

»O. k.«

Ich muss verrückt sein, sagte ich mir. Ich kenn das Mädchen doch gar nicht. Ziellos lief ich in Stuttgart umher. Dann kam sie.

Aber sie hatte ein anderes Mädchen an ihrer Seite. Ich muss sehr verdutzt geguckt haben. Die beiden sahen sich an und kicherten. Ich überlegte schon: Was mach ich jetzt mit den beiden? Aber Eva – wieso überhaupt Eva? Am liebsten hätte ich jetzt Sie zu ihr gesagt! –, Eva tat sofort ganz überlegen:

»Keine Angst, Hans, Steffi geht gleich wieder. Dann sind wir allein!«

Mein Gott, ging das Mädchen ran. Die Situation war grotesk.

Ich war immerhin schon 37 Jahre alt. Aber noch nie hatte mich eine Frau so geküsst wie diese Eva. Das war nun bei meiner idealistischen christlichen Lebensauffassung herausgekommen:

Als Eva in Stuttgart vor mir stand und ganz klar mit mir allein sein wollte, geriet ich geradezu in Verwirrung. Ich will nicht sagen, dass ich Karin, mit der ich schon seit 17 Jahren verheiratet war, hundertprozentig treu gewesen bin. Darüber muss ich an dieser Stelle wohl auch nicht restlos Auskunft geben. Auf jeden Fall kam es mir bisher so vor, als hätte ich sie nie betrogen. Obwohl – Sie wissen schon – nach meiner beharrlich extremistischen christlichen Auffassungsweise, in meiner damaligen Kierkegaard-Phase also, galt es ja schon als Ehebruch, eine andere Frau auch nur mit erotischen Gefühlen anzusehen.

Jedenfalls fiel mir nichts Besseres ein, als zu sagen:

»Wie schön, dass du tatsächlich gekommen bist. Darf ich dich zu einer Tasse Kaffee einladen?«

»Ach nee«, sagte Eva. »Kaffee trinken finde ich langweilig. Komm doch einfach mit zu mir. Ich habe eine Flasche Wein kalt gestellt.«

Wow! Wir gingen zu meinem Auto, sie ergriff tatsächlich meine Hand, als wären wir schon lange befreundet. Ich weiß nicht mehr, was ich noch alles zusammengestottert habe, auf jeden Fall saßen wir plötzlich in Evas Studentenbude. Sie hatte nur ein Zimmer unterm Dach mit Tisch und Bett. Der Anblick des Bettes machte mich schon wieder verlegen. Es sollte auf keinen Fall so aussehen, als wäre ich nur gekommen, um mit ihr zu schlafen.

Also redete ich natürlich erst mal alles Mögliche zusammen. Sie sagte, dass sie Literatur studiere. Ich musste natürlich zugeben, nicht studiert zu haben, dass ich aber von Heine über Erich Mühsam, Tucholsky, Ringelnatz und von den aktuellen Zeitgenossen natürlich Hüsch und Franz Hohler gelesen und bewundert und …

»Hohler?«, fragte sie. »Iich känn de Franz persönliech!«

Sie verfiel vor Begeisterung ins reine Schwyzerdütsch, sodass ich nicht mehr alles verstehen konnte. Jedenfalls hatten wir mit dem Franz ein wunderbares Thema. Ich hatte ihn in Hamburg in Peter Ahrweilers Rendezvous in einer wunderbaren Vorstellung erlebt.

»Er hat das Publikum aufgefordert, ihm einen Buchstaben zu nennen. Rief dann jemand Z, fasste er in eine Art Sektkübel und holte ein kleines Päckchen heraus, auf dem ein großes Z stand, dann wickelte er es aus und las vor …«

»Zum Beispiel«, unterbrach mich Eva. »Es war einmal ein Zwerg, der war 1,89 Meter groß!«

»Richtig! Der Hohler ist doch der größte aller Klein-künstler!« Dann konnte ich sofort damit glänzen, dass ich dem Franz schon zweimal in Köln beim WDR begegnet bin.

Kurz und gut: Eva entkorkte die Weinflasche, wir setzten uns auf den Dachvorsprung vor ihrer Bude. Obwohl wir nun zu einem Gespräch über ihr Studium und meine verkorkste Berufskarriere gelangten, überlegten wir wohl beide immer wieder: Wie soll das hier nur enden? Ich dachte an die heißen Küsse in Hamburg, und dass ich mir große Hoffnungen auf mehr gemacht hatte. Aber daran war jetzt nicht zu denken. Bis mir endlich der geniale Satz einfiel: »Ich muss mir noch ein Hotel suchen. Hast du ein Telefonbuch?« Eva lachte laut los.

»Wunderbar!«, sagte sie. »Ich muss nur kurz noch duschen.«

Eines darf ich immerhin sagen: Sie wollte mich! Dagegen konnte ich, der sich Frauen gegenüber eher ängstlich zurückhielt, nichts machen. Wir setzten zuerst unser Zungenküsseprogramm aus dem CCH fort. Mir wurde sofort wieder schwindelig, ich verlor den Verstand. Ich glaube, ich fand gerade noch die Kraft, hervorzustoßen: »Eva, o Eva! Deine Augen: Du hast so wunderschöne Augen!« Das muss so überzeugend geklungen haben, dass sie es mit ihrem Silberblick nicht als Spott auffasste. Ich habe es auch wirklich so gemeint! In diesem Augenblick der Leidenschaft waren es die schönsten Augen auf der Welt für mich. Ich war so aufgeregt und halb verrückt, dass ich fast nicht wusste, wohin mit meiner Erregung. Aber Eva wusste es natürlich.

»Oh«, sagte dieses wunderbare Mädchen nur. »Das ging aber schnell.«

Ich warf mich zur Seite und hätte mich am liebsten unterm Bett versteckt. »Entschuldige bitte, das tut mir furchtbar leid.« Ich schämte mich. Und ich dachte: Wie schade, wie furchtbar schade! Ich hatte mich doch so auf diesen Höhepunkt meines bisherigen Liebeslebens gefreut und war so gespannt gewesen – und nun war schon wieder alles vorbei.

»Kein Problem«, sagte dieses 18 Jahre jüngere Mädchen ganz ruhig und heiter. »Das war doch erst der Anfang.«

Ich werde nie vergessen, wie erleichtert ich plötzlich war. Eva hatte mich mit ihrer Souveränität aus tiefer Verlegenheit befreit.

Wir lagen dann eine Zeit nebeneinander. Sie erzählte mir von ihrem Literaturstudium.

»Irgendwie habe ich mir das alles viel interessanter vorgestellt«, sagte sie. »Die fangen tatsächlich mit Grammatik und den verschiedenen Stilrichtungen in der Romantik an.«

Ich meinerseits versuchte, Eva zu erklären, wie die Hublängenverstellung während des Betriebes bei Dosierpumpen funktioniert. Und genau da – als ich ihr klarzumachen versuchte, dass Dosierpumpen eigentlich normale Kolbenpumpen seien, die Hub für Hub das Medium in definierter Menge in den Zylinder holen und wieder ausstoßen –, genau da unterbrach ich mich:

»Eva! O Eva! Wir können es noch einmal versuchen!«

Und das taten wir. Das taten wir ausgiebig. Ja, es

Mit Nico Haak in Hamburg: *Schmidtchen Schleicher*

war himmlisch. Diese wunderschöne Frau mit diesen wunderschönen aufregenden Augen entführte mich aus dieser Welt.

Und ich weiß noch genau, dass ich mittendrin etwas Freches denken wollte. Und darum dachte ich: Ach, du großer Kierkegaard! Das ist das wahre Leben. Ich pfeif auf die ewige Seligkeit! Will sagen: Meine Erweckung war geschehen. Der Engel Eva hatte mich aus der Erbsündenhörigkeit von Kierkegaard und der Bibel befreit.

Um 5 Uhr 30 stieg ich aus Evas Studentenbudenbett, ganz vorsichtig und leise, um sie nicht zu wecken. Sah sie mir noch einmal an: die vollen schwarzen Haare, ihre zarten Ohren – doch die schönen Augen mit dem Silberblick waren geschlossen. Eva wusste Bescheid: Ich musste um neun Uhr in Saarbrücken sein, zur Morgensendung.

Ich weiß noch, wie wunderbar leicht und gut ich mich fühlte. Die Morgensendung beim Saarländischen Rundfunk wurde von Karl-Heinz Schmieding geleitet, einem der großen Kenner und Förderer der Kleinkunst.

Ja, Schmieding! Ihm kam es tatsächlich nicht nur auf Publikumswirksamkeit und Einschaltquoten an. Er war der geistige Vater des *Gesellschaftsabends*, der damals noch regelmäßig von Hanns Dieter Hüsch moderiert wurde. Schmieding legte auch immer Wert auf meine satirischen Gedichte, die ich sonst nicht mehr so oft im Sender sprechen konnte. Die Sendung war live. Es gelang mir, ein kurzes Gedicht einzuflechten: »Herr Es seine niederen Triebe besiegend«. Ich fügte hinzu: »Für Eva Claudio«. Und hoffte, sie würde die Sendung hören:

Herr Es seine niederen Triebe besiegend

Herrn Es packt manchmal ein Gelüsten
nach irgendwie zwei Frauenbrüsten.
Herr Z. ergrimmt. Er sagt: Ihn widern
die Strolche, die die Frau erniedern,
und dass das Edlere und Hehre
nicht feil für wilde Wollust wäre.

Herr Es dies hörend, ist beschämt,
er bändigt, zügelt sich und zähmt.
Und seufzt seither mit gleicher Lust
nur noch nach einer Frauenbrust.

Was aber soll nun alles dies ausgerechnet mit »Schmidtchen Schleicher« zu tun haben? Eigentlich so gut wie gar nichts. Nur dass meine damals erlebte Befreiung auch noch mit einer zweiten Freude zusammenfiel.

Es war Sommer und ziemlich heißes Wetter. Nach dem Besuch im Saarbrücker Rundfunk hatte ich das starke Verlangen, mich irgendwo ins Wasser zu stürzen. Also rein in die Badeanstalt und in die Umkleidekabine. Da hörte ich laute Musik vom Badestrand her: »Ja, man nennt mich Schmidtchen Schleicher, alle Mädchen werden weich ...«

Ich lachte laut los. O Eva! Der lässige Tiger mit den elastischen Beinen, vor dem die Frauen sich fürchten, das war ich! Aber das wirst du mir sowieso nicht glauben.

... *scheibnerweise*

»Hallo, Hans! Hast du Lust, eine eigene satirische Sendung zu machen? Was hältst du von dem Titel ›... scheibnerweise‹?«

Horst Wernstedt, mein »griechischer« Freund und verantwortlicher Redakteur, rief mich in meinem Werbeleiterbüro in Hamburg an.

»Wie bitte? Was ist los?«

Ich war eine halbe Minute sprachlos. Na gut, ich fiel nicht mehr in Ohnmacht bei dieser Vorstellung, aber dass es so schnell kommen würde! Meinen »Test« hatte ich ja bestanden, und inzwischen hatte mich der NDR mehrmals für das *Hamburg Journal* geholt. Aber eine eigene Sendung? »Um Gottes willen, was soll ich denn da machen?«

»Das finden wir schon. Komm bitte morgen in mein Büro! Dann sprechen wir auch mit Harald Vock.«

Vock war der mächtige Unterhaltungschef des NDR-Fernsehens. Er schrieb selber Krimidrehbücher und führte ein – ich will mal sagen – »dramatisches Regiment« über seine Hauptabteilung. Wenn irgendein Schriftstück nicht rechtzeitig vorlag oder wenn ihm ein Beitrag, der unter seiner Verantwortung über den Sender lief, nicht gefallen hatte, konnte er Tobsuchtsanfälle kriegen. Dann hörte man es hinter seiner Chefzimmertür laut werden: »Zum Wahnsinnigwerden! Habe ich Ihnen das nicht gleich gesagt?!« Es kam einem auch so vor, als wenn der Aschenbecher durch die Luft geflogen wäre (wie konnte es sonst sein, dass der in irgendeiner Ecke lag, wenn man das Zimmer betrat). Mit anderen Worten: Um diesen Menschen zu mögen, musste man ihn auf jeden Fall etwas länger kennen. Aber dann konnte man ihn sogar liebgewinnen – vorausgesetzt, man wusste, dass man selbst auch nicht gerade ein Vorbild an Beherrschung ist.

»Ich will deine Friedhofstory drehen!«, begrüßte mich Vock sofort.

»Was für 'ne Friedhofstory?«

»Tu nicht so! Weißt du doch genau. Die mit den beiden Witwen, die immer auf Beerdigungen gehen und dann zum Leichenschmaus, um ihre Rente zu sparen.«

»Ach die«, fiel ich sofort ein, »und die zum Pastor sagen: Wenn Sie uns verraten, verraten wir, dass Sie oft dieselbe Predigt auf verschiedenen Beerdigungen halten.«

»Genau!«, grölte Vock. »Ich hab die Frauen auch schon mit den Stars vom Ohnesorg-Theater besetzt. Die Martha spielt Heidi Kabel, und die Leni spielt Hilde Sicks.«

»Oha!«, sagte ich.

»Was heißt ›oha‹? Natürlich nur, wenn du einverstanden bist. Sonst mach ich was anderes mit denen!«

»Nein, bitte! Ich kann es doch noch gar nicht fassen! Mein Stück ›Die Eumeniden von Ohlsdorf‹ …«

»Den blöden Titel hab ich natürlich geändert. Eumeniden, weiß doch keine Sau, was das sind.«

»Das sind drei griechische Rachegöttinnen, auch Erinnyen genannt.«

»Um Gottes willen, so fang man an. Dann wirst du hier nix!«

Mein Freund Horst höflich dazwischen: »Aber in seinem Griechenbeitrag hat alles gestimmt und kam gut an.«

»Na ja, von mir aus. Ich fand das ziemlich überkandidelt. Also, ist klar: Wir drehen mit der Kabel deine ›Lustigen Witwen‹. Und du schreibst ein kleines Drehbuch dazu. Wir schicken dir einen kleinen Vertrag. Einverstanden?«

»Ja, gerne. Vielen Dank auch!« Ich wollte mich schon wieder zum Gehen wenden.

Da gab Horst Wernstedt ihm wohl irgendein Zeichen.

»Ach richtig!«, maunzte Vock wieder los. »Wir wollen ja 'ne Serie mit dir machen. ›Hans im Glück‹ – oder wie soll die heißen?«

»›... scheibnerweise‹«, sagte Horst Wernstedt.

»Richtig! Das hätte ich ja fast vergessen! Die Frage ist nur: Traust du dir zu, aus solchen Geschichten, wie du sie immer im *Abendblatt* schreibst, Sketche zu machen, Szenen fürs Fernsehen? Aus dem Leben gegriffen, verstehst du? Mir gefallen deine Storys meistens gut. Aber Fernsehen ist noch was anderes wie so 'ne Zeitung.«

Ach so, dachte ich, daher weht der Wind. Fürs *Hamburger Abendblatt* schrieb ich seit 1977 eine wöchentliche Kolumne, und dort hatten beim sogenannten bürgerlichen Publikum meine Alltagsgeschichten am meisten Erfolg. Eine satirische Sendung stellte ich mir zwar anders vor. Aber was soll schon sein: Man kann ja erst einmal anfangen.

»Klar trau ich mir das zu!«, sagte ich. Wieder dasselbe Gefühl wie bei der Griechin.

»Ja, weißt du überhaupt, was das für dich bedeutet?«

Ehrlich gesagt, das wusste ich nicht.

»Wenn wir Erfolg mit dem Format haben, wird das dein ganzes Leben verändern!«

Ach so, dachte ich. Aber wieso denn überhaupt Format? Was heißt überhaupt Format? Mit diesem Fachbegriff wusste ich noch gar nichts anzufangen. Muss ich mir jetzt ein anderes Auto anschaffen? Oder was heißt das?

»Wenn wir dreimal im Jahr eine satirische Sendung mit und von dir bringen, dann kennt dich im nächsten Monat schon ganz Deutschland. Dann wirst du viele Freunde haben und viele Feinde – aber am schlimmsten: viele falsche Freunde. Deine Kollegen werden dich beneiden und werden dich schlechtmachen, wo immer sie können!«

Ich lachte: »Ja, das glaube ich.«

»Das ist nicht zum Lachen«, schnauzte Vock. »Du musst dir mal klarmachen: Es ist das erste Mal, dass wir im deutschen Fernsehen so etwas versuchen. Wir lassen einen Neuling auf einem Unterhaltungssendeplatz auf die Zuschauer los! Jeder erkennt dich demnächst auf der Straße. Wir leben in einer aufgeregten Zeit. Wenn du was Böses über die Hunde sagst, werden sie sie auf dich loslassen – die Hundeverrückten die Hunde! Wenn deine Eltern Nazis waren ... (an Wernstedt gewandt:) Haben wir das eigentlich untersucht?«

Wernstedt guckte etwas ratlos.

»Nein, bestimmt nicht«, sagte ich schnell. »Mein

Regisseur Jürgen Roland, ein Freund und Fan von mir

Vater war nur Soldat und meine Mutter bei der Gewerkschaft ...«

»Schon gefährlich«, sagte Vock. »Irgendeine schwache Stelle hat ja jeder. Verstehst du dich gut mit deinem
Chef von diesem ... diesem Sägewerk?«

»Pumpenfabrik.«

»Ja, sag ich doch.«

»Doch, doch – versteh mich gut mit dem Boss.«

»Siehst du wohl, da haben wir's doch schon. Kapi-
talisten-Knecht. Oder bist du in der DKP?«

»Nein, wie kommen Sie denn darauf?«

»Ich mein ja nur. Da muss man als Liedermacher
doch heutzutage drin sein.«

»Nein, ich nicht.«

»O.k.«, sagte Vock. »In irgendeine Schublade werden sie dich schon stecken. Wenn du Fernsehunterhal-

tung machst, bist du ja sowieso als ernsthafter Schriftsteller nicht mehr zu gebrauchen.«

Das bezog sich nun wohl auf seine eigenen Ambitionen als Krimiautor. Aber recht hatte er natürlich, das merke ich heute noch.

Aber nun musste ich mit der Arbeit loslegen. Die Aufgaben und die Einfälle und die Termine und die Konferenzen – alles stürzte auf mich ein. Eine Redaktion, die mir zuarbeitete, gab es nicht. Hätte mir der NDR einen Koautor angeboten, hätte ich das empört abgelehnt. Ich schrieb mir ja auch für die Kabarettbühne alles selbst, alle Sketche, alle Glossen, alle Moderationen, alle Liedertexte. Das war meine Auffassung von Autor sein. Das eine Mal, als ich noch zur Volksschule ging und mit den Julklapp-Versen meines Vaters den Beifall meiner Mitschüler bekam, habe ich nie vergessen. Es ist ja heute nichts Besonderes mehr, dass Kabarettkollegen sich ihre Texte von anderen Autoren schreiben lassen. Eigentlich ist ja auch nichts dabei. Längst nicht jeder Autor ist auch ein guter Darsteller seiner Texte. Andererseits: Ich wollte nicht so gern nur der Darsteller fremder Spitzen oder Geistesblitze sein. Ich möchte mich noch mit eigenen Worten über den Irrsinn oder den Unsinn meiner Zeit lustig machen.

Es ging also gleich los. Vock wollte etwas aus dem Alltag. Mein Alltag war ja lange Zeit das Dasein als kaufmännischer Korrespondent in einer Lackfabrik gewesen. In der Abteilung Malerfarben hatten wir eine Art Napoleon als Chef. In unseren Augen benahm er sich wie ein Feldwebel gegenüber den Rekruten. Er schnauzte die Stenotypistinnen an, wenn sie nicht schnell genug im Diktat mitkamen. Hatte sich eine vertippt, musste sie vor seinem protzigen Schreibtisch antanzen und sich eine Standpauke anhören. Fast jeden Tag kam eine meiner Kolleginnen aus dem Direktorenzimmer und hatte Tränen in den Augen. Eine von ihnen, eine große, gutaussehende Frau mit kastanienbraunen Haaren und mit einer fast gravitätischen Gangart, musste dem Diktator jeweils vormittags sein Frühstück anrichten und ihm eine Kanne mit frischem Kaffee in sein Zimmer bringen. Schweigend ging sie jedes Mal vorher mit der Kaffeekanne von Kollegin zu Kollegin und hob den Deckel hoch. Jedes der Mädchen und Frauen – es waren vier – spuckte ebenfalls schweigend in die Kanne. Eine Sauerei natürlich. Und irgendwie keine wirkungsvolle Aktion. Aber in jener Zeit, als die meisten Arbeitnehmer sich noch nicht bewusst waren, dass sie eigene Rechte besitzen, war es doch täglich eine kleine Freude.

Diese Aktion wurde mein erster Sketch für die neue Sendung. Ich weiß noch, dass die Kamera zunächst nicht genügend Spucke beim Spucken zeigen konnte. Es sah nach nichts aus. Also musste die spuckende Kollegin einen Schluck grüne Marmelade (Stachelbeere) in den Mund nehmen. Igitt, das sah richtig eklig aus! Viele Zuschauerinnen schrieben: »Danke schön für die Anregung!« Das war ein kleines Beispiel dafür, wie aus einer eher harmlosen kleinen Rache eine Aktion werden kann, nur weil das Fernsehen sie gebracht hatte. »Danke schön für die Anregung!« Im besten Fall konnte dass heißen, dass jetzt Tausende Sekretärinnen ihrem Chef in den Kaffee spuckten. Und das Schönste: Der Tyrann, der Diktator aus meiner Lackfarbenzeit, konnte es auf dem Bildschirm mit ansehen.

Ich warf mich, wie gesagt, sofort in die Arbeit. Danach ging's ins Studio. Und ich begriff plötzlich wieder, was für ein Glück mir widerfahren war. Im Studio war eine Kneipe aufgebaut, wie es sie am Großneumarkt zum Beispiel bei Broder Drees und später bei Walter Knickrehm im Schwenders gab. Mit einem Tresen und einem Zapfhahn, aus dem richtiges Bier floss (einmal gab es Ärger, weil wohl ein durstiger Bühnenarbeiter sich mal schnell ein Bier gezapft hatte). Die Kneipe war dekoriert mit Lithos von Ringelnatz, von Claire Waldoff (»Hermann heeßt er«), mit Fotos von den Großen der Kleinkunst, mit Karikaturen und alten Brauereischildern. Es war eine echte Hamburger Brauereikneipe. Ein liebevolles, stimmungsvolles Bühnenbild von Martin Mövius und Heike Bolek. Hier konnte ich mich wohl fühlen, hier war ich unter Freunden, die auch meistens unter den Zuschauern hockten. Am Klavier saß wieder Berry Sarluis, der mich zu den Liedern, die ich live bringen wollte, begleitete. Berry hatte auch seine Kreativblockade überwunden und komponierte wieder mit. Und klug, wie Horst Wernstedt war, hatte er mir Peter Vigg als Regisseur verschrieben, weil Peter Vigg und ich uns ja schon aus Griechenland gut kannten.

Die erste Folge mit der Spuck-Nummer lief gleich prima. Ich hatte auch andere Stücke darin, von denen ich wusste, dass sie dem Publikum gefallen würden, Alltagsnummern, »Der Maulwurf muss weg!« zum Beispiel. Von Moslener vertont und von Vigg in Szene gesetzt wurde das Lied zu einem Running Gag. Der Text solo wurde später in Schulbüchern immer wieder abgedruckt. War mir eine Ehre. Politik war fast noch gar nicht dabei. Vock war zufrieden, und ich durfte weitermachen.

Zum ersten Mal wurden nun meine Sketche verfilmt. Das Konzept der Sendung war ja: live mit Einspielungen. Ich konnte mir also einfallen lassen, Sketche und Lieder auch draußen zu drehen. Alles wurde noch auf Film aufgenommen. Elektronische Kameras gab es noch nicht. Mit dem Filmmaterial musste sparsam umgegangen werden. Heute wird einfach gelöscht, wenn's beim ersten Mal nicht klappt, damals gab's nicht mehr als höchstens drei Versuche. Aufregend war für mich der Schnitt. Hörfunkaufnahmen hatte ich schon öfter mitgemacht. Das war ja noch einigermaßen zu verstehen. Wenn aber die Chef-Cutterin im Schnittraum den Film auf der Maschine auseinanderteilte und die einzelnen Takes an mehrere Nägel im ganzen Raum hängte, war das verwirrend und gar nicht mehr nachzuvollziehen, wenn sie die Takes mit traumhafter Sicherheit wiederfand, um sie an einer anderen Stelle im Film wieder einzusetzen. Heute schneide ich meine Filme mit iMovie selbst, aber das ist kein Schneiden mehr wie früher, da muss man keine Filmschnipsel an Nägel hängen, man hat sie alle übersichtlich vor sich auf dem Bildschirm, kann kürzen, einen fremden Zwischenschnitt einbauen – alles, was man will. Damals aber begriff ich zum ersten Mal, dass die Cutterin einen Film total verändern kann. Die Cutterin hat die Verantwortung, die Arbeit des Kameramannes zur Wirkung zu bringen. Außerdem kann aus einem verkorksten Film doch noch etwas Gutes werden, durch einen guten Schnitt. Ich bin froh darüber, dass ich dieses handwerkliche Grundwissen noch lernen konnte. Es kam

mir ähnlich vor wie damals, als ich in meiner kaufmän-
nischen Lehre bei der *Welt* noch mit dem Setzhaken
Schriften aus dem Setzkasten setzen lernte. Eine ausge-
storbene Kunst.

Und dann natürlich die Außenaufnahmen. Es sei der
Öffentlichkeit an dieser Stelle endlich einmal kund-
getan, dass mir bereits am 14. Juli 1981 die Lizenz zum
Heißluftballonfliegen in Form eines Taufbriefes vom
Ballonflieger-Club Telgte verliehen wurde. Das bedeutet nicht nur, dass ich eine stürmische Ballonfahrt
überstanden habe, sondern vor allem auch das an-
schließende Tauftrinken. Die Ballonflieger in Telgte
zeichnen sich nämlich nebenbei durch enorme west-
fälische Trinkfestigkeit aus. Da musste ich mithalten.
Für die dritte Sendung hatte ich meinen Song »Wir fliegen« vorgesehen. Der sollte eigentlich ein Beitrag zur
Flugmesse in Hannover sein. Nun schreib mal ein Lied
übers Fliegen, wenn von morgens bis abends Reinhard
Mey singt, dass die Freiheit über den Wolken wohl
grenzenlos sein müsse. Ich musste einen anderen Dreh
finden. Das Lied wurde nicht halb so populär wie
Reinhards Song, aber ich habe es ja auch nur aus dem
Heißluftballon heraus gesungen:

Wir fliegen, wir fliegen.
Und was sehen wir da zu unseren Füßen liegen?
Das kleine Deutschland mit den kleinen Deutschen.
Die kleine Elbe, wo die Fische gehen ein.
Die kleine Grenze. Wo die kleinen Schüsse
*   peitschen.*
Die kleinen Fabriken. Sehen freundlich aus –
*   so klein.*

Mein liebes Vaterland, ich gebe mir die Blöße:
So könnt'st du mir gefallen in dieser Größe!

Die kleine Großstadt mit den grauen Steinen.
Da wohnen Menschen drin, zu Tausenden allein.
Das Industriegebiet mit Schloten – ach, so kleinen.
Wie fein und zierlich so im Abendsonnenschein.

Die kleinen Manager, da guck mal: an der Börse.
Da streichen sie des kleinen Mannes Arbeit ein.
In kleinen Kirchen singen kleine Pfarrer Verse.
Und wollen immer noch die Götter selber sein.

Doch so von oben, großes Deutschland, so im Flug,
hält man dich aus:
So bist du gerade groß genug!

Mit dem Heißluftballon stößt man ja nur selten durch die Wolkendecke und verliert daher das Elend da unten noch nicht so ganz aus den Augen. Immerhin gab es nach der Sendung schon die erste Kritik: »Du immer mit deinem Herumnörgeln am Vaterland – und die Pfarrer sollen noch selbst die Götter sein.«

Das dicke Ende war schon irgendwie vorprogrammiert. Aber noch lange nicht in Sicht.

Die Fliegerei mit dem Heißluftballon war aufregend und wunderbar. Ich stand in dem Korb unter dem Ballon. Es sah aus, als würde ich den Ballon allein fliegen und mit ihm von unten abheben. In Wirklichkeit lag auf dem Boden des Korbes Charlie, der Pilot. Er hatte auch ein kleines Pilotenwasser für mich dabei, eine Flasche Wodka – nur für den Kopiloten bestimmt, sagte er, damit er keine Angst bekommt. Charlie selbst trank während des Fluges keinen Tropfen. Und ich natürlich auch nicht. Nein, das hatte ich ihm fest versprochen. Ach, die Ballonflieger sind tolle Burschen, ganze Männer. Charlie: »Ich hab schon alles erlebt im Ballon. Alles, was du dir vorstellen kannst. Hier waren Frauen bei mir drin, die sind mir vor Angst und vor Freude den ganzen Flug um den Hals gefallen. Aber sonst ist nichts passiert.«

Die Landung war auch etwas Besonderes: Der Ballon befand sich in der Sinkphase. Charlie hatte als Landebahn eine große Wiese hinter einem kleinen Wald angepeilt. Aber der Ballon sank immer weiter und musste mit Sicherheit in den Baumkronen landen – das wäre sehr ungesund für uns geworden. Die Bäume kamen näher und näher, da gab Charlie wieder Feuer, das heißt, er zündete noch einmal die Flamme über dem Brenner. Das war immer ein Höllenlärm (von wegen ruhiges Dahinschweben im Ballon), dadurch erwärmt sich die Luft im Ballon wieder, und der Ballon steigt. Allerdings nicht sofort. Das Ganze geschieht mit Verzögerung. Wir sanken immer näher und näher auf die Baumkronen zu, erst im allerletzten Moment hob sich der Ballon etwas und streifte die höchsten Äste nur ganz leicht mit dem Boden des Korbes. Ich muss ein entsetztes Gesicht gemacht haben. Charlie beruhigte mich auf seine Art:

»Ja, die Landephase ist am schwierigsten. Besonders wenn man hinter einem Wald landen will. Wenn man nur ein paar Zentimeter zu tief liegt, kann man hängen bleiben, die Hülle knallt vorne runter, und du brichst dir das Genick. Ist schon oft genug vorgekommen.«

Ich darf den Hubschrauber nicht vergessen. Um den Ballon herum flog die ganze Zeit der Kameramann Nils-Peter Mahlau. Wenn er mit dem Hubschrauber schnell vom Ballon wegflog, sah es im Bild so aus, als wenn der Ballon sich in schneller Fahrt entfernt habe. Raffiniert!

Ja, es war eine herrliche Zeit. Noch war ich der Woody Allen von Hamburg-Stellingen. Ich konnte so ziemlich alle meine Ideen umsetzen. Die meisten waren noch harmlos. Das wurde mir in den Kritiken zum Teil vorgeworfen. Aber Vock sagte: »Lass sie doch über dich herziehen! Die sind alle nur neidisch.«

Während ich diese Zeilen schreibe, wird gerade gemeldet, dass ein bayerischer Bio-Vorzeige-Schweinezuchtbetrieb den Tieren Antibiotika, die für den Menschen gedacht seien, ins Futter gemischt habe. Sofort dachte ich an meine Kartoffelballade von 1980. Da ging es schon darum, dass auch Vorzeige-Biobauern die Leute täuschen. Bei mir ist das eingekleidet in eine kleine Beziehungsgeschichte. Anke und Eckart, ein Jungbauernpaar, wollen nur noch biologisch einwandfrei anbauen. Eckart aber verliebt sich in eine junge Lehrerin und braucht Geld für seine Liebste. Und da heißt es dann:

Aber nicht, dass sie sich liebten,
der Kartoffelbauer und
seine Kundin, war das Schlimme:
Tiefer noch ist der Abgrund!
Um die Orgien zu bezahlen,
Eckart, was hast du getan!
Kauftest – nein, es ist zu schändlich! –,

kauftest beim Gemüsemann
phosphorhaltig kunstgedüngte
Frühkartoffeln, Schurkerei!
Die verkauft er als dynamisch-
biologisch einwandfrei!
Mensch, o Mensch! Hier unterbrech ich
mit Erschütterung mein Lied!
Siegt denn nie mehr die Gesundheit?
Nur die Geldgier und der Trieb?
Wenn nicht mal ein Selbstversorger
durch Bewusstsein ist gefeit,
wie soll dann die Menschheit enden?
Mir ist angst! Du liebe Zeit!

Das ist eine muntere, lustige Ballade von Berry vertont – heute fast vierzig Jahre alt.

Es hat sich aber nichts geändert. Das ist überhaupt
eine Erkenntnis, welche alle Kabarettisten meiner Generation gemacht haben: Viele Stücke von damals
kann man heute noch bringen, höchstens, dass mal ein
Name ausgewechselt werden muss.

Ich werde Ihnen nun nicht immer so weiter Szenen
aus … *scheibnerweise* beschreiben – die gibt es bald
alle digital im Netz zu sehen –, aber doch, ich kann
nicht anders: Die schaurige Moritat mit dem verseuchten Haus muss ich hervorheben, weil das wieder eine
eigene Vergangenheitsbewältigung war.

Bei meiner Tätigkeit als Werbeleiter für Malerlacke
musste ich den Malern oftmals auch sogenannte An-
strichaufbauten empfehlen. Sehr beliebt waren damals
schon Holzhäuser, fachwerkartig, welche die Kunden
dann selbst anstreichen konnten. Damals empfahl ich

Petra, Berry und Hans – wir wurden schnell ein Team

dann immer: »Ganz wichtig: Ausgiebig mit dem Holz-schutzmittel Xylamon grundieren. Sonst kommt der Pilz und zerstört die Balken und Holzdecken.« Ich hatte von Farben und Lacken nicht mehr Ahnung als jeder Laie, der nach der inzwischen allgemein üblichen Methode »Selbst ist der Mann« seine Wohnung oder sein Haus selbst anstrich und tapezierte. Die Farbauf-bauten waren mir von der Firma vorgegeben. Das wa-ren Fachleute, die zum Teil auch aus dem Hauptwerk in Westfalen ihre Anweisungen gaben. Ich hatte 1979 bei der Farbenfirma gekündigt, 1988 erfuhr ich, dass die Frau des Erbauers eines Holzhauses, in dem Berry und ich zweimal aufgetreten waren, an einer Holz-schutzmittelvergiftung gestorben sei. Später las ich dann noch mehrmals über Vergiftungen durch Holz-schutzmittel, namentlich durch Xylamon. Ich weiß nicht, ob Menschen, denen ich die Aufbauten empfahl, dadurch zu Schaden gekommen sind, aber möglich ist es immerhin. Dieser dunkle Gedanke rumorte in mir. Ich schrieb die makabre Moritat vom vergifteten Haus (Musik: Christopher Evans-Ironside). Petra Milchert und ich spielten das Hausbesitzer-Ehepaar, das erst stolz in sein eigenes Haus einzog und dann das Gebälk mit Begeisterung holzschutzgrundierte und danach immer kränker wurde.

Refrain der Ballade:

Tetrachlor-Hexaminol-Biphenol-Formaldehyd-
  HCH-Phenylphenol
Dioxinpolychlorid PCB TCD Zyankali-Cadmium
Der Tod geht um!
Sie litten nur zwei Jahr auf diese Weise,
sie wurden grau, zwei hinfällige Greise.
Zuerst starb Ludwig. Seine Frau Ulrike
bestellte von den Särgen gleich zwei Stücke.
Der Schreiner sprach: Die Kisten sind kein Schund!
Nicht imprägniert. Da bleibt der Wurm gesund.

Und so sang denn Ulrike – also Petra Milchert – die Moral von der Geschicht:

Wer Pilz und Holzwurm tötet wie besessen,
den werden bald schon selbst die kleinen Würmer
  fressen!

Ach ja, Petra Milchert. Über diese damals sehr be-kannte junge Schauspielerin berichte ich im Kapitel *Wer nimmt Oma?* Hier erwähne ich sie nur, weil ich

eben das Glück hatte, immer öfter bekannte Schauspielerinnen und Schauspieler in meine Sendung holen zu
können.

Da war Uli Krohm. Der hat inzwischen eine große
Karriere gemacht. Neulich habe ich ihn als Obdachlo-
sen in einem Krimi gesehen.

Es ist, als wenn ich in einem Familienalbum blättere
und mich an gute Freunde und alte Zeiten erinnere.
»Hallo, Uli«, habe ich im Geiste zu ihm gesprochen,
»weißt du noch, wie du den Bankräuber gespielt hast
am Telefon?«

»In einem Ihrer Postämter liegt einer Bombe. Entweder eine Million Mark, oder sie geht hoch!«

Und ich dann als der Beamte, der gerade sein Früh-
stücksbrot isst: »Augenblick, Herr Bombenleger! Da
müssen Sie erst einmal unser Bombenleger-Formular
ausfüllen. Also: Wie ist Ihr Name?« Und so weiter.
Ganz bestimmt, Uli, weißt du das noch.

Oder Gerda Gmelin. Sie ist inzwischen im Himmel
und hat dort oben bestimmt ein Wolken-Zimmerthea-
ter aufgemacht. Ich darf mich rühmen, Gerda noch vor
Loriot für meine Sketche gewonnen zu haben. Es begann mit dem Sketch vom privaten Atombunker. Sie
sollte eine Verwandte spielen, die furchtbar beleidigt
darüber war, dass sie im Ernstfall nicht mit in den privaten Atombunker durfte. Der hatte ja nur Platz für
vier Personen, also den Hausherrn, die Hausfrau, den
Opa und den Schäferhund. Wie sie da abzog als belei-
digte Tante, das machte sie großartig. »So, sie ziehen
also den Hund ihrer eigenen Schwester vor. Gut, dass
ich das jetzt weiß.« Ja, ja, die Drohung eines Atomkrie-
ges schwebte ja immer noch über uns. Und tatsächlich

gab es damals Baufirmen, die komplette Atombunker für den Vorgarten anboten. In den sechziger Jahren hatte der Bundesinnenminister Lücke eine Schrift »an alle Haushaltungen« herausgegeben, in der den Bürgern geraten wurde, bei Überraschungsangriffen mit Atomwaffen sich im Freien flach auf den Boden zu werfen, die Augen zu schließen und notfalls den Kopf unter die Aktentasche zu stecken. Das war noch nicht vergessen.

Wunderbar war Gerda auch in der makabren Szene am Grab. Sie steht trauernd am Grab ihres Mannes und klagt: »Du hättest nicht von uns gehen dürfen! Ach, wenn du doch noch bei uns wärest!« Da sieht man: Es bewegt sich etwas unter der Erde. Der Zuschauer vermutet: ein Maulwurf. Gerda aber, die Witwe, tritt schnell mit dem Fuß auf die Erde, die sich bewegt hat: »Halt, nein! So war das nicht gemeint. Jetzt liegst du mal hier, und jetzt bleibst du hier auch!«

Ach, ich könnte immer so weitererzählen von »meinen« Schauspielern. Schauspieler sind bekanntlich keine Kabarettisten. Darum kann man mit ihnen lebensechte Szenen drehen. Wenn das gelingt, gibt es noch eine ganz andere authentische Wirkung, die viel direkter ist als die Kabarettkomik. Ich durfte mit den besten ihres Fachs arbeiten. Inzwischen hatten Peter Vigg und ich uns geeinigt, dass ich für alles Dramaturgische und für die Textumsetzung zuständig war. So war ich plötzlich auch noch Regisseur. Ich hatte aber schnell begriffen, dass das für meine Aufgaben gar nicht so schwer ist: Ich musste nur die Schauspieler machen lassen, sie brachten von allein Leben in die Szene. Einem Vollblutschauspieler wie Gert Haucke

Mit Gert Haucke auf dem Alsterdampfer

zum Beispiel konnte ich sowieso nicht das Wasser reichen. Der Mann war einfach eine Bombe. Ich habe ihm einmal für die Sendung *Ultimo* eine Szene als betrunkenen Oberleutnant geschrieben – die brachte er so umwerfend ordinär und komisch, ich behaupte, so etwas hätte ein Kabarettist nicht hinbekommen. Gert Haucke machte nie etwas Mittelmäßiges. Wir mussten manchmal über Textpassagen diskutieren. Aber dann stand er auch voll dahinter. Gert Haucke konnte es gar nicht scharf und böse genug werden. Er war der beste und überzeugendste Faschist auf der Bühne und im Fernsehen, und er war der ehrlichste, unverschämteste und treueste Freund, den man sich wünschen kann. Gert Haucke und ich wurden Freunde.

Wenn wir diskutierten, flogen die Fetzen. Aber das war es gerade: Jeder verstand vom anderen, dass das seine Art war, seinem Gegenüber seine Zuneigung zu zeigen. Haucke war damals gut im Geschäft, hatte große Filme gemacht und entsprechende Honorarforderungen. Der NDR ging aber von seinem Limit nicht runter. Da spielte er für eine geringere Gage – extra für mich. Gert konnte ungeheuer ruppig sein. Und witzig. Seine Frau Ute Blaich und er hatten uns einmal zum Essen nach Garstedt in sein Haus eingeladen. Wir kamen pünktlich an und läuteten. Gert kam im Morgenmantel an die Tür. »Nächste Woche!«, rief er nur. Wir entschuldigten uns und kehrten um. Dann rief er uns nach: »Na, dann kommt doch wenigstens mal rein!« Der Tisch war schon gedeckt. Die beiden wollten sich totlachen.

Ach, und den knorrigen, pfiffigen Alten darf ich nicht vergessen: Nikolaus Schilling, den großen alten Komödianten – ich behaupte einfach mal: Loriot muss ihn in einem meiner kleinen Filme gesehen haben. Da hat er sofort erkannt: Den brauch ich für meinen Film *Pappa ante Portas*. Darin spielte Nikolaus einen Hausierer. Überhaupt, wenn ich darüber nachdenke: Auch die Gmelin und die Brauren hat Loriot natürlich bei mir in … *scheibnerweise* gesehen. Gerda spielte zum Beispiel im Sketch »Galle Leber Niere« zusammen mit Katharina Brauren eine Frau, die sich mit ihrer Nachbarin darüber streitet, wer die schlimmere Krankheit habe. Ein paar Jahre später hatten dann beide Damen Hauptrollen bei Loriot: Die Brauren war seine Mutter in *Ödipussi* und die Gmelin die achtzigjährige Großmutter in *Pappa ante Portas*. Wenn das kein Beweis ist! Jedenfalls bin ich stolz darauf, behaupten zu dürfen, Loriot eine Anregung gegeben zu haben.

Nikolaus Schilling habe ich einmal gefragt, wie ihm

die Arbeit bei Loriot gefallen habe. »Du glaubst es nicht«, sagte Nikolaus. »Er hat mir fast jede Bewegung vorgegeben, als wenn ich eine Gliederpuppe wäre. Der Mann hat nichts dem Zufall überlassen, kein Husten und kein Blinzeln.« Ja, das war Loriot.

Ich komme schon wieder ins Schwärmen. Ist aber auch kein Wunder. Mit so vielen guten, lieben Menschen habe ich zusammen gespielt. Ich höre ja gleich auf. Nur mit Gisela Schneeberger muss ich mich noch ein bisschen schmücken.

… *scheibnerweise* war 1986 abgesetzt worden. Aber als nach zehn Jahren etwas Gras über die Sache gewachsen war, konnte ich es 1995 und 1996 doch noch mal wieder versuchen. Diesmal nicht für die ARD, sondern für den NDR, damals noch Drittes Programm. Ich war inzwischen, wie wir Kabarettisten alle, ein großer Bewunderer von Gerhard Polt.

In München hatte der Bayerische Rundfunk zur selben Zeit wie der NDR ein ähnliches Format für die Abendunterhaltung gestartet: *Fast wia im richtigen Leben*. Ich hatte damit starke Konkurrenz, aber ich musste zugeben: Der Polt ist wirklich der Größte. Sein Regisseur und zum Teil auch Koautor war Hanns Christian Müller. Ich machte mich, ohne lange zu fragen, auf den Weg nach München. »HCM«, wie er immer genannt wurde, hatte keine Ahnung. Ich hatte seine Adresse und überfiel ihn in seiner Wohnung. Meine damals 5-jährige Tochter hatte ich als Begleitung mitgebracht. Und das war gut so. HCM spielte ihr sofort etwas auf dem Klavier vor, und dann durfte sie die neueste Attraktion des Regisseurs begutachten: das Wasserbett. So was kannte Hannah nicht. Sie wälzte sich auf dem Bett herum und lachte vor Freude. Dadurch hatten HCM und ich sofort einen Draht füreinander. Polts Sendereihe lief zwar nicht mehr, aber die beiden waren inzwischen zu ganz großen Stars geworden – mit den Kinofilmen *Kehraus* und *Man spricht deutsh*. Zu beiden hatte HCM das Drehbuch geschrieben. Gerhard Polt und Gisela Schneeberger spielten die Hauptrollen. Ich war, wie gesagt, ein großer Bewunderer von Polt und entsprechend auch von seinem Regisseur. Mir war klar, dass ich als Regisseur noch vieles lernen musste, also fragte ich ganz locker, während Hannah auf dem Wasserbett herumhopste:

»Hätten Sie eventuell Lust, Herr Müller, für meine Sendung … *scheibnerweise* die Regie zu übernehmen?«

Er stutzte kurz: »Wieso, die ist doch abgesetzt worden, weil Soldaten Mörder sind oder so ähnlich.«

»Das stimmt«, sagte ich. »Aber die Zeit heilt auch beim NDR mal die Wunden. Wir machen zwei neue Folgen.«

»O. k.«, sagte HCM. »Ich bin dabei!«

Horst Wernstedt hatte auch nichts dagegen.

HCM brachte ein paar eigene Schauspieler aus München mit, vor allem Gisela Schneeberger. Dadurch hatte ich das Glück, mit dieser wunderbaren Kollegin ein paar Sketche zusammen zu spielen. Von Gisela konnte man einiges lernen. Es gibt wenige Schauspielerinnen, die ihr Outfit für die Rolle wichtiger nehmen als ihre eigene Schönheit. In einer Szene auf dem Wochenmarkt spielt Gisela eine nervige Ehefrau, die mir beim Anstehen nach Wurstwaren aufdringlich erzählt, wie fabelhaft die Versicherung die Rückführung der Leiche ihres Mannes aus dem Urlaub geregelt und be-

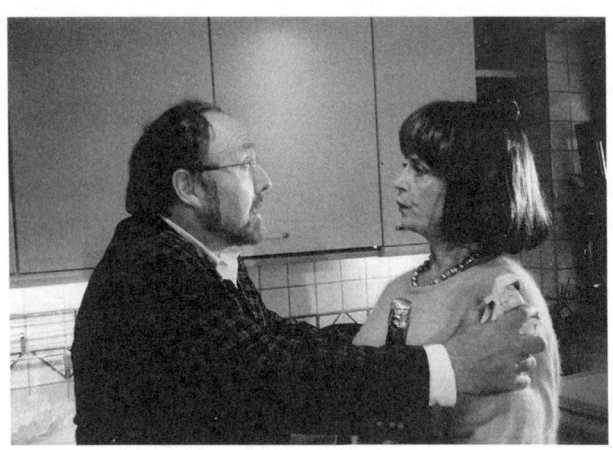

Mit Gisela Schneeberger in *Die Fälschung*

zahlt habe. Die Sache selbst war schon verrückt genug: Ihr Mann ist tot, aber die Frau redet immer nur davon, was die Versicherung alles bezahlt habe. Ohne weiteres hätte Gisela die Rolle mit ihrem normalen guten Aussehen spielen können, aber nein, sie wollte ihre Physiognomie noch ein bisschen mehr ins Dämliche verändern. Sie nahm eine Zahnprothese in den Mund und sah gleich sehr unsympathisch aus.

Ach, was es da noch für schöne Drehtage gab: Gisela Schneeberger als gekränkte Ehefrau, die eine MCM-Tasche von ihrem Mann geschenkt bekommt, aber sofort erkennt, dass die Tasche nicht echt ist. Dabei sind die gefälschten so genial gefälscht, dass nicht einmal ein Wissenschaftler es erkennen könnte. Die Ehefrau erkennt es aber am Preis: »Fünfhundert Mark billiger, dann ist es eine Fälschung.«

Gisela Schneeberger als Ehefrau, die von ihrem

Mann (von mir) verdächtigt wird, sie habe ihm vergifteten Joghurt vorgesetzt. Das streitet sie ab. Er bittet sie, dann den Joghurt zuerst zu probieren. Darüber ist sie entsetzt: »Du willst, dass ich probiere und daran sterbe, wenn er vergiftet ist?« – Er: »Aber du sagst doch, er ist auf keinen Fall vergiftet.« – Sie: »Aber wenn, dann soll ich daran sterben!« – Er: »Na ja, wäre ja nur ein Test, weil du doch sagst, er ist nicht vergiftet.« Dann spielt er den Vergifteten und fällt unter den Tisch. Sie ist verzweifelt, dass ihr Mann tot ist, sie liebt ihn doch noch immer. Da wacht er auf und lacht sie aus. Eine Szene, denke ich, wie gemacht für den Psychotherapeuten. Am Ende gießt mir Gisela aus Rache den ganzen Joghurt über den Kopf. Und das bringt sie so, dass es eben keine billige »Tortennummer« ist, sondern echte Wut, Trauer und Verzweiflung.

Hanns Christian Müller brachte 1996 noch einmal so richtig Witz und Gift und ausgefallene Einfälle in die Sendung. Sein Engagement hat sich gelohnt. Wir verstanden uns inzwischen so gut, dass ich mir gern auch mal in meine Manuskripte hineinreden ließ, was ich ja sonst nicht ausstehen konnte. HCM aber kam immer auf Dinger, die waren entwaffnend und gut.

Von solchen Einfällen hatte Hanns Christian noch mehr, sie brachten immer Tempo ins Programm. Und schließlich sorgte er für den größten Knüller, den ich jemals mitgemacht habe. Wir hatten schon Freundschaft geschlossen, da sagt er bei den Dreharbeiten zu mir:
»Mir schwebt schon seit Jahren folgender Sketch vor: Der Vorsitzende einer mittleren Aktiengesell-

schaft und sein Geschäftsführer unterhalten sich über ihre Gewinnaussichten an der Börse. Der Vorsitzende steht mit seiner Frau zusammen und hört sich das an.

›Wir hätten schon Anfang des Jahres einsteigen müssen‹, sagt der Geschäftsführer. ›Richtig einsteigen, also klotzen, nicht kleckern. Dann könnten Sie heute einen satten Gewinn abschöpfen. Aber jetzt investieren? Da rat ich Ihnen ab.‹

Der Direktor antwortet: ›Ich könnte mich in den Hintern beißen. Aber damals hat mir ja kein Mensch etwas gesagt.‹

Im gleichen Augenblick geht ein etwas kleinerer Mann mit seiner Frau an den beiden vorbei. Plötzlich erkennt er: Das sind ja seine Vorgesetzten und reicht beiden unterwürfig die Hand: ›Nein, Herr Direktor, welch ein Zufall, Sie hier zu treffen!‹

Dann stellen sie sich alle gegenseitig vor. Der Direktor und seine Frau, der Geschäftsführer und der kleine Angestellte mit seiner Frau ...«

Ich hörte Hanns Christian aufmerksam zu und fragte dann:

»Was ist denn an so einem Dialog Besonderes?«

»Eigentlich nichts«, sagte HCM. »Nur dass sie alle splitterfasernackt sind.«

»Wie bitte? Warum das denn?«

»Na ja, der Dialog findet auf einem Nacktbadestrand statt. Eigentlich ganz normal. Die unterhalten sich eben überall übers Geschäft.«

Verdammt noch mal, das gefiel mir. Aber wo kriegen wir die Schauspieler her, die so was mitmachen?

»Ja, das ist das Problem. Darum habe ich den Sketch in München mit Polt auch nicht drehen können. Die hatten einfach nicht den Mut dazu. Aber ich dachte, du hast ihn?«

»Du willst mich völlig nackt filmen? Mich und meinen Bierbauch?«

»Klar«, lachte HCM. »Du bist der Direktor. Und deine Petra ist doch auch ein mutiges Mädchen. Die macht das vielleicht auch mit.«

Harald Vock hatte gesagt: »Für eine gute Pointe verkauft man auch seine Großmutter.«

Dann bin ich kein Feigling. Petra sagte auch zu. Die anderen drei Schauspieler besorgte HCM. Und dann ging's los. Auf zum Strand nach St. Peter-Ording. Wir brauchten nicht extra einen Nacktbadestrand zu suchen; die Strände waren überall geradezu menschenleer. Wir hatten nämlich Oktober. Am Strand an der Nordsee betrug die Temperatur zirka sechs Grad Celsius. Das Team und auch wir Schauspieler waren überzeugt: Es ist viel zu kalt, da können wir nicht drehen. Nackt bei sechs Grad. Da friert man sich doch tot. Aber es gab keine Gnade: Ein Wohnwagen wurde gemietet – drei Assistentinnen standen jederzeit mit dicken Wolldecken bereit. Sowie eine Replik gespielt war, wickelten sie uns sofort in die warmen Decken ein. Und trotzdem: Im Team lief eine Wette:

»Das machen die nicht wirklich. Wir, Beleuchter, Ton, Kostüme, waren schon bei vielen Bettszenen dabei, aber nie wurde wirklich was gezeigt. Höchstens mal der nackte Mann von hinten. Von vorn schon auf gar keinen Fall! Manchmal sieht man ja sogar, wenn zwei miteinander kopulieren, dass einer von den beiden noch eine Hose anhat. Richtig nackt, das kann doch der NDR seinen Zuschauern nicht zumuten. Die haben doch im Rundfunkrat auch Vertreter von der Kirche sitzen!«

Aber die Wette haben sie verloren. Wir machten es, und wir zeigten es: Geschäftsgespräch unter Nackten, und man konnte alles sehen bei den Männern und den Frauen. Titel: »Die Etikette«. Darsteller: ich als Direktor, Petra als Frau Direktor, Wolf Brannasky als Geschäftsführer, Helmut Dauner als Angestellter.

Interessant ist in diesem Zusammenhang: Im Jahr 2004 stellte ich die Geschäftsbesprechung unter Nackten ins Netz. Prompt kam eine Mail von Youtube: Das sei unsittlich, sie hätten das Video entfernt.

Ach ja, Amerika, du alte Anstandstante. Faschistische Ansichten, Hasspredigten sind gestattet. Die tun ja niemandem etwas. Nackte Haut ist die größte Gefahr für die Menschheit.

Rückblickend muss ich sagen: Es gab manchmal Meinungsverschiedenheiten mit den Verantwortlichen des NDR. Dass ... *scheibnerweise* unter der Regie von HCM nicht fortgesetzt werden konnte, halte ich heute noch für einen Fehler. Aber der NDR hat letzten Endes enorm viel investiert in diese Sendung und in einen bis dahin unbekannten Satiriker. Für mich war es die kreativste Zeit meines Lebens. Die Sendung war beliebt und sie nahm gerade wieder Fahrt auf, als sie dann doch endgültig abgesetzt wurde. Aber wie sagte immer meine Mutter: »Wenn es am schönsten ist, soll man aufhören.«

Lysistrata und der Verteidigungsminister

Es kam die Talkshow meines Lebens. Ich hatte mal wieder nicht so genau darüber nachgedacht. Aber dann war ich plötzlich mittendrin. Da musste ich durch!

Am 29. Oktober 1985 erhielt ich einen Anruf von Horst-Wolfgang Bremke, dem damaligen Hauptabteilungsleiter der *NDR Talk Show*. Wir kannten uns bereits aus dem Sender.

»Hans, wir möchten dich gern in die Talkshow am Freitag, 1. November, zum 30-jährigen Bestehen der Bundeswehr einladen. Hast du nicht ein kleines Lied gegen den Krieg oder so? Es kommen da sehr viele Militärs, darum brauchen wir auch ein Gegengewicht. Hättest du so etwas?«

Ich hatte. Natürlich hatte ich. Ich sagte zu. Aber von nun an – um es mit Hildegard Knef zu sagen –, von nun an ging's bergab!

Berry Sarluis, mein Freund und Pianist, musste natürlich auch mit dabei sein. Ich wollte unbedingt die Lysistrata-Ballade bringen. Die war vor einem Jahr auf meinem eigenen Label (Apamantus) erschienen. Berry hatte die Komposition zu meinem Text gemacht.

Diese drastische Komödie von Aristophanes hatte es mir immer schon angetan: Wie wäre es, wenn die Frauen den Männern den Sex verweigern, solange die ihre sinnlosen Kriege führen? Bereits 1961 hatte Fritz Kortner eine Lysistrata unter dem Titel *Die Sendung der Lysistrata* für das Fernsehen gedreht, Produktion Gyula Trebitsch – mit Starbesetzung. Romy Schneider war dabei, Barbara Rütting, Ruth-Maria Kubitschek, Wolfgang Kieling. Kortner hatte das Thema vor dem damaligen politischen Hintergrund gewählt. Die Adenauer-Regierung war Ende der fünfziger Jahre irrsinnig genug, zu fordern, dass auch die deutsche Bundeswehr mit Atomwaffen ausgerüstet werden müsse. Der Film wurde zunächst von mehreren ARD-Sendeanstalten gesperrt, also nicht zur Ausstrahlung freigegeben.

Bei der Lysistrata ging das mit dem Blockieren oder Absetzen ziemlich einfach: Man konnte politische, militärische Gründe einfach ausklammern und sittlich-moralische Argumente vorschieben. Eine der schönsten Seiten an Aristophanes' Komödie ist ja diese sexuelle Frechheit. Das waren schon ziemlich deftige Szenen und Dialoge. Hier zum Spaß ein paar Originalzitate:

Chorführer:
Ei seht nur, da kommen von Sparta schon die Gesandten mit zottigen Bärten
[Sie haben erigierte Phalli vor sich.]
Und zwischen den Beinen Pflöcke, o Graus, als wollten sie Schweine dran binden!
[Zu den Spartanern:]
Sagt an: wie steht's bei euch, was führt euch her?
Spartaner:
Wie's bei uns steht, könnt ihr doch selber sehn!
Chorführer:
Entsetzlich! Euer Leidensstrang ist straff Gespannt, und die Entzündung scheint bedenklich!

Lysistrata:
Das ist nicht schwer, wenn man so heiß ent-
    brannt
Die Männer sieht, voll ungestillter Sehnsucht!
[Zu ihrer Begleiterin:]
Komm, führe die Spartaner her [...]
Wer dir die Hand nicht gibt, den nimm am Schweif!
Und nimm sie, wo sie gern sich fassen lassen! –
Ein Athener *[ungeduldig]*:
Ach, mich vertilgt mein Ungestümer hier!
Spartaner:
O mei! Was hat die nur für prächtige Titten!

Und so weiter. Überhaupt war dieser Aristophanes von
solch erfrischender sexueller Frechheit, wie man sie im
Deutschland der frühen sechziger Jahre noch immer
nicht begreifen konnte. Wenn ich zum Beispiel erfuhr –
und auf Zeichnungen aus der griechischen Klassik sah:
Sie zogen auf ihren Werbeumzügen fürs Theater mit
Riesenpenissen durch die Straßen und mit der Darstel-
lung eines fröhlichen Koitus. Darin waren die alten
Griechen ehrlich und frei und lebendig. Erst die bib-
lischen Propheten und ihre spätere christliche Jünger-
schar haben das Elend der fleischlichen Sünde über das
Abendland gebracht und ihre sauertöpfische und
heuchlerische Sexualmoral. Und mit dieser versuchten
die Fernseh-Programmverantwortlichen, Kortners
Film zu stoppen. Dabei hatte Kortner immerhin schon
ein bisschen nachgegeben – Romy Schneiders Replik,
sie habe schon lange keinen »achtzölligen Tröster«
mehr gehabt, ließ er rausschneiden. Das wäre nun auch
wirklich zu starker Tobak gewesen, wenn die geliebte,

so verehrte und vergötterte süße Kaiserin Sissi so eine Sauerei gesagt hätte.

Der Intendant des Süddeutschen Rundfunks ließ verlauten: »Ich halte die Aufzeichnung für ästhetisch unter der Grenze, sittlich anstößig und politisch einseitig.« Der Koordinator des Bayerischen Rundfunks outete sich als Atomwaffenbefürworter: »Die Verfechter einer Atomrüstung werden auf eine Weise karikiert, die einfach unfair ist.«

Von diesen Querelen wusste ich damals allerdings nichts. Ich hatte nur mit größter Begeisterung Aristophanes' Komödien gelesen. Und wie bei meinen ersten poetischen Eingebungen machte ich mich ganz unbefangen darüber her und träumte einfach davon, dass die Frauen auch in unserer Zeit noch einmal versuchen könnten, sich den Männern zu verweigern, um sie zu zwingen, ihr Wettrüsten und ihre Kriegspläne aufzugeben. Der Gedanke war abwegig, aber das war er ja bei Aristophanes auch schon. Der einzige Unterschied zur Neuzeit: Der Peloponnesische Krieg zwischen Athen und Sparta war bereits Wahnsinn, er dauerte, als Aristophanes sein Stück zur Aufführung brachte, schon zwanzig Jahre und hatte viel Leid und Elend über das Volk gebracht. Um wie viel mehr galt das für einen möglichen Atomkrieg! Mit dem trieben die Militärs immer noch ihre Sandkastenspiele. Ich hatte die Kubakrise bewusst miterlebt, obwohl ich mich damals noch nicht besonders für Politik interessierte. Die halbe Welt befand sich andauernd in Angst, dass es losgehen könnte. Wie waren wir erleichtert, als der Chruschtschow den Rückzieher machte. Da kann man sagen, was man will: So hätte Verteidigungsminister

Wörner nicht gehandelt. Denn als Gorbatschow vorschlug, alle Atomwaffen abzuschaffen, war unser kleiner knochenharter Wörner immer noch dagegen.

Als der Anruf von Bremke kam, hatten Berry Sarluis und ich ein Gastspiel in Köln im Senftöpfchen bei der legendären Alexandra Kassen. Es war für mich immer eine große Sache, im Senftöpfchen auftreten zu können. Inzwischen hatte ich schon den Stempel »linker Liedermacher«, obwohl ich ja bei den eingefleischten Linken als viel zu friedlich galt. Wenn der Laden im Senftöpfchen voll war, freuten Berry und ich uns und saßen nach der Vorstellung noch gern an der Bar, und Madame Kassen setzte sich zu uns. Heute, wo ich diese Zeilen schreibe, lebt das unermüdliche Zirkuspferd immer noch (oh Entschuldigung, so darf man wohl eine große alte Dame nicht einfach titulieren). Aber es ist doch wahr: Alexandra Kassen hat neulich ihren neunzigsten Geburtstag gefeiert, sie hat alle Höhen und Tiefen des Kabaretts mit ihrem Etablissement überlebt. Sie schaffte das vor allem, weil sie sich nicht scheute, ihrem Publikum hin und wieder auch frivole, gewagte Kost anzubieten.

Ihre Haupteinnahmequelle waren damals die Transvestiten. Die zogen Publikum aus ganz Deutschland an – das Senftöpfchen war jedes Mal gerammelt voll. 1985 hatten Transvestiten-Programme beim spießigbürgerlichen Publikum immer noch etwas Degoutantes. Männer, die sich für Frauen halten – und das im erzkatholischen Köln.

»Aber dafür kann ich es mir auch leisten, hin und wieder Künstler wie Hans Scheibner zu engagieren –

von wegen dem Literarischen«, sagte sie ehrlich und direkt, wie sie nun mal ist.

Vor dem Studio in Hamburg hatte sich schon ein mittlerer Zuschauerauflauf gebildet.

Berry und ich begaben uns in den Sendesaal. Der war noch leer, an der Seite war eine kleine Seitenbühne mit Flügel aufgebaut. Das sollte also unser Auftrittsplatz sein. Berry setzte sich an den Flügel, und wir probten erst einmal nur für uns. Wolfgang Bremke kam herein und hörte zu. Ich sang die ganze Ballade. Die hatte immerhin eine Länge von 6:20 Minuten – ziemlich ungewöhnlich für ein Lied, das live gebracht werden sollte.

Bremke nahm mich aber noch einmal beiseite und erklärte mir:

»Weißt du, wir sind heute etwas einseitig besetzt. Das Publikum besteht fast nur aus Bundeswehrsoldaten. Das ging nun mal nicht anders – es ist ja der dreißigste Geburtstag der Bundeswehr, verstehst du? Aber das könnte natürlich bei der Presse und beim Publikum etwas Enttäuschung hervorrufen. Es gibt ja auch Bundeswehrgegner und Pazifisten. Die würden sich dann ziemlich aufregen. Deshalb möchte ich, dass du nicht nur deine Ballade singst, sondern auch an der anschließenden Talkrunde teilnimmst. Da kannst du dann frei deine Meinung sagen und mal so richtig gegensteuern. Dass du ein Friedensmarschierer bist, wissen wir ja. Da kannst du jetzt mal deine ganzen Argumente rausholen und deinerseits die Sache des Friedens vertreten. Den Mut hast du doch wohl dazu, oder?«

Ich sah Bremke an und sagte nur: Oh ja, ich glaube

schon. Dabei bekam ich allerdings etwas weiche Knie. Oh Gott, dachte ich. Ich allein gegen ein halbes Bataillon Soldaten. Wenn das man gutgeht.

Ein Kameramann, der schon mehrere meiner ... *scheibnerweise*-Sendungen mit aufgenommen hatte, machte mir auch nicht gerade Mut: »Guck dir mal die Teilnehmerliste an. Das wird dir gar nicht gefallen.« In der Tat, er hatte recht:

Bundesverteidigungsminister Manfred Wörner, Peter Glotz (SPD), Ex-General Johannes Steinhoff, Generalinspekteur Wolfgang Altenburg, Vizeadmiral Dieter Wellershoff, Oberfeldärztin Helga Krüger, die Frauenrechtlerin Prof. Marianne Schuller.
Für Entspannung sorgen Margot Werner und Hans Scheibner.

Ach so war das gedacht: Für Entspannung sollte ich sorgen. Makabrer Gedanke.

Dann endlich: Aufruf zur Sendung. Im »Aufwärm-Zimmer« begrüßten wir uns alle – und tauschten Freundlichkeiten aus. General Altenburg machte einen netten, herzlichen Eindruck auf mich. Der kleine Herr Wörner drückte mir soldatisch fest und ehrlich die Hand. Ich dachte: Wenn der alles gelesen hat, was ich in letzter Zeit an satirischen Texten über ihn geschrieben und auf der Bühne gebracht habe, dann gute Nacht, Hans Scheibner.

Er war aber ebenfalls freundlich und sagte tatsächlich: »Schön, Sie einmal kennenzulernen.« Und ich natürlich genauso: »Oh ja, das geht mir auch so.«

Später habe ich mal gedacht: Wie viel Glück ich

doch hatte, in einer immerhin funktionierenden Demokratie zu leben. Für die Herren Generäle, Admiräle und so weiter hätte es doch in anderen Zeiten gar keine andere Möglichkeit gegeben als »Scheibner an die Wand!«.

Zuerst großer Beifall von der Zuschauertribüne! Ungewöhnlich, dass die Zuschauer sich schon am Anfang für Standing Ovations erheben. Aber die Zuschauer waren eben fast ausschließlich Bundeswehrsoldaten. Bei anderen Talkshows kommt ja vorher oftmals ein »Anwärmer«, der das Publikum mit lockeren, netten Sprüchen in Stimmung bringt, wenn er ihnen nicht sogar erklärt, an welchen Stellen sie lachen müssen. Ganz früher wurden immer Pappen am Besenstiel hochgehoben: »Applaus!« Das war bei Bundeswehrsoldaten natürlich anders. Die wissen das seit ihrer Grundausbildung: Wenn ein General kommt: Aufstehen, Hacken zusammenknallen, soldatischer Gruß! Im Studio mussten sie sogar noch gebremst werden: Wenn der General kommt: Aufstehen! Hinsetzen! Ende!!

Es folgte wie immer die knappe Vorstellung der Teilnehmer – noch gar nichts Ungewöhnliches. Und schon sollten Berry und ich beginnen – mit der Unterhaltung. Wenn ich es richtig erinnere, sagte ich die Ballade sogar an: »Wo bist du, Lysistrata?« Die Gebildeten unter den Zuschauern freuten sich sicherlich schon auf eine doch irgendwie zweideutige Darbietung mit Soldaten im Sexentzug. Wäre bestimmt gut angekommen.

Aber nein, es begann anders. Berry spielte sein griechisches Einleitungsthema, und ich fing an zu singen:

Der Männer müsst ihr enthalten euch!
Verweigern den Männern die Liebe!,
rief Lysistrata, bis vor Begier
sie euch anflehen: Ja, ja, es ist Friede!

Und weiter – sehr verkürzt:

Da stöhnten die Griechinnen Ach und Weh!
Wir sehnen uns doch nach den Küssen.
Dann aber entschlossen sie tapfer sich:
Also gut! Männer, raus aus den Kissen!

Wir schwören, wir Mädchen und Fraun von Athen:
Kein Mann soll uns künftig berühren.
Wir machen sie wild. Aber wenn sie dann wolln,
haben wir immer grad Fieber und frieren.

Bald konnten die Männer, die Ärmsten, ach,
ihre männliche Kraft kaum verbergen.
Und sie riefen: »Ihr Frauen, was müssen wir tun?
Nur lasst uns vor Liebe nicht sterben!«

»Macht endlich Friede, ihr Gockel, ihr Narrn.
Hört auf mit den sinnlosen Kriegen.
Macht Friede mit Sparta. Dann dürft ihr sofort
wieder neben und über uns liegen!«

Und wirklich: So haben sie Frieden gemacht.
O ihr Frauen, ihr Klugen, ihr Schönen!
Das gab einen Jubel. Ein Fest! Eine Nacht.
Und ein Singen und Jauchzen und – Stöhnen.

So weit bezog ich mich auf die klassische Vorlage. Dazu traten dann bekanntlich noch die Spartanerinnen, die mit ihren Kerlen dasselbe machten.

Noch hörten sie ruhig zu im Studio. Einige der Soldaten kicherten sogar bei der Vorstellung, ihre Frauen würden sich einfach weigern.

Wir brachten ein kurzes Zwischenspiel – sozusagen als historische Aufarbeitung der jüngsten kriegerischen Vergangenheit:

Und seither? Wie es wirklich gewesen ist?
Jungfrauen haben die Soldaten geküsst.
Stolz schickten sie sie in den blutigen Streit.
Die verwundeten Sieger empfingen sie
mit offenen Armen und zitterndem Knie.
Mein Bruder – fürs Vaterland ließ er sein Leben.

Das nahmen sie offenbar schon kritischer auf. Aber noch waren sie eher unbeeindruckt. Mit irgendeiner negativen Bewertung ihres »aufopferungsvollen Berufes« rechneten sie wohl schon. Na gut, und dann kam meine Friedensphantasie in der Art: »You may say I'm a dreamer. But I'm not the only one …«

Doch manchmal träum ich ihn immer noch –
Aristophanes' Traum von den Frauen.
Wie wäre wohl heute – ich träume ja nur –
so ein Liebesentzug zu verdauen?

Da träfen sich Reagan und Gorbatschow dann.

Ich musste bei Aufritten öfter mal die Namen der russischen Generalsekretäre austauschen, die in den vergangenen Jahren seit Breschnew häufiger gewechselt hatten. Zur Zeit meines Auftritts war schon Gorbatschow an der Reihe. Von Perestroika und Abrüstung war aber noch nichts zu erkennen.

Alle Führer im Osten, im Norden.
»Was fangen wir bloß mit den Frauen an?
Unsre Frauen sind verrückt geworden!«

Im Hintergrund Gekicher – wahrscheinlich über die verrückt gewordenen Frauen. Dazu dann später am Abend noch von dem alten Altenburg: »Unsere Frauen verweigern sich jedenfalls nicht!« Doch bisher war es immer noch einigermaßen ruhig im Saal. Aber dann kam die letzte, die böse Zeile:

Aber ach, es ist ja nicht möglich heut.
Die Frauen sind ja selbst nicht zu retten.
Ihre Söhne schicken sie brav in den Krieg.
Und mit Mördern teilen sie die Betten!

Ruhe vor dem Krach. Ich konnte unbehelligt zu meinem Platz in der Talkrunde zurückgehen. Aber dann ging's los.

Wie sich jeder denken kann, war der »Skandal«, der Grund zur großen Aufregung, der Satz »mit Mördern teilen sie die Betten«. Der Satz »Soldaten sind Mörder« stammt bekanntlich von Tucholsky, der ihn 1931 in der *Weltbühne* schrieb: »Da gab es vier Jahre lang ganze Quadratmeilen Landes, auf denen war der Mord obligatorisch, während er eine halbe Stunde davon entfernt ebenso streng verboten war. Sagte ich: Mord? Natürlich Mord. Soldaten sind Mörder.«

Der verantwortliche Redakteur Carl von Ossietzky wurde daraufhin 1932 wegen »Beleidigung der Reichswehr« angeklagt, jedoch freigesprochen mit der Begründung, dass keine konkreten Personen gemeint gewesen seien.

Dass 1995 dann das Bundesverfassungsgericht entschied: Die Aussage ist im Sinne der Zitatverwendung verfassungskonform – das konnten damals weder ich noch einer meiner militärischen Gesprächspartner ahnen.

Ob ich nun eine gute oder weniger gute Figur auf dieser Veranstaltung machte, ist eigentlich nicht wichtig. Man ging jedenfalls so richtig auf mich los: Wörner wartete, bis er aus der Reserve kam. Ich gebe zu: Der Mann war ein brillanter Rhetoriker. Er fing mit einer scheinbar positiven Aussage an: Er bewundere mich dafür, wie ich mit Klischees hantiere. Aber ich könnte doch in dieser Talkshow gar nicht auftreten, wenn es nicht die Soldaten der Bundeswehr gäbe, die ihre freiheitliche demokratische Grundordnung und so weiter – die volle Ladung also.

Wörner hatte wohl gedacht (»Schön, Sie einmal kennenzulernen«), mit so einem oberflächlichen Friedensfreund werde er schnell fertig. Dazu muss man aber wissen, in welcher Weltsituation diese Talkshow stattfand. Das bedeutete nicht mehr und nicht weniger, als dass die gesamte Menschheit kurz vor der globalen Apokalypse stand. Und mit diesem Gefühl, mit dieser Betroffenheit, war ich in die Talkshow gegangen.

Ab 1976 hatte die Sowjetunion begonnen, Nuklear-raketen SS-20 aufzustellen, die direkt auf die Bundes-republik gerichtet waren. Die entsprechenden ameri-kanischen Raketen Pershing II standen mittlerweile in Deutschland in Baden-Württemberg zum Abschuss bereit. Und beide Seiten stellten immer mehr Atom-waffen auf. Es war klar, dass sich die Supermächte Deutschland zum neutralen Schauplatz ihrer atomaren Verwüstung ausgesucht hatten.

Damals war zugleich die Zeit der Friedensdemonst-rationen. Alle Menschen hatten Angst vor dem Atom-krieg. Dazu kam diese Irrsinnslogik vom Gleichge-wicht des Schreckens. US-Präsident Reagan erörterte ganz offen die Notwendigkeit, dem geplanten Erst-schlag des anderen zuvorzukommen: Beim Atomkrieg komme es darauf an, zuerst zu schießen. Ist ja auch klar: Stehen sich zwei Männer mit geladenen Revol-vern gegenüber, High Noon, muss jeder der beiden be-fürchten, dass der andere sofort schießt. Also muss je-der selber sofort schießen.

Ich war als Kolumnist und auf der Bühne dauernd mit diesem Thema beschäftigt. *Keine Angst vorm Feuer – wir löschen mit Benzin* hieß mein 1982 bei Christians erschienenes Buch. Die Logik war die glei-che wie die Abschreckungslogik bei der atomaren Be-drohung.

Passend dazu machte Mr Reagan 1984 bei einer Mi-krophonprobe seinen makabren Witz: »My fellow Americans, I'm pleased to tell you today that I've sig-ned legislation that will outlaw Russia forever. We begin bombing in five minutes.« (»Meine amerikani-schen Mitbürger, ich bin erfreut, Ihnen heute mitteilen zu können, dass ich ein Gesetz unterzeichnet habe, welches Russland für immer für vogelfrei erklärt. Wir beginnen mit der Bombardierung in fünf Minuten.«)

Ist ja sehr lustig. Das Dumme war nur, dass alle militärischen Führer und auch die übrige Welt die Befürchtung hatten, ein Atomkrieg könnte auch durch einen technischen oder menschlichen Fehler ausgelöst werden. Das war keine Angstmacherei. Im Gegenteil: Der *Spiegel* meldete damals, dass es bereits mehr als dreißig solcher »Störfälle« gegeben habe. Die Raketen seien bereits scharf gemacht gewesen. Der Fehler habe oft erst in den letzten fünf Minuten entdeckt oder korrigiert werden können. Das war auch der Grund, weshalb ich gleich von vornherein mit meinen Antworten versuchte, das Gespräch auf dieses Thema zu lenken.

Das machte alles noch viel schlimmer. Ich sagte unter anderem: »So weit ist es mit der Menschheit gekommen, mit ihren humanen Ideen, mit ihren Träumen von Frieden, von Liebe und Nächstenliebe, dass wir hier heute Abend in einer Talkshow sitzen und damit rechnen müssen, dass in den nächsten fünf Minuten die Welt untergeht.«

Ich wollte also immer wieder die wirkliche Situation der Bedrohung ins Gespräch bringen. Das war schwierig, denn Minister Wörner musste nun erstmal seine Soldaten in Schutz nehmen: »Glauben Sie vielleicht, die wollen einen Krieg? Die wollen ihn so wenig wie Sie!« Und eines müsse er mir sagen: Der Vergleich zwischen einem Soldaten und einem Mörder sei nicht nur unpassend, er sei Verleumdung in höchstem Maße.

Endlich meldete sich einmal Peter Glotz von der SPD, und ich hatte Hoffnung: Jetzt springt mir vielleicht einer bei. Aber weit gefehlt. »Wen meinen Sie denn mit dem Begriff Mörder?«, fragte er.

Da hatte ich endlich die Möglichkeit, mein eigentliches Anliegen zu nennen: »Ich meine alle, die nicht erkennen, dass die ganze Menschheit sich durch den 16-fachen Overkill in eine unglaublich gefährliche Situation gebracht hat.« Die Soldaten spielten doch überhaupt keine Rolle mehr.

Es ging nicht mehr um Mord, es ging nur noch um Massenmord. Das war ja das Perverse, das Unfassbare und Absurde an der ganzen Situation: Sie taten immer noch so, als würden sich die Weltmächte nur mit sogenannten konventionellen Waffen gegenüberstehen – aber es ging um die Vernichtung von Millionen unschuldiger Menschen!

Ich konnte tatsächlich noch den Satz loswerden: »Sie sprechen von der Bedeutung der Bundeswehr – eigentlich hat sie überhaupt keine Bedeutung mehr. Wir brauchen doch nur zwanzig Leute, die auf den Knopf drücken können. Was will die Bundeswehr denn machen, wenn es mal richtig losgeht?«

Beeindruckend war im Übrigen das Publikum, also diese Geburtstagssoldaten, von denen ich umzingelt war. Gewissermaßen nahm ich die Soldaten ja sogar in Schutz: »Ich finde, Mörder im landläufigen Sinne, wie sie jeden Tag in der Zeitung stehen, sind im Verhältnis zu den Massenmördern, die sich anmaßen, unsere Geschicke zu leiten, geradezu harmlose Menschen.«

Ich sagte es und wusste gleichzeitig: Scheiße, jetzt hast du dich um deine Karriere geredet. Die blind überzeugten Vaterlandsverteidiger im Studio fingen an zu pöbeln und Buh zu rufen. Es war ein unerträglicher

Lärm. Die Talkshow konnte minutenlang nicht fortgesetzt werden. Und diesen Lärm machten die wacke-
ren Soldaten jedes Mal, wenn ich noch etwas sagen
wollte.

Das war auch der Zeitpunkt, als mir ein Beleuchter
oder Tonassistent von hinten einen Zettel zusteckte,
auf dem stand: »Bitte, jetzt etwas zurückhalten, Hans!«,
mit der Paraphe vom Chefredakteur.

Die Talkshow war für mich fast beendet. Ich hatte
auch keine Lust mehr, mich noch mal aufzudrängen.

Margot Werner sorgte für gute Unterhaltung und
sang »Sag mir, wo die Blumen sind?«. Das war beruhigend und passte zum Geburtstagsanlass. Dann aber
ergab sich doch noch eine Gelegenheit für mich, etwas
loszuwerden. Irgendwann kam nämlich die Reihe an
den Ex-Fliegergeneral Johannes Steinhoff. Ich dachte:
Jetzt ist sowieso alles egal. Morgen machen sie mich
in der Redaktion fertig, aber jetzt darf ich noch mal.
Der Mann war ja nun wirklich ein Vorzeigeheld der
Kampfflieger im Nazikrieg. Wenn ich seine Vita lese,
wird mir fürchterlich beklommen bei den vielen Hel-
dentaten, die der Mann vollbracht hat. Immer vorn
dabei in der Nazi-Luftkriegsflotte, Abschussrekorde.
(Jeder Abschuss mindestens ein Toter. Natürlich nicht
ermordet, sondern im heldenhaften Luftkampf abge-
schossen.) Ex-General Steinhoff – von Hitler und Göring persönlich gefördert und dekoriert. Ich möchte
mir die lange Liste seiner Verdienste um das Vaterland
gar nicht bis zu Ende durchlesen. Da kriege ich es mit
der Angst. Man sieht ja solche Luftkämpfe manchmal
im Film – aber dieser Mensch mit dem entstellten Gesicht (infolge schwerer Verbrennungen, die er kurz vor

Kriegsende durch einen Fehlstart erlitten hatte) hatte sie alle persönlich durchgestanden. Was Mut, Tollkühnheit und Vaterlandsliebe anlangt, war der Mann also absolute Spitze. Später war Steinhoff Inspekteur der bundesdeutschen Luftwaffe, Vorsitzender des NATO-Militärausschusses und Viersternegeneral.

Da saß er, und ich dachte plötzlich daran, dass Steinhoff ja auch Kommodore des Jagdgeschwaders 77 gewesen war, zu dem auch Soldaten des Geschwaders »Boelcke« gehört hatten. Das waren unter anderem die deutschen Bombenflieger, die als Legion Condor im Jahre 1937 für den Faschisten Franco die baskische Stadt Guernica plattgebombt hatten – Hunderte Menschen kamen dabei ums Leben, darunter Frauen, Greise und Kinder. Jeder kennt Picassos Gemälde »Guernica«. Veteranen des Geschwaders Boelcke trafen sich 1985 noch immer in Wunstorf bei Hannover – wegen der Tradition. Ja, ich dachte: Sie hatten einem der größten Verbrecher der Menschheit gedient. Und das musste eben immer wieder gefeiert werden. Aber so sahen es die Soldaten natürlich nicht. Sie waren keine Mörder, sondern Helden. Im Kriege sind die Mörder Helden. Und da saß einer der Größten direkt vor mir.

Oh Gott, was der wohl gedacht hat, als dieser Nobody Scheibner sich plötzlich an ihn wandte:

»Sagen Sie mal, Herr Steinhoff, meinen Sie nicht, dass jemand wie Sie, der in diesem Dritten Reich eine so herausragende Stellung bekleidet hat und für dieses Reich gekämpft hat, viel klüger gewesen wäre, nun aber Schluss zu machen und lieber einen anständigen Beruf zu ergreifen?«

Mir war klar, das war schon wieder eine böse Provokation.

Da meldete sich wieder SPD-Mann Glotz. Diesmal half er mir. Allerdings unbewusst, denn ich konnte seine Frage zu einer Antwort benutzen, die mir die ganze Zeit auf der Zunge lag. Glotz also fragte: »Sie haben vorhin den Satz gesagt: ›einen anständigen Beruf ...‹ Würden Sie das bitte mal interpretieren!«

»Ich bin Satiriker, Herr Glotz, ich kann hier nur meinen Kollegen Georg Kreisler zitieren (ganz schön vermessen von mir, Kreisler war für mich eine unerreichbare Größe!): ›Aus dem wird nie etwas, der bleibt ein General!‹«

Im Jahre 2010 habe ich Georg Kreisler tatsächlich sprechen können. Im Tivoli führte er noch einmal sein Musical *Heute Abend: Lola Blau* auf. Da saß er im Foyer – ich schlich mich etwas zurückhaltend an ihn heran und fragte mich: »Soll ich oder soll ich lieber nicht?« Dann winkte er mir mit leichter Handbewegung zu und sprach mit Wiener Akzent: »Der Scheibner, is recht?« Ich konnte mich zu ihm setzen, als wenn wir unter Kollegen wären. Plötzlich fiel mir die Szene von 1985 ein. »Ich habe ihre herrliche Satire einmal vor einem echten NATO-General zitiert.« – »Ah gehn's«, lachte er. »Des glaub i net. Du lebst ja noch!«

Und was den Satz »anständiger Beruf« angeht, so ist es gut zu wissen, dass genau in jenen Tagen der deutsche Schriftstellerverband mit den Stimmen von Dieter Lattmann und Günter Grass ausdrücklich »alle anständigen« jungen Leute dazu aufgerufen hatte, den Kriegsdienst zu verweigern.

Einen letzten Punkt noch. Irgendwann zwischendurch hatte ich einwerfen können: »Ohne die Gnade des Bundeskanzlers wäre Herr Wörner ja heute kein Verteidigungsminister mehr.«

Wörner zuckte nur kurz. Gemeint war sein Desaster mit General Kießling. Den hatte er – auf fadenscheinige Verleumdung hin – vorzeitig entlassen, weil er »homosexuell« sein sollte. Das stellte sich dann als unhaltbar heraus. Kohl drängte Wörner, Kießling zu rehabilitieren und dann mit dem Großen Zapfenstreich in den ehrenhaften Ruhestand zu versetzen. Was daran für meine Begriffe so absurd war: Wenn Kießling wirklich homosexuell gewesen wäre, hätte er in der »Schande« bleiben müssen. Ein schwuler General – das war einfach unvorstellbar. Hätte man damals jemandem gesagt, dass die Bundesrepublik einmal einen schwulen Außenminister haben würde oder – noch schlimmer – eine Frau als Verteidigungsministerin, wäre man für verrückt erklärt worden.

Nachspiel:

Die Talkshow lief am 1. November 1985.

Bereits am Tag nach der Talkshow hatte NDR-Unterhaltungchef Rochus Bassauer angerufen, und es ergab sich folgender lustiger Dialog:

»Herr Scheibner, ich muss Ihnen leider mitteilen, dass wir Ihre Unterhaltungssendung ... *scheibnerweise* auslaufen lassen wollen.«

»Aha. So was habe ich mir schon gedacht.«

»Wieso?«

»Na, wegen der Talkshow gestern Abend.«

»Aber nein. Denken Sie bloß nicht, unsere Entscheidung hätte etwas damit zu tun.«

»Na so ein Zufall aber auch!«

Es war eine Flut von Beschimpfungen noch am selben Abend und in den Tagen darauf über mich hereingebrochen. Was für ein Shitstorm das wohl heutzutage geworden wäre? Aber ebenso viele Dankesbriefe und -bekundungen erhielt ich von Menschen, die begriffen hatten, wie bedrohlich die Situation damals war. Man lernt bei solchen Gelegenheiten sehr schnell, wen man zu seinen Freunden zählen darf und wen nicht. Das ist eine bittere, aber auch eine befreiende Erfahrung.

Es gab Kollegen beim Sender, die sich plötzlich sehr reserviert mir gegenüber verhielten. Aber auch solche, von denen ich nicht ohne weiteres erwartet hätte, dass sie mir in aller Offenheit ihre Anerkennung aussprachen. Zu diesen gehörte zu meiner Erleichterung Uta Fahrenkoltz, die Redakteurin, mit der ich schon für meine erste Fernsehsendung *Achterndiek* zusammengearbeitet hatte, und Horst Wernstedt, der Mann, der den Titel ... *scheibnerweise* erfunden hatte.

Völlig aufgeregt rief mich direkt nach der Talkshow meine Petra an. Sie war auf Tournee mit der Caldéron-Komödie *Das Leben ein Traum*. Sie hatte in Leer gespielt und sich nach dem Auftritt im Hotelzimmer mit ihren Kolleginnen vor den Fernseher gesetzt. Eine Flasche Rotwein wurde geöffnet: »So, jetzt sehen wir uns mal meinen Hans im Fernsehen an, wie er mit den Soldaten diskutiert. Aber dann«, so berichtete Petra, »war es für mich als deine Freundin schlimmer als jeder Thriller. Ich sprang auf dem Hotelbett hin und her und lief wie verrückt im Zimmer herum, und auch meine Kollegen riefen: ›Die machen ihn ja fertig! Die lassen ihn überhaupt nicht zu Wort kommen!‹«

Als ich dann zu Hause war, rief Petra an. Sie war den Tränen nahe. »Mein Gott, was haben sie denn mit dir gemacht!« Es war fast zwölf Uhr, als Petra anrief. Ein Zeichen, dass etwas sehr Schlimmes geschehen sein musste. Nach Mitternacht geht Petra sonst nie ins Bett!

Der Engel Marion

Und dann muss ich unbedingt erzählen, warum ich weiß, dass es tatsächlich Engel gibt. Oder zumindest den einen!

Als die ersten beiden Folgen … *scheibnerweise* gelaufen waren, da kam mein Redakteur und Freund Horst Wernstedt auf die Idee: Lass uns doch eine Extrasendung zu Weihnachten machen! Er wusste, dass das Thema Weihnachten mich schon immer sehr gereizt hatte. So im Sinne von Kuttel Daddeldu, wenn Sie wissen, was ich damit meine.

Schon in meinem zweiten kleinen Bändchen mit Lästerlyrik, das 1973 bei Christians erschienen war, stand mein ringelnatzisches Gedicht »Der Weihnachtsmann auf der Reeperbahn«. Ich beriet mich wieder mit meinem Freund Andreas und schrieb das Drehbuch *Der Weihnachtsmann in Nöten*. Er muss sich vor der himmlischen Behörde verantworten. Der Oberengel klagt ihn an:

Die Menschen, so heißt es von überall her,
vernehmen die Frohe Botschaft nicht mehr.
Sie finden und finden keine innere Ruh
und schuld daran, St. Nikolaus, bist du!

Der Weihnachtsmann ist erschrocken und bestreitet, dass es keine frohen Menschen mehr auf der Erde gibt. Er erhält vom Gericht eine letzte Chance:

Zeige uns, alter Weihnachtsmann,
wer noch zu Weihnachten fröhlich sein kann.
Gelingt es dir, kannst du fürs Erste den alten
Weihnachtsmann-Außendienst-Posten behalten.
Kommst du aber ohne die Antwort heim,
setzten wir einen anderen Weihnachtsmann ein.

Das war der Plot. Ich musste natürlich den Weihnachtsmann spielen. Der Weihnachtsmann braucht einen Engel, der ihn zur Erde begleitet.

Horst Wernstedt wollte Edith Hancke, die komische Berliner Schnauze, engagieren, aber ich wollte doch lieber einen jüngeren Engel und einen, der nicht ganz so dominant war. Also suchte ich mir im Besetzungsbüro selber einen Engel aus. Am besten gefiel mir das Foto einer Petra Verena Milchert. Sie hatte einen zerknautschten braunen Lederhut auf, sah mich aus ihren blaugrünen Augen herausfordernd an – ihre blonden Haare fielen ihr über die Schulter –, und ich entschied: Die soll mein Engel sein. Eine Entscheidung, die ich in ihrer Doppeldeutigkeit natürlich noch nicht begriff.

Frau Milchert wurde angefragt. Frau Milchert antwortete: »Eine Art Kabarettprogramm? Hab ich noch nie gemacht. Hans Scheibner? Was ist das denn für einer? Schicken Sie mir doch bitte mal das Drehbuch.« Das fing schon mal etwas schwierig an. Ich meinerseits dachte: Petra Verena Milchert? Nie gehört. In der Fernsehserie *Liebe ist doof* soll sie gespielt haben.

Kenn ich nicht. Mit Simone Rethel. Kenn ich auch nicht. Und den *Tatort* mit der Nastassja Kinski hatte ich nicht gesehen.

So ging es dann auch zuerst weiter. Frau Milchert hatte mein Drehbuch akzeptiert. Wie gütig! Nun saß sie in der Garderobe, und es gab wieder eine Schwierigkeit: »Frau Milchert lehnt es ab, eine Perücke zu tragen!« Wir hatten schon eine Außenszene in der Menschenmenge vorab gedreht. Weihnachtsmann und Engel von hinten zu sehen. Der Engel war eine Statistin. Der hatten wir eine Perücke mit langen blonden Haaren aufgesetzt. Also sollte Frau Milchert die auch tragen. Wollte sie aber nicht. »Meine eigenen Haare müssten Ihnen schon genügen.« Hm. Da hatte sie leider recht. Das hätte ich mir auch eher denken können. Also gab ich nach. Die Szene in der Menge drehten wir irgendwann nach.

Die erste Szene innen spielte vor dem himmlischen Gerichtssaal, also im Studio. Der Engel Marion sitzt auf der Bank und weint: Er ist wegen ständigen Zuspätkommens beim Mittagschoral vors Gericht zitiert. Jetzt hat der Engel Marion Angst, dass er in die Registratur versetzt wird. Der Weihnachtmann kommt hinzu und versucht den Engel zu trösten.

Diese erste Szene klappte perfekt. Sie war ein prima frecher Engel. Ich war ihr nicht mehr böse.

Das war 1981 im Februar. Ich hatte, wie gesagt, meine Frau Karin verlassen. Ich hatte jetzt eine kleine Maisonette-Wohnung in der Poolstraße gefunden. Meine damalige Freundin – ich nenne sie hier mal Anne – war inzwischen von Bielefeld nach Hamburg gezogen. Sie hatte großen Wert darauf gelegt, dass dies nichts mit mir zu tun habe. Sie wollte nur unbedingt in eine Großstadt ziehen. Damit wollte sie mich beruhigen, damit ich mich nicht ihretwegen verpflichtet fühlte. Ich hatte mich zwar von meiner Frau getrennt, aber mit dem Herzen hatte ich diesen Schritt noch längst nicht durchgestanden.

Nach dem ersten Drehtag mit Frau Milchert traf ich am Abend meine Freundin. Sie fragte mich, wie ich denn mit dem Engel zurechtgekommen sei.

»Ausgezeichnet!«, sagte ich. »Die ist sehr nett. Vor allem: Die ist ein Profi. Die kann viel mehr, als diese Rolle hergibt. Im Stück ist sie vom Gericht dazu verdonnert, mich, den Weihnachtsmann, auf die Erde zu begleiten und besonders darauf zu achten, dass der Weihnachtsmann nicht wieder – wie früher schon einmal – dem Alkohol verfällt, genauer gesagt, dem Rum.«

Anne nickte verständnisvoll. Nach einer Pause: »Muss ich da eifersüchtig sein?«

»Aber nein. Wo denkst du hin! Wir sind Kollegen, sonst gar nichts. Außerdem ist sie doch viel zu jung für mich.«

»Allerdings«, sagte Anne. Damit war das Thema erledigt.

Es gab noch vier weitere Drehtage: Weihnachtsmann und Engel in der Stadt. Überall nur gehetzte Menschen, die noch etwas einkaufen müssen. Vorm Kaufhaus kriegen sie Schwierigkeiten mit den Reklame-Weihnachtsmännern:

Hau ab, du Heini! Was willst du hier?
Hier arbeite ich. Das ist mein Revier!

Im Kaufhaus fragen sie eine Verkäuferin:

Aber, Fräulein, wie ist es denn so?
Ist denn zu Weihnachten niemand hier froh?

Die Verkäuferin antwortet:

Aber klar. Die Herren in der Direktion,
die freuen sich doch drei Monate schon,
weil Weihnachten und der Heilige Christ
ihnen immer ein rechtes Frohlocken ist.

Frau Milchert hatte kaum Text. Aber ich fühlte mich gut mit ihr an der Seite. In den Drehpausen erzählte sie mir, dass sie Hamburgerin sei und in ihrer Kindheit am Klosterstern gewohnt habe. Aber sie kenne Hamburg trotzdem nicht gut, weil sie ja seit Ihrem elften Lebensjahr in München lebe. In der Pause hörte ich sie eine Kollegin fragen: »Wo kann man denn in Hamburg gut Fisch essen gehen?«

Da musste ich ja anbeißen: »Darf ich Sie heute Abend zum Fischessen einladen?«

»Oh nein, das ist mir peinlich«, sagte sie mit dem unschuldigsten Gesicht von der Welt. »So habe ich das nicht gemeint.« Sie wurde sogar etwas rot dabei. Später hat sie mir dann allerdings gestanden: »Natürlich habe ich es so gemeint!«

So saßen wir abends am Hafen im Fischereihafen-Restaurant. Ich war nicht mehr gewohnt, mit fremden oder fast fremden Frauen essen zu gehen. Ich wollte auch nichts falsch machen. Also überlegte ich auf der Hinfahrt die ganze Zeit: Was erzähle ich diesem Mädchen, was frage ich sie? Frau Milchert saß im Auto neben mir und sagte erst einmal nichts. Ich erklärte ihr, der in Hamburg Geborenen: »Das ist das Heiligengeistfeld, wo immer der Dom stattfindet – also das ist keine Kirche, der Dom, das ist so was Ähnliches wie bei Ihnen in München das Oktoberfest …« Oh Gott, dachte ich, was rede ich für einen Blödsinn zusammen. Später als wir uns schon duzten, hat sie mir gestanden: »Ich war viel zu aufgeregt. Ich wusste einfach nicht, was ich sagen sollte. Also sagte ich lieber nichts.«

Am Tisch im Restaurant holte Frau Milchert ein Buch im DIN-A4-Format aus ihrer Handtasche und fragte mich etwas verlegen: »Hätten Sie Lust, einen kleinen Fragebogen auszufüllen?« Dann legte sie mir einen festen Buchdeckel mit eingravierter altmodischer Schrift vor: *Erkenne Dich selbst.* Ich schlug das Buch auf – und meine Begeisterung für dieses bezaubernde Kind sank fast auf den Nullpunkt. Ich sollte tatsächlich so eine Latte von 24 frustrierenden Selbsterkennungsfragen schriftlich beantworten: »Wer möchtest du am liebsten sein?«; »dein Hauptcharakterzug«; »deine unüberwindliche Abneigung?« Und so weiter. Ich wollte ihr diesen Ausfragebogen schon zurückgeben: »Entschuldigung, ich mag solche Fragen nicht. Kennen Sie nicht den Vers – von Ringelnatz?«

Hier an ein Album hingezerrt,
spür ich Verdruss.
Ich fühl mich ins Klosett gesperrt,
obwohl ich gar nicht muss.

Aber da sah ich beim Durchblättern, wer alles sich nicht zu schade gewesen war, den Blödsinn mitzumachen, nämlich Inge Meysel, Eva Pflug, Günter Mack, Boleslaw Barlog und andere. Also versuchte auch ich, brav solche Fragen zu beantworten wie »Wovor fürchtest du dich?«. Ich schrieb: »ausgefragt zu werden«. Mein Weihnachtsengel lachte, dann sagte er:

»Meine Mutter hat gesagt: Das ist ein Männer-Abschreckungsbogen!«

»Sie müssen eine kluge Mutter haben!«, war meine Antwort. Damit war das Eis gebrochen.

Sie erzählte von ihren Engagements und gab zu, dass ihre Mitteilung, sie müsse erst mal das Drehbuch lesen, reine Taktik war: »Das hat mir meine Mutter beigebracht. Als Schauspielerin musst du bei Angeboten immer erst mal so tun, als wenn du eigentlich ausgebucht wärst. ›Augenblick mal: Wann sind die Drehtermine? Warten Sie mal ... Hm. Ja, wo ... Da bin ich eigentlich ausgebucht ... Aber nein – ich seh schon: Das kann ich verlegen. Ja, der Termin würde also passen!‹ Und niemals darfst du in der Gage nachgeben. Wenn du keinen Job hast und gehst deshalb mit der Gage runter, wirst du in der Besetzungskartei sofort eine Stufe tiefer gebucht.«

Wir lachten und amüsierten uns. Ich erzählte, dass es damals in meinem Beruf als Werbeleiter genauso zuging. Ein guter Grafiker sollte für die Firma, bei der ich tätig war, einen Briefkopf entwerfen. Es handelte sich um zwei Namen, so ähnlich wie Berger & Berger. Er brachte den Entwurf: Es waren nur die beiden Namen in einer Grotesk-Schrift und darunter die Adresse. Dafür verlangte der Mann 2000 DM. Das war damals sehr teuer. Der Grafiker bestand aber darauf. »Ich werde nicht nach Textmenge bezahlt, sondern nach grafischer Ästhetik.« Die Geschäftsleitung knurrte erst, aber dann genehmigten sie den Schriftzug allein schon deshalb, weil er so schön teuer war. So tranken wir eine Flasche Wein, kamen ins Erzählen und verstanden uns prächtig. Sie hatte den Humor, den ich sofort verstand.

Dann brachte ich sie nach Hause zu ihrem Hotel. Dabei konnte ich noch einen kleinen Trumpf ausspielen. Nachdem ich nun wusste, dass sie mit ihren Filmen und Fernsehserien viel berühmter war als ich – ich kannte mich ja nur in der Satireszene aus –, fragte ich sie, ob sie schon einmal den Werbeslogan »Ich bin zwei Öltanks« gehört oder gelesen hätte. »Ja klar«, war die Antwort. »Der Spruch ist ja noch blöder als meine Fragebogenfragen. Das ist doch falsches Deutsch! Da kann ich mich nur schütteln.« Ich half ihr beim Aussteigen, wie ich das gelernt hatte. »Der Spruch ist von mir!«, sagte ich. »Ach wie peinlich!«, sagte sie. Und ging in ihr Hotel. Kein schüchterner Kuss, keine Umarmung. Einfach nur ein herzliches gegenseitiges Danke für diesen Abend.

Am dritten Drehtag sahen wir uns fast den ganzen Tag nicht. Sie musste mich Weihnachtsmann in ein altes Fabrikgebäude zu einem Künstlerpaar, zwei Alternativen oder Öko-Typen, begleiten in der Hoffnung, dass diese Konsumverächter wenigstens zu Weihnachten fröhlich sind. Der Engel ermahnte mich wieder, keinen Alkohol zu trinken, und musste draußen auf den Schlitten aufpassen. Die Ökos erwiesen sich als noch größere Schwarzseher. Als ich vor ihrem kleinen

Jungen meinen Vers aufsagte: »Hab meine Rute auch bei mir ...« – »Sind's gute Kind? Sind's böse Kind?«, fing die Frau gleich an zu schimpfen: »Da hast du es. Die Manifestation der Prügelstrafe durch den als Weihnachtsmann verkleideten, verlängerten Arm der herrschenden Klasse. Der Weihnachtsmann ist der Klassenfeind der Kinder!«

Wir drehten bei den Ökos fast den ganzen Tag. Zum Schluss wurde ich die Treppe runtergestoßen – und unten von Engel Marion aufgefangen.

»Was haben sie dir angetan, du armer Nikolaus!« Sie umarmte mich und küsste mich – auf die Stirn. Aber natürlich nur in der Rolle.

Ich ließ es mir nicht nehmen, ich brachte den Engel Marion am Abend zum Flugplatz, sie musste zurück nach München. Am Flughafen hatten wir noch etwas Zeit. Wir tranken einen Kaffee. Da geschah es. Sie fragte mich ganz unvermittelt:

»Sind Sie eigentlich verheiratet?«

»Ja«, sagte ich. »Noch bin ich verheiratet. Aber ich bin vor zwei Jahren aus meinem Haus ausgezogen.«

»Hm«, machte sie. Und sah noch vergnügt aus. Dann setzte ich hinzu:

»Ich habe aber inzwischen eine Freundin. Sie wohnt in Bielefeld und will nach Hamburg ziehn.«

Der Engel verzog keine Miene. »Hat mich nur mal so interessiert«, sagte sie. Dann wurde ihr Flug aufgerufen.

»Bis zum nächsten Dreh!«, verabschiedete ich mich.

»Ja«, sagte sie. »Ich freu mich schon drauf.« Sie eilte zu ihrem Gate und drehte sich nicht mehr um.

Mein Liebesleben war in diesen Tagen gerade etwas problematisch geworden.

Inzwischen waren hin und wieder auch dunkle Wolken über meiner neuen Beziehung aufgezogen. Ich sage es vereinfacht: Ich war noch nicht bereit, eine neue feste Bindung einzugehen. Anne und ich diskutierten oft bis in die Nacht hinein über diese Tatsache.

Also stürzte ich mich desto mehr in meine kreativen Aufgaben. Das Schöne war: Ich konnte mich nach Herzenslust austoben. Das vollzog sich unter anderem auch in geistigen Auseinandersetzungen über eines meiner Lieblingsthemen: die bildende Kunst. Um es in einem Satz zu sagen: Ich stand von Anfang an voll auf der Seite von Horst Janssen.

Janssen hatte sich zum Entsetzen der hochintellektuellen Kunstfreunde über Andy Warhol lustig gemacht. Das verstand ich gut. Janssen ist für meine Begriffe mit seinen Zeichnungen und Grafiken so etwas wie ein zweiter Dürer. Dass eine solche zeichnerisch geniale Begabung bei vielen – eben wegen dieser Begabung – weit unter dem »raffinierten Dekorationskünstler Warhol« eingeschätzt wurde, war unbegreiflich. Aber so war die Mode und ist sie ja zum Teil noch immer. Wer auf dem Gebiet der bildenden Kunst ernst genommen werden wollte, tat gut daran, sich mit Kritik zurückzuhalten. Zu leicht wurde ihm der Vorwurf gemacht, sich mit seinem Unverständnis im Fahrwasser des Nationalsozialismus zu bewegen, für den Warhol zum Beispiel zur entarteten Kunst gerechnet worden wäre. Es war so ähnlich wie mit meinem Verhältnis zum dogmatischen Marxismus: Wenn es verboten ist zu zweifeln, zweifle ich erst recht.

An Joseph Beuys rieb sich in jenen Jahren alles. Die *Fettecke*, die *Badewanne*, die *Honigpumpe* waren immer noch in aller Munde. Das »dumme Volk« amüsierte sich zum Beispiel über die *Badewanne*: Am 3. November 1973 war bei einem geselligen Abend des SPD-Ortsvereins Leverkusen-Alkenrath in einem Museum eine mit Heftpflastern, Mullbinden und Fett übersäte Badewanne gereinigt und zum Gläserspülen verwendet worden. Dafür musste die Stadt Wuppertal am Ende als eigentlicher Leihnehmer 58 000 DM Schadensersatz zahlen. Vorher hatte sich sogar ein kleines Hinweisschild an der Badewanne befunden: »In dieser Badewanne ist der Künstler Joseph Beuys als Baby gebadet worden.« Irgendjemand hatte dazugeschrieben: »offenbar zu heiß«. Das Schild wurde aber entfernt, anstatt es als Zeichen der Beschäftigung mit dem Werk stehen zu lassen.

Ich war der Ansicht: Man darf diese moderne bildende Kunst nicht verspotten. Man muss sie ernst nehmen, um sie zu entlarven. Ich wollte mich auf keinen Fall in die Diskussionen einmischen. Mich störte nur etwas, dass gerade Beuys seinen Werken jeweils einen sozialen Anstrich verlieh, er betonte immer wieder den Begriff der sozialen Plastik.

Mit der *Honigpumpe am Arbeitsplatz* wollte er sozusagen einen sozialen Blutkreislauf darstellen, in diesem Sinne: Der Honig dürfe nicht der Oberschicht vorbehalten bleiben, der Honig – symbolisch betrachtet – müsse für jeden erreichbar sein. Das ist durchaus sympathisch, dachte ich. Mich störte jedoch, dass sich längst nicht jeder so ein Kunstwerk leisten könnte – und das ist doch gerade unsozial.

Auch von den größten Ölbildern von Frans Hals oder von van Gogh kann man sich zumindest eine Reproduktion ins Wohnzimmer hängen. So eine soziale Pumpe dagegen verschwindet nach der Ausstellung auf Nimmerwiedersehen im Magazin. Also stellte ich den Kontakt zu Ingenieuren aus meiner früheren Tätigkeit in der Pumpenfabrik her und ließ eine erschwingliche Honigpumpe für den kleinen Mann herstellen. Die wurde dann nicht auf der »Documenta«, dafür aber in meiner Sendung ... *scheibnerweise* gezeigt.

Überhaupt machte ich mich in jenen Tagen um die Kunst des Professor Beuys verdient. In Mannheim war sein als großer Wurf betitelter *Filzanzug* ausgestellt. Ich ging in die Ausstellung, bestaunte den Anzug aus dickem Filz und erinnerte mich, dass Beuys schon in den sechziger Jahren gesagt hatte: »Jeder Mensch ist ein Künstler« und könne durch kreatives Handeln zum Wohl der Gemeinschaft etwas beitragen und dadurch plastizierend auf die Gesellschaft einwirken. Ich tat daher eine Ein-DM-Münze in die Tasche des Filzanzugs. Diesen Vorgang veröffentlichte ich noch in derselben Woche in einer Glosse in der *Hamburger Morgenpost*.

Ich schlug vor, dass das Kunstwerk von nun an heißen solle: »Filzanzug von Joseph Beuys mit einer DM von Hans Scheibner in der Tasche«. Es würde mich interessieren, ob ein Galerist oder etwa Beuys selbst die Mark wieder entfernt hat.

Aber schade: Obwohl ich nun die moderne bildende Kunst vollkommen ernst genommen hatte, bekam ich auch im Freundeskreis den Vorwurf zu hören, ich hätte die ästhetische symbolische Kraft und das soziale Engagement nicht verstanden.

Gott sei Dank hat einer mich verstanden: Hape Kerkeling. 2014 sang er im direkten Zusammenhang zuerst »Schmidtchen Schleicher« und dann seine geniale Parodie auf das moderne klassische Lied »Hurz«. Für diese Ehrerweisung bedanke ich mich herzlich.

In meiner Dachzimmerwohnung in der Poolstraße schrieb ich in dieser Zeit an dem Lysistrata-Lied. Ich hatte dem theatererfahrenen Engel Marion davon erzählt. Sie verstehe ja nicht viel von Politik, sondern mehr von Komödien und Theaterstücken. Ich überlegte gerade, ob ich ihr das Manuskript schicken sollte. Da kam ein Anruf von ihr. Sie habe gerade etwas Ärger mit einem Regisseur gehabt. Sie wolle nur einmal mit einem »vernünftigen Menschen« sprechen, und das sei ich. Sie habe sich inzwischen ein Buch von mir gekauft mit dem Text vom »Schubladenlied«. Das finde sie wunderbar. »Den Fehler mache ich ja selber auch manchmal: Ich mag zum Beispiel keine Polizisten. Dabei gibt es bestimmt auch sehr nette.« Ich überlegte einen Augenblick. Nur mal mit einem vernünftigen Menschen reden. Das war genau das, was mir auch gerade fehlte.

Ich musste wenigstens einmal einen Abend von mir selber Ferien nehmen und nicht mehr über wahre oder weniger wahre Liebe diskutieren.

»Wo sind Sie denn jetzt?«, fragte ich.

»In Berlin. Ich habe hier diese Woche noch vier Drehtage.«

»Oh, das passt ja«, sagte ich. »Haben Sie heute Abend schon etwas vor?«

»Wieso? Sie sind doch in Hamburg.«

»Aber ich brauch auch jemanden, mit dem ich ein vernünftiges Wort reden kann. Treffen wir uns im Diener Tattersall?«

»Ja, gerne«, lachte sie. »Um 20 Uhr.«

Damals flog ja jede halbe Stunde eine PanAm Maschine von Hamburg nach Berlin. Ein paar kleine Bedenken kamen mir zwar auch noch. Dabei hatte ich wirklich und tatsächlich nur die Absicht, mit dieser jungen Frau zu reden. Ich wollte ihr auch gar nicht meinen ganzen Beziehungssalat auftischen. Eigentlich wollte ich nur ihre Stimme und ihr Lachen hören. Und eines schwor ich mir im Ernst: Auf keinen Fall mit ihr schlafen! Das würde meine verworrene Seelenlage ja nur noch schlimmer machen.

Und dann kam sie. Und dann tranken wir einen Weißwein zusammen. Und Petra Verena Milchert erzählte von sich:

»Ich habe ein herrliches Leben. Ich weiß selbst nicht, womit ich das verdiene. Ich spiele Serien im Fernsehen, ich spiele am Theater in Stuttgart, in Düsseldorf und hier in Berlin – und habe fast nur mit lieben Menschen zu tun. Ich lerne immer mehr richtig berühmte Leute kennen. Und ich habe fast immer Erfolg. Dabei war es gar nicht mein großes Lebensziel, Schauspielerin zu werden. Das habe ich alles meiner Mutter zu verdanken. Als ich sechs Jahre alt war, hat sie es geschafft, mich am Schauspielhaus in Hamburg unterzubringen: *Peterchens Mondfahrt* habe ich gespielt. Ich wurde ein richtiger Kinderstar. An der Staatsoper habe ich Ballett- und Steppunterricht bekommen. Die *Hör zu* brachte mich auf der ersten Seite. Wenn ich das Bild heute sehe, bekomme ich einen Schreck: Ach Gott, was für ein süßer kleiner Fratz! Aber meiner Mutter und mir war das nur recht. Ich bekam immer wieder Sonderferien von der Schule. Und dann, als ich zwölf Jahre alt war, starb mein Vater. Seitdem unterstütze ich meine Mutter. Die hat ja nur eine ganz kleine Rente. Aber sie ist immer noch meine Agentin.«

Meine Güte, dachte ich. Vor zwei Jahren hatte ich mir noch etwas darauf eingebildet, im Deutschen Schauspielhaus aufgetreten zu sein. Das hatte diese Frau schon lange hinter sich.

Es fiel kein Wort von ihrem Ärger mit dem Regisseur, kein Wort über meine Freundin oder meine Frau. Es war ein wirklich unbeschwertes Zusammentreffen, ein Abend, den ich ohne schlechtes Gewissen bei der Steuer als Geschäftsessen angeben konnte. Denn das Sich-Verstehen und Sich-sehr-sympathisch-Finden gehört ja zu unserem Geschäft. Ich fasse das Ergebnis des Abends mal so zusammen: Wir waren jetzt echte Kollegen geworden und durften Du zueinander sagen. Ich brachte Petra zu ihrer Pension und fuhr zu meinem Hotel.

Wieder zurück in Hamburg stürzte ich mich aufs Neue in die Arbeit.

Kam es jetzt durch den Einfluss des Himmels beziehungsweise seines Engels? Jedenfalls schrieb ich in den nächsten Tagen eine kleine Geschichte mit dem Titel »Wer nimmt Oma?«. Unter diesem Titel sollten Petra und ich in zirka zehn Jahren unsere jährliche Weihnachtstournee abhalten.

Es kündigte sich also schon etwas Zukünftiges an, ohne dass wir es ahnten.

Weihnachten kam, aber es fiel kein Schnee. Aber

den brauchten wir für die Schlussszenen vom *Weih-nachtsmann in Nöten.* Petra und ich schickten uns artige Glückwunschkarten. Petra mit eigener Zeichnung von Engel und Weihnachtsmann. Sprechblase vom Engel: »Hab vom Himmel den Auftrag, dich vor den Folgen des Alkohols zu warnen!«

Ich schickte ihr mit herzlichen Grüßen das folgende Gedicht:

Herr Es warnt vor den Gefahren des Alkohols

Eines müsst ihr doch zugeben:
Wär es gewesen Gottes Wille,
dass die Menschen im Suff leben,
hätt er uns eben
von vornherein mit soundso viel Promille
hergestellt oder angefertigt.
Infolge dieser Einsicht werd ich
nüchtern bleiben.
Prost!

Denn nur durch die Schärfe des ungetrübten
Gedankens vor allen Dingen
kann der Mensch die mit Recht so beliebten
geistigen Werke vollbringen.
Zum Beispiel ... Mir fallen grad keine ein ...
Sargdeckelfabriken oder Schnapsbrennerein.
Oder Lokusumrandungen oder Handgranaten.
Infolge dieser Einsicht kann ich jedem nur raten,
nüchtern zu bleiben.
Prost!

Auch aus ästhetischer Erwägung
soll der Mensch oder Invalide mit Holzbein
auf die anmutige Schönheit seiner Bewegung
achten und peinlich stolz sein.
Indem alle lieblichen Gebärden,
aufrechte Ohren und ähnliche Glieder
unbrauchbar und schlapp werden.
Was also einsehn wir wieder?
Nüchtern bleiben.
Prost!

Und es kommt noch hinzu:
Schnaps erzeugt Wohlbehagen.
Aus Wohlbehagen könntest du
zum Beispiel deinem liebsten Vorgesetzten sagen:
»Das größte Arschloch sind Sie noch längst nicht,
      Herr Klein.«
Man schämt sich später jahrelang für solche Schmei-
      chelein.
Oder man schwört aus Wohlbehagen,
in Zukunft dem Alkohol zu entsagen.
Also, nüchtern, wenn Sie mich fragen,
bleiben.
Prost!

Und damit will ich zusammenfassen:
Die Welt ist eine Trinkerheilanstalt.
Noch niemand wurde als geheilt entlassen.
Denn nüchtern ist, wer mit den Wölfen lallt.
Wer seine Leber liebt mehr als sein Leben,
ist sowieso besoffen – von Natur.
Und wer sich selbst erkennt, muss einen heben

und fliehn in die Sich-selbst-Entziehungskur.
Also, verliebtes Publikum:
Nüchtern bleiben.
Ich fall gleich um.
Prost!

Weihnachten und der Jahreswechsel gingen vorbei, dann schneite es in Hamburg und Umgebung. Wer weiß, ob es am Ende des Jahres vor Weihnachten noch einmal schneien würde. Also mussten wir im Januar 1982 die Schlussszenen für die Weihnachtssendung 82 drehen.

Petra kam aus München angeflogen. Dann stieg sie zu ihrem Weihnachtsmann in den Schlitten mit dem Schimmel davor. Wir fuhren im herrlichen Tangstedter Forst durch die weißverhangenen Kiefern, über eine malerische Brücke, an kleinen Strohdachkaten vorbei. Petra schmiegte sich dem Weihnachtsmann in die Arme, weil der so wild den Schimmel antrieb. Wir hielten vor einem kleinen Wohnhaus mit verschneitem Garten. Dort wohnten »die Bergmanns«, bei denen hoffte St. Nikolaus endlich doch noch den frohen Menschen zu finden. Engel Marion musste wieder auf den Schlitten aufpassen. Der Weihnachtsmann besuchte die Bergmanns.

Was drinnen passierte, hatten wir schon gedreht, bevor Petra nach Hamburg kam. Es war ganz einfach, aber sehr turbulent gewesen: eine typische deutsche Heilig-Abend-Szene. Der Vater sitzt die ganze Zeit auf dem Teppich und bastelt noch an dem Fernlenkauto für seinen kleinen Jungen herum. Die Mutter muss die Weihnachtsgans braten, den Tisch decken, die Gläser abwaschen, sich noch festlich anziehen, ein Geschenk von einem Boten an der Tür annehmen, den Rotwein aus dem Keller rauftragen, ihren Mann anhören, der immer noch auf dem Boden sitzt und sagt: »Elsbeth, Vater und Mutter müssen gleich da sein, vergiss bitte nicht, das Gemälde vom Watzmann wieder aufzuhängen, das sie uns geschenkt haben.« Dann sind die Großeltern da und meckern gleich rum, dass Elsbeth immer noch nicht fertig sei. In diesem Augenblick kommt der Weihnachtsmann – die Frau weiß nicht, wieso, sie hatte doch gar keinen Weihnachtsmann bestellt –, der Schwiegervater schwingt eine Glocke und ruft immer: »Bescherung, Bescherung!« Da fällt Frau Elsbeth Bergmann mit einem Seufzer auf einen Stuhl und murmelt vor sich hin: »Oh Gott, bin ich froh ...«

Ich, der Weihnachtsmann, beuge mich zu ihr herab: »Was haben Sie gesagt, Frau Bergmann?«

Sie antwortet völlig erschöpft: »Oh, bin ich froh, wenn dieses Weihnachten wieder vorbei ist.«

Ich, der Weihnachtsmann, höre natürlich nur den ersten Teil des Satzes, nehme noch schnell einen tiefen Schluck aus der Kognakflasche und eile hinaus.

Schnitt.

Das Haus von außen.

Der Weihnachtsmann kommt heraus.

Der Engel eilt auf ihn zu.

»Hast du ihn gefunden, Nikolaus? Hast du den frohen Menschen gefunden?«

»Ich habe ihn gefunden!«

Der Engel küsst den Weihnachtsmann vor Begeisterung – und diesmal war es ein echter langer Kuss vor laufender Kamera. Der Weihnachtsmann rief hü zum

Schimmel. Sie fuhren zurück, direkt in den Himmel. Und der Engel rief noch: »Hans, du hast ja was getrunken!« Und das stand überhaupt nicht im Drehbuch!

Pfeifkonzert Eiswette

Bremen, ach Bremen, die Stadt meines größten Erfolges … ach, nein, das ist falsch, es sollte besser heißen: meines gesellschaftlichen Skandals. Ich wundere mich bis heute, dass ich nicht in den Lions Club aufgenommen werde oder warum der Journalistenverband mir keinen Ausweis genehmigen will. Ich vermute, das hat alles etwas mit Bremen zu tun. Es gab nämlich in Bremen schon wieder einen Karriereknick. Dabei liebe ich Bremen – na gut, nicht gerade heftig, aber doch irgendwie:

Sagen Sie mal ehm,
was is mit Bremen,
kann man da lehm?

fragte mein Freund und Kollege Dirks Paulun aus der Hamburger Wendeltreppe in einem seiner Missingsch-Gedichte.

Ja, ganz wie Sies nehm,
so ehm und ehm.
Liegtn büschn danehm.

Genauso ist es!

Das mit der Eiswette war ja auch nur so ein Spezialerlebnis.

»Hier Radio Bremen. Jo Hanns Müller möchte dich gern auf der großen Eiswette-Gala auftreten lassen.« Ich weiß nicht mehr, wie sie hieß, die Sekretärin, sie war vorher im Büro vom NDR-Hörfunk gewesen. Das hat zwar überhaupt nichts mit der Sache zu tun, aber wir hatten uns in Hamburg so gut verstanden, Frau Siebeck nenne ich sie jetzt mal, bis mir der Name wieder einfällt. Sie nannte die Gage und gab mir noch einige Informationen.

»Also die Eiswette«, sagte sie, »das ist so eine Riesengala, da werden nur Honoratioren aus der Wirtschaft und aus der Presse und so eingeladen. Alles nur Männer im Smoking. Auftrittsdauer eine halbe Stunde. Dein Kabarettprogramm.«

Die Hansawelle mit der Satiresendung *Bremer Container* war inzwischen zwar nicht mehr ganz so bedeutend für mich – ich gehörte inzwischen durch meine Fernsehsendung in der ARD zu den etwas gefragteren Künstlern –, aber man freut sich doch, wenn man alte Freunde wiedersehen kann. Die Satiresendung fand im Sommer immer draußen statt. Nicht mit großem Aufbau, Riesenbühne, Zuschauerrängen und so, sondern schön klein und bescheiden immer in irgendeinem Bremer Stadtteil auf dem Marktplatz. Die Bühne war ein Lkw-Anhänger mit Beschallung und Sendepult. Hanns Dieter Hüsch kam gern vorbei, ich glaube, auch Elke Heidenreich mit ihren so wunderbaren Monologen der Metzgersgattin Else Stratmann dort getroffen zu haben – man hatte dieses beruhigende heimatliche »Marktplatzgefühl«. Jo Hanns Müller war einer von den nicht so häufig anzutreffenden Hörfunkredakteuren, die sich mit dem Programm identifizierten. Vor seinem Urteil hatten wir alle Respekt. Die Sendungen waren kaum politisch angehaucht – aber alles, was zum Beispiel an Liedermachern Rang und Namen hatte, kam hin und wieder auch zu Jo Hanns Müller.

»Mensch, Hans, was willst du denn hier?«, empfingen mich fast gleichzeitig zwei Kameraleute, die für diesen Abend wohl vom NDR an Radio Bremen ausgeliehen worden waren.

Ich war ahnungslos. »Wieso, was soll das denn heißen?«, fragte ich. Und dann klärten sie mich auf: Die Eiswette sei eine Gala mit stinkkonservativen Gästen. Sieh dir mal die Gästeliste an! Das tat ich – und da waren ziemlich große Kaliber angeführt: Ex-Verteidigungsminister Volker Rühe, Konteradmiral Braun, *Zeit*-Chefredakteur Theo Sommer, der ganze Bremer Senat mit Klaus Wedemeier an der Spitze und so weiter. Natürlich bekam ich einen Schreck. Mein Auftritt zum dreißigsten Bestehen der Bundeswehr in der *NDR Talk Show* war noch nicht vergessen, Das war ja sowieso die Tragik meines Lebens: Auf der einen Seite musste ich mir immer nachsagen lassen, ich sei mit meinen Sketchen und Liedern viel zu freundlich, nicht böse und nicht scharf genug – das schrieben häufig Kritiker, die nur wenige meiner Texte kannten –, auf der anderen Seite aber, und dazu zählten die versammelten Konservativen der Eiswette, galt ich inzwischen als böser Linker, als eine durch und durch rote Socke. Auf jeden Fall wäre keiner von den hier geladenen Herren freiwillig in eine meiner Vorstellungen gekommen.

Dazu muss ich noch vorausschicken: Ich mag keine Skandale, ich kenne nichts Schöneres als den Beifall des Publikums. Ich wollte gefallen, wollte die Leute möglichst geistreich unterhalten, freute mich, wenn sie lachten, und war deprimiert, wenn sie nicht begeistert waren. Und, man mag es mir glauben oder nicht: Niemals habe ich es darauf angelegt, einen Eklat zu inszenieren. Es ist mir einfach immer nur passiert. Zu meiner Frau habe ich gesagt: »Ich denke manchmal, wenn ich mich auf das Humorfach zurückgenommen hätte und nicht dauernd dem Drang erlegen wäre, auch politisch ein bisschen mitzumischen, hätte ich bestimmt noch mehr Erfolg gehabt.« Und ich habe Loriot bewundert, der es geschafft hat, einer der größten deutschen Humoristen des 20. Jahrhunderts zu werden, ohne sich auf das politische Glatteis zu begeben, und der trotzdem ganz klar links stand, weil er nämlich ein Menschenfreund war, ein Humanist.

Wie dem auch sei – ich suchte Jo Hanns Müller und fand ihn in der Hörfunk-Regie.

»Jo, ich will dir keine Schwierigkeiten machen, aber ich glaube, es ist besser, ich fahre gleich wieder nach Hause.«

»Wieso, was ist los?«

»Die pfeifen mich aus, heute. Da sitzt die halbe CSU und CDU nachher im Saal, Jo. Und die ganze Bundeswehr. Die hassen mich doch sowieso wegen neulich, wegen ›Soldaten sind Mörder‹.«

»Nein, Hans, das geht aber nicht. Du stehst als Hauptauftritt im Programm. Warum hast du denn solche Bedenken?«

»Ich habe Nummern über Strauß im Programm und über die Flick-Spendenaffäre, so ziemlich alles, was dran ist.«

»Aber warum denn? Ich kenn doch deine Texte. Du

hast so viele Sachen über Beziehungskisten, über komische Zeitgenossen und Spießer. Dann bringst du die eben!«

»Aber, Jo, das kann ich doch nicht machen. Ich kann doch nicht vor diesem Publikum kneifen.«

»Unsinn, wenn du in einem Altersheim auftrittst, bringst du doch auch lieber Eva und Else auf dem Friedhof oder so was.«

»Nein, Jo. Das mach ich nicht. Ich biete dir an, nach Hause zu fahren. Du brauchst auch kein Ausfallhonorar zu zahlen. Aber kneifen werde ich nicht.«

»Wieso? Das ist doch kein Kneifen, wenn du dich mal von deiner angenehmen, freundlichen Seite zeigst.«

Ich konnte es ihm nicht klarmachen. Und ich weiß auch heute noch, hätte ich das gebracht, was Jo meine »humorvollen Alltagssatiren« nannte – ich hätte es mir nie verziehen. Abgesehen davon: Auch das wäre schiefgegangen. Die Herren im Frack da unten kannten mich doch inzwischen als den Soldatenbeleidiger, als den linken Typen, der das Aufstellen eines Deserteur-Denkmals in Hamburg unterstützte – man denke: ein Denkmal für Feiglinge und Vaterlandsverräter.

Also fügte ich mich ins Unvermeidliche. Ich ging – um im Geiste meines Publikums zu reden – mit offener Brust an die Front.

Bis es so weit war, konnte ich mich erst einmal in Ruhe über die Tradition der Bremer Eiswette informieren:

Die Bremer Eiswette geht zurück auf eine heitere Wette aus dem Jahre 1828. Junggesellen wetten seither, ob die Weser am Punkendeich am 6. Januar noch zugefroren ist, das heißt, ob ein 99 Pfund schwerer

Schneider sie mit einem heißen Bügeleisen trockenen Fußes überqueren kann. Aus dieser heiteren Wette entwickelte sich dann ein Bremer Fest, das an jedem Dreikönigstag begangen wird und zu dem unter anderem der Bremer Senat Politiker und andere hohe Persönlichkeiten aus der Bundesrepublik einlädt.

Mit der Besonderheit, dass bis heute nur Männer eingeladen werden – ist doch klar: Frauen sind ja keine hohen Persönlichkeiten.

Ich hatte einen *Bild*-Zeitungs-Song drauf, den konnte ich gut ohne musikalische Begleitung bringen. Ein ganz einfaches Prinzip: lauter *Bild*-Schlagzeilen gereimt hintereinander. Das war doppelt wirksam: Spott über die *Bild*-Zeitung und scharfer Kommentar zum aktuellen Geschehen. Das ging ungefähr so:

Das hab ich gerne, wenn mein BILD
von Blut und Tränen überquillt.
Tiefflieger-Absturz an der Elbe.
Die bringen auch immer nur dasselbe.
Die Banken haben in Karlsruhe Verdruss
(dass es immer die Ärmsten treffen muss) usw.
als Schlusszeilen dann immer irgendwas Alltägliches:
Nur eine Meldung macht mich etwas kecker:
Er hat wieder gewonnen, unser Boris Becker ...

So harmlos fing ich also an. Die feinen Herren da unten hörten auch noch gar nicht richtig zu. Dann kam ein erster leichter Spott gegen das Denkmal der FDP, Otto Graf Lambsdorff. Der ehemalige Wirtschaftsminister war damals gerade wegen Steuerhinterziehung verurteilt worden. Alle wussten aber, dass da noch viel mehr dahintersteckte. Es hatte nämlich einen Deal mit dem Vorgänger von Lambsdorff und dem Flick-Vorstand Eberhard von Brauchitsch gegeben. Nach dem Verkauf von Daimler-Benz-Aktien im Wert von fast zwei Milliarden DM beantragte der Flick-Konzern beim Bundeswirtschaftsministerium eine Steuerbefreiung für »volkswirtschaftlich förderungswürdige« Reinvestitionen – die Steuerschuld hätte bei 986 Millionen DM gelegen. Die beiden FDP-Wirtschaftsminister Friderichs und sein Nachfolger Lambsdorff erteilten die Genehmigung zur Steuerbefreiung. Das roch stark nach Bestechung, war aber letztlich nicht klar nachweisbar. So wurden Friderichs und Lambsdorff nur wegen Steuerhinterziehung und Beihilfe zur Steuerhinterziehung verurteilt. Lambsdorff musste 180 000 DM Strafe zahlen, Friderichs nur 61 500 DM. Beide blieben natürlich weiter »Ehrenmänner«. Lambsdorff musste zwar als Wirtschaftsminister zurücktreten, verlor aber keineswegs seine Abgeordnetenprivilegien, musste natürlich auch nicht ins Gefängnis – oh nein, nur das nicht: 1988 wurde er bereits wieder zum FDP-Vorsitzenden gewählt. Später wurde Lambsdorff Ehrenvorsitzender und blieb es bis an sein Lebensende. Nun ja, das war noch die Zeit, als man vor allem in »höheren Gesellschaftskreisen« Steuerhinterziehung ganz offen als Kavaliersdelikt ansah. Mein Publikum allerdings reagierte sofort wie elektrisiert, als ich die harmlosen kleinen Zeilen sprach:

Graf Lambsdorff kommt wieder ganz groß raus:
Steuerhinterziehung zahlt sich aus!

Es wurde unruhig im Saal. Einer rief: »He, was soll das!?« Es begann ein Grummeln.

Ach ja, ist auch zu ärgerlich, wenn so ein hochgestellter Freiherr durch so eine blöde, sogenannte Flick-Affäre nun für alle Zeiten einen Flecken auf der Weste haben sollte. Mir wär's eigentlich auch egal – ich beschreibe die Szene ja nicht, weil ich nachtragend bin, nein, ich hatte die Flick-Affäre ja schon fast wieder vergessen.

Ich fahre fort mit meinem Lied … Nach zwei Zeilen, die einigermaßen friedlich hingenommen wurden, kam eine ganz ungeheuerliche Majestätsbeleidigung, ich sang die zwei ganz harmlosen Zeilen:

Strauß wird verlegt – nach München rauf.
Hoffentlich wacht er nicht wieder auf.

Oha! Da legten sie sich aber ins Zeug. Schrille Pfiffe, immer wieder auf den Fingern zu pfeifen, das beherrschten einige der feinen Herren ausgezeichnet, obwohl es doch sicherlich gegen die Etikette verstößt. Es erhob sich ein Geschrei mit üblen Beschimpfungen:

»Aufhören, du linke Sau!«

»Werft ihn raus!«

»Mikro aus!«

Heute muss ich dem Leser dazu sagen: Das mit der Familiengruft der Straußens in Rott am Inn war schon wirklich ein Stück aus dem Tollhaus. Der große, dicke CSU-Vorsitzende lag dort in einer für ihn und seine Frau Marianne errichteten Gruft auf familieneigenem Grundstück. Nun war aber Sohn Max inzwischen in große finanzielle Schwierigkeiten geraten und stand vor der Pleite. Das Münchener Finanzamt zögerte keinen Augenblick, mit der Pfändung der Grabstätte zu drohen. Es war eine Schwarzhumor-Gaudi für die gesamte Kabarettszene. Das konnte man sich einfach nicht entgehen lassen. Der treue Strauß-Vasall Gauweiler war am meisten empört: »Wahrscheinlich werden sie noch seine Gebeine einzeln verkaufen«, soll er öffentlich gespottet haben.

Ich denke: Man muss ein bisschen verstehen, dass die beiden Zeilen aus meinem Song direkt den Nerv der anwesenden Strauß-Verehrer und ehemaligen -Günstlinge traf. Es war ein Schmerzensaufschrei. Und nicht nur ein Aufschrei, es flogen jetzt auch Gegenstände.

Von oben sah ich, wie vornehm gekleidete Herren nach den Aschenbechern griffen (damals wurde ja noch geraucht auf einem Fest) und damit nach mir warfen. Allerdings: Nur einer erreichte die Bühne.

Es war einfach ein Chaos, ein Tumult, ein Brüllen und Pfeifen, übelste Schimpfworte flogen mir mitsamt einigen Biergläsern um den Kopf. Ich hatte die Meute gereizt, jetzt ging sie auf mich los. Als mildernder Umstand muss ihr aber angerechnet werden: Sie waren ja fast alle besoffen oder ziemlich stark angetrunken.

Was wir aber alle nicht wussten, mein tobendes Publikum ebenso wenig wie ich selbst: Radio Bremen hat alles mitgeschnitten. Die Gala fand am Freitagabend statt, am Samstagmorgen lief auf Radio Bremen 2 die Reportage über die Eiswette – also nur mein Auftritt. Ein Techniker hat mir damals eine MC mitgeschnitten und zugeschickt.

Nach dem Strauß-Spruch wäre es Zeit gewesen, die Bühne zu verlassen. Aber ich hatte jetzt Gefallen an dem Theater gefunden. Ich stand auf der Bühne und sah mir den brüllenden Mob aus lauter Smokingträgern mitleidig an. Als der Lärm etwas nachließ, griff ich wieder zum Mikro.

»Ach, hören Sie mir doch noch ein bisschen zu, meine Herren! Sie sind mein eigentliches Wunschpublikum. Ins Kabarett kommen sonst immer nur Gleichgesinnte, endlich habe ich einmal die Leute vor mir, die ich wirklich meine!«

Und wieder ein Aufschrei. »Halt die Schnauze! Endlich abtreten!«

Ich war natürlich im Vorteil, weil ich durchs Mikrophon sprach. »Mikro aus!«, schrien sie aus dem Saal. Aber der Mann am Mischpult beziehungsweise die Technik von Radio Bremen stellte den Ton nicht ab. Im Gegenteil, sie nahmen alles hübsch professionell mit einem Frequenzbegrenzer auf.

»Hören Sie doch wenigstens noch mein kleines Gedicht vom Struwwelpeter, das ist ein Kindergedicht, das wird Ihnen gefallen!« Tatsächlich ebbte der Lärm ein bisschen ab.

»Aufhören!«, schrien immer noch welche dazwischen, aber den Gefallen tat ich ihnen nicht.

Die Geschichte vom stinkenden Lügenklaus

Hört Kinder, von dem Lügenklaus!
Oh weh, die Sach' geht übel aus.
Er ging umher im ganzen Land,
schrieb seine Lügen an die Wand.
»Glaubt nur an mich, ihr Kinderlein,
ich halte euch das Wasser rein!

Vom klaren Wasser leben wir,
habt keine Angst: Ich sorg dafür.«

Doch heimlich ging der Lügenklaus
beim Flussvergifter ein und aus,
Der Flussvergifter aber spricht ...

Und wieder wurde der Protest zum Tumult. »Zumutung! Fresse halten! Runter von der Bühne!«

Ich sprach die Struwwelpeter-Verse weiter, obwohl die wohl niemand im Saal verstehen konnte:

Ich lasse weiter in den Rhein
Gift, Farben und noch sonst was rein.
Und Umweltlügenklaus, ei, ei,
drückt beide Augen zu dabei.
Drum Kinder heißt er Lügenklaus.
Ruft ihm nun zu: Klaus, zieh dich aus!
Steig in den Rhein bis zu dem Bauche
und schwimm durch diese Stinkejauche!
Und also sprang er in den Rhein,
igitt, igitt, mitten hinein.
Halt dir fortan, mein Kind auch du,
wenn du ihn siehst, die Nase zu!

Im Jahre 1989 wussten alle Leute, dass Klaus Töpfer tatsächlich durch den verseuchten Rhein geschwommen war. Der Bundesumweltminister, damals 50 Jahre alt, war nahe Stromkilometer 495 mit geröteten Augen dem Rhein entstiegen. Er hatte mit dem rheinland-pfälzischen SPD-Landtagsabgeordneten Rudolf Franzmann gewettet, dass der Rhein innerhalb eines Jahres nicht mehr verseucht sei. Die Wette hatte er verloren. »Wenn man mal einen Quatsch angefangen hat«, sagte Töpfer, »muss man ihn auch zu Ende bringen.« Das war allerdings in jenen Jahren gar nichts Besonderes. Solche Selbstversuche machten auch andere.

Bereits Mitte der siebziger Jahre hatte der baden-württembergische Landwirtschaftsminister Gerhard Weiser öffentlich versprochen, dass »ab 1980« im Neckar wieder gefahrlos gebadet werden könne; er selber wolle dann »kopfüber voranspringen«. Als die Wette zur Einlösung anstand, zog sich Weiser – angesichts der weiterhin braunen Dreckfluten des schwäbischen Industrieflusses – mit zehn Flaschen Riesling »Wieslocher Spitzenberg Spätlese« aus der Affäre.

Lothar Späth machte 1985 einen umweltpolitischen Nudel-Selbstversuch – zur Rehabilitierung der heimischen Nudelindustrie. Damals war die sogenannte »Schleuder-Ei-Affäre« noch nicht aus den Schlagzeilen. (Sie erinnern sich bestimmt: Jahrelang verarbeiteten deutsche Nudelhersteller Flüssigei, das vermischt war mit Kükenembryos, Bakterien und Hühnerkot. Und die Behörden halfen bei der Vertuschung dieser Sauerei.) Späth ließ sich im Stuttgarter Hotel Zeppelin zu Wildragout mit Wacholdersauce echte »Industrienudeln«, Marke Birkel, servieren. Resultat: »Ihr seht, ich lebe immer noch.«

Bayerns Umweltminister Alfred Dick seinerseits versuchte Anfang 1987 nach der Tschernobyl-Katastrophe im Jahr zuvor die Bürger zu beruhigen. Er löffelte öffentlich ein paar Gramm verstrahltes Molkepulver. Und tatsächlich: Es war keine Strahlung zu sehen. So ging es immer weiter.

Ein »Bekenntnis zum Nordseefisch« legte zum Beispiel der niedersächsische Agrarminister Burkhard Ritz (CDU) gemeinsam mit seinem liberalen Kabinettskollegen Walter Hirche ab. Beide verspeisten, auf Einladung der Fischwirtschaft, Seefisch, der damals von den Verbrauchern wegen Befalls mit ekligen Fadenwürmern (Nematoden) weiterhin gemieden wurde.

Mein Smoking-Publikum wusste also nur zu genau, um was es ging. Wahrscheinlich war es auch deshalb so sauer, weil es ausgerechnet auf einer Gala der feinen Gesellschaft an diese unappetitlichen Fakten erinnert wurde.

Klaus Töpfer übrigens, das muss ich an dieser Stelle anmerken: Klaus Töpfer war wenigstens ein Mensch mit Humor. Und ich behaupte: Er war Umweltminister aus Überzeugung. Die Erhaltung der Natur lag ihm wirklich am Herzen. Auf der Eiswetten-Gala war er nicht dabei. Bei einer Hörfunk-Talkrunde des WDR, an der ich als Gast teilnahm, traf ich ihn jedoch persönlich und lernte ihn etwas kennen. Am Abend bei einem Umtrunk (mit Schnittchen) saß ich neben ihm am Tisch. Er griff in seine Aktentasche und holte sein neuestes Buch heraus und seinen Montblanc: »Denk ich an Scheibner in der Nacht ...«, schrieb er hinein. Petra Verena Milchert, später meine zweite Frau, war mit dabei. Töpfer hatte sie schon begrüßt. Als sie plötzlich nicht mehr neben mir saß, erkundigte er sich, wo sie geblieben sei. Ich sagte ihm, sie habe sich nach der Talkshow ein bisschen hinlegen und ausruhen wollen. »Wie ich Petra kenne«, sagte ich, »ist sie jetzt eingeschlafen und wacht heute Abend nicht mehr auf.« – »Unmöglich! Das können wir nicht zulassen«, rief Töpfer. »Sagen Sie mir Ihre Zimmernummer!« Das tat ich, und Umweltminister Töpfer stürmte in den fünften Stock des Maritim-Hotels in Köln, klopfte – und kam nach zehn Minuten mit Petra zurück. Es wurde ein sehr unterhaltsamer Abend. Auf jeden Fall stellte ich fest, was schon die meisten wussten: Der Mann ist einfach in der falschen Partei!

Aber ich schweife ab. Mein spektakulärer Auftritt in Bremen ist ja noch nicht zu Ende. Und das Schlimmste kommt noch. Das Schlimmste für den armen Jo Hanns Müller.

Inzwischen waren die Smoking-Hooligans und ich dazu übergegangen, uns gegenseitig anzuschreien. Ich hörte kaum noch auf ihre Pfiffe und Beschimpfungen, aber die Herren mussten immer noch ein bisschen hören, was ich ihnen mikrophonverstärkt in die Ohren schrie:

»Es freut einen Kabarettisten, wenn er sich endlich einmal nicht vorwerfen lassen muss, er würde seinem Publikum zu sehr gefallen ... Geben Sie die Hoffnung auf: So schnell werden Sie mich nicht los! Hören Sie jetzt etwas aus der deutschen Klassik!«

Von unten: »Nein! Abtreten! Hör endlich auf! Hau ab! Mach, dass du wegkommst!«

Von oben wieder ich: »Hören Sie Johann Wolfgang von Goethe. Aus dem *Faust*.« Von unten immer weiter Rufe. »Aufhören!« Große Unruhe.

»Also, Sie hören sich jetzt bitte schön noch einen Ausschnitt aus dem *Faust* an, und dann verspreche ich Ihnen, dass ich danach abtrete.«

Von unten wieder höhnischer Beifall. »Bravo! Bravo! Abtreten!« Noch ein Gegenstand fliegt auf die Bühne.

Mit Will Quadflieg auf einer Demo gegen Atomraketen

Ich – immer wieder von Pfiffen unterbrochen – spreche meinen »Prolog im Himmel«. Das verkürze ich jetzt hier. Es geht darum: Der Herr erklärt dem Teufel, wie stolz er doch auf seine lieben Christen ist, weil die da unten auf der Erde nun tatsächlich ihre Atomwaffen abrüsten wollen.

Tatsache war aber doch, dass dies auf eine Initiative von Gorbatschow zurückging.1986 hatte Gorbatschow überraschend für die ganze Welt einen Plan zur Abschaffung aller Atomwaffen vorgelegt. Die westlichen Politiker waren auf so einen Vorschlag nicht gekommen. Unser wackerer Verteidigungsminister Wörner wollte damals auf keinen Fall die Atomwaffen aus Deutschland abziehen lassen. Nach einigen Schwierigkeiten kam es im Oktober 1986 dann zu dem historischen Gipfeltreffen zwischen Reagan und Gorbatschow in Reykjavík.

Einen kleinen Augenblick wurden die da unten im Saal etwas ruhiger. Könnte es sein, dass der Typ oben auf der Bühne jetzt die sogenannte Abrüstungspolitik von Kohl loben oder anerkennen wird? Aber sofort wurden sie enttäuscht, denn folgerichtig antwortet in meinem *Faust*-Prolog Mephisto dem Herrn:

Ei Herr, ihr irrt, es sind nicht eure Christen,
die sich entschlossen haben abzurüsten.
Die Gottesleugner sind's, die Atheisten,
für die's euch gar nicht gibt: die Kommunisten.
Die Christen sträuben sich, die Schreckenswaffen
für einen langen Frieden abzuschaffen.
Millionen Menschen kann mit ihnen man vernichten,
kein guter Christ will darauf gern verzichten.

Das war nun wirklich nicht mehr auszuhalten für meine zum größten Teil christlichen Demokraten. Es brach ein solcher Tumult aus, einige der wütenden Herren drängten nach vorn zur Bühne, dass mir wirklich nichts anderes mehr übrigblieb, als sie so schnell wie möglich zu verlassen.

Hinter der Bühne war es aber nicht zu Ende. Ich hatte gehofft, Jo Hanns Müller noch zu sprechen, aber der war verschwunden. Ich holte meine Tasche und meinen Mantel aus der Künstlergarderobe und wollte über das Foyer zum Ausgang gelangen. Da standen sie aber schon, meine Smoking-Freunde. Ich vermied es, Blickkontakt mit einem aufzunehmen, und wollte mich wortlos hinausbegeben. Drei von den schwarzgekleideten Herren versperrten mir aber den Weg. Ich dachte schon: Jetzt gehen sie auf mich los, jetzt verhauen sie mich.

Aber als bedeutende Bosse wussten sie etwas Besseres. Einer von Ihnen, ein großer Blonder, trat mit dem Sektglas in der Hand auf mich zu und sagte: »Ich vertrete das Haus HB.«

Er muss davon überzeugt gewesen sein, dass mich das ungeheuer beeindrucken würde. Ich sah ihn freundlich an: »Ja, und?« Da trat er bedrohlich nahe an mich heran, und da er zwei Köpfe größer war als ich, sagte er von oben herab: »Das wird Ihnen noch einmal leidtun!«

Erst später fiel mir ein: HB, das ist doch die Zigarettenmarke, zu der man immer greifen soll, wenn man in die Luft geht. War der Typ ein hohes Tier in dem Laden?

Aber ich gebe zu: Immer wenn ich mal wieder irgendwo rausgeschmissen wurde oder gar nicht erst angenommen, fiel mir dieser Mensch ein. Man weiß doch, dass die wirklich wichtigen Erfolge oder Misserfolge im Hintergrund unter Ausschluss der Öffentlichkeit vorbereitet werden.

Ich ging ins Hotel und legte mich schlafen. Am nächsten Morgen: Die Rezeption rief an und verband mich mit einem Produktionsleiter von Radio Bremen. Ich hatte gleich ein flaues Gefühl im Magen. Es war die Fernsehredaktion von Radio Bremen. Donnerwetter: Ulrich Kienzle, der Chefredakteur, einer der bedeutendsten, scharfsinnigsten und witzigsten Fernsehredakteure, der berühmte Kienzle, der gerade für Radio Bremen die Sendereihe *buten un binnen* erfunden hatte und leitete (diese Sendung gibt es bis heute). Zu ihm also durfte ich ins Studio kommen und live seine Fragen beantworten:

»Aber, Herr Scheibner, was haben Sie sich denn dabei gedacht? Das waren doch alles honorige Herren. Die haben Sie beleidigt, Herr Scheibner, mit Ihren linken Ansichten. Das wird Ihnen noch einmal leidtun.«

»Ja, ich weiß. Das haben die mir schon gesagt.«

Kienzle jedenfalls hatte schon das Radioband gehört und sich köstlich amüsiert. Leider habe ich von der Sendung keine Aufzeichnung.

Am selben Tag erschien der *Weser-Kurier* mit einem ganzseitigen Bericht.

Eiswettspiel ging im Pfeifkonzert unter

...was war passiert? Scheibner ist seit Jahren für seine spitze Zunge landauf, landab bekannt. Dass er Ansichten vertritt, die links von der CDU angesiedelt sind, dürfte auch dem Eiswettpräsidium nicht entgangen sein. Doch als Scheibner sich »erdreistete«, während seines Auftritts Bundesumweltminister Klaus Töpfer (CDU) als Lügenklaus zu titulieren, da sahen die ersten Eiswettgenossen und ihre Gäste rot. Und als der Kabarettist behauptete, Kommunisten seien für atomare Abrüstung, während christliche Demokraten dies verhindern wollten, tobte der Saal.

Der Künstler: »Das war einer meiner unvergesslichen Auftritte.«

Jo Hanns Müller habe ich danach nicht mehr gesehen. Er hat wohl ein »ernstes Gespräch« mit seinem Programmdirektor gehabt, behielt aber seine Sendeplätze *Bremer Container* und *Funkbrettl* bis zur Pensionierung. 2004 ist Jo Hanns Müller an den Folgen eines Herzinfarkts gestorben.

Jeden Tag eine Satire

An die dreitausend sogenannte Glossen habe ich in dreißig Jahren für mehrere Zeitungen geschrieben. Zuerst ging es immer gut: Die Leser wollten meine Texte lesen oder sich darüber ärgern. Auf jeden Fall behielt ich jeweils jahrelang meine Kolumne.

Aber, Entschuldigung: Ich warne alle jungen Frauen: Zieht bitte niemals mit einem regelmäßigen Kolumnenschreiber zusammen!

Meine zweite Frau, Petra, beschrieb es einmal so:

Etwas Witziges, Lustiges, Pointiertes zu schreiben, das ist meistens gar nicht so lustig hier zu Hause. Es fängt schon beim Frühstück an, wenn er mir die Tageszeitung auf mein Croissant legt und fragt, ob mir irgendetwas für seine Glosse auffalle. Nervosität baut sich auf. Franca, unsere Jüngste, schnappt sich ihr Müsli und verschwindet, Hans zieht um ins Büro, sitzt am Schreibtisch, den Kopf in den Händen vergraben. Die Bürotür geschlossen. Irgendwann flucht er. Unruhig werkelt er am Schreibtisch herum. Dann kommt er total verzweifelt ins Wohnzimmer. »Heute fällt mir absolut nichts ein! Ich muss raus – auslüften!«

Der Hund versteht nichts und freut sich. Die beiden verschwinden, und ich atme tief durch. Nach einer Weile kommen sie zurück.

Hans wieder ins Büro. Da plötzlich geht's los: Ich

höre ihn laut mit seiner Tastatur reden, fabulieren,
grunzen, flöten. Kurz darauf kommt er mit zwei Sei-
ten Papier zu mir ins Wohnzimmer. »Doll ist es nicht«,
meint er vorsichtig. Und jetzt bin ich dran. Oho – das
ist eine ganz heikle Sache. Ich soll jetzt die harter-
kämpfte Dichtkunst meines Mannes begutachten.
Wenn es mir nun nicht so gut gefällt, dann ist er belei-
digt, zerreißt das Werk, und ich bin schuld, dass die
Menschheit nichts davon erfährt, außerdem habe ich
einen schlechtgelaunten Mann. Wenn ich ihm aber
besten Gewissens eine Eins gebe, dann strahlt er, lädt
mich zum Essen ein und streichelt die Kinder und den
Hund. Echt nicht einfach!

Zum Glück weiß man von Kollegen wie zum Beispiel
Hellmuth Karasek: Unbefangen und frei lebt man als
Schreiber einer regelmäßigen Kolumne eigentlich nur
unmittelbar nachdem sie an die Redaktion abgeschickt
wurde. Einen Tag später geht's schon wieder los: Jede
Zeitungsmeldung wird geprüft. Was lässt sich daraus
machen?

Am Anfang gab ich – wenn ich in Hamburg war –
mein Manuskript noch persönlich in der Redaktion
oder an der Pförtnerloge ab. Die Redaktion hatte mir
einen Riesenkarton mit Manuskriptpapier angeliefert.
Ich schrieb den Text mit der Hand und musste ihn an-
schließend mit der Maschine auf die angelieferten Ma-
nuskriptblätter tippen. An diesen hingen jeweils zwei
Durchschlagseiten und dazwischen je ein Kohleblatt.
Das ging aber nicht lange gut. Ich war ja schon viel
unterwegs. Fax gab es noch nicht. Ich musste den Text
also einer Stenotypistin telefonisch durchgeben. Wenn

ich aber – sagen wir mal – auf dem Weg nach Frankfurt am Main war, und der Redaktionsschluss kam näher, hatte ich zwar während der Fahrt Zeit, mir etwas auszudenken, dazu musste ich jedoch an einer Autobahntankstelle parken, auf einen kleinen Zettel meinen Text schreiben, dann anrufen und diktieren. Damals bekam man längst nicht jedes Mal Anschluss, häufig war eine halbe Stunde lang die Stenotypistin besetzt – aber ich musste doch weiter zu meiner Vorstellung.

Dann kam endlich die segensreiche Erfindung des Faxgerätes. Das bedeutete aber, dass ich eine gute Reiseschreibmaschine mitführen musste. Wo aber konnte ich den fertigen Artikel faxen? Auf die Post gehen? Das habe ich zweimal versucht – und zwei Stunden auf dem Postamt verbracht. Also an der Rezeption abgeben. Ach ja, und dann jedes Mal der Vormittag im Hotelzimmer: Da sitzt du nun und glaubst, eine gute Idee zu haben. Du darfst nur den Gedanken nicht verlieren. Da klopft es – bum, bum! – an der Tür: »Hier ist der Zimmerservice, kann ich schon Ihr Zimmer machen?« – »Nein, verdammt!«, rufst du, weil du genervt bist. »Ich hab doch extra das Schild rausgehängt: ›Nicht stören!‹« – »Entschuldigung. Es ist ja schon elf Uhr.« Na wunderbar! In den Hotels sind sie es nicht gewohnt, dass da einer noch vormittags am Schreibtisch sitzt und arbeitet. Sind doch meistens Vertreter, die im Hotel übernachten, und die müssen ja gleich nach sieben Uhr schon auf dem Weg zum nächsten Kunden sein. So spürt man in seinem Zimmer einen doppelten Druck: Wenn du jetzt nicht gleich deinen Text fertig hast, werfen sie dich aus dem Hotel raus.

Ja, ja, verehrte Leser, so sieht die harte Wirklichkeit eines reisenden Schriftstellerjournalisten aus! Dann kam endlich die Zeit, in der man eine E-Mail schicken konnte. Nur dass es im Hotel noch keinen WLAN-Anschluss gab. Da musste man dann immer mühsam die Internetverbindung auf seinem Laptop suchen, dazu brauchte man das Passwort des Hotels – und dafür verlangten die eine Gebühr, nach Stunden berechnet. Oder man musste sich mit der Kreditkarte bei der Telekom anmelden.

Die Texte für das *Abendblatt* waren oft länger. Es waren keine Spitzen oder Glossen, sondern oftmals satirische Geschichten. Darum waren sie sehr gut zu einem Buch zusammenzustellen.

In acht Jahren habe ich für das *Abendblatt* etwa fünfhundert Geschichten geschrieben, später dann für die *Hamburger Morgenpost* insgesamt zweitausendfünfhundert. Das war dann der Stoff für fünf Bücher.

Hier ist der Platz, an dem ich es endlich einmal sagen kann: Einer der großen Glücksfälle in meinem Leben war der Verleger Hans-Helmut Röhring. Kleine und mittlere Verlage haben es heute nicht gerade leicht. Sie können mit den großen Verlagsanstalten finanziell, in der Werbung und mit ihrem Vertrieb kaum mithalten. Dazu kommt die Digitalisierung, die die ganze Branche bedroht. Man braucht sich kein Buch mehr in den Urlaub mitzunehmen – es genügt, sich einige Romane oder Ähnliches auf das Tablet herunterzuladen.

Für die individuelle Beratung und Betreuung des Autors bleibt heutzutage meistens kaum Zeit. Helmut Röhring war einer, der sich interessierte. Er verlegte nicht einfach alles, was hohe Auflagen zu bringen versprach. Er war ein Mensch mit Rückgrat.

Berühmt dafür wurde unter Verlegern seine gerade Haltung gegenüber dem Verlag Hoffmann und Campe. Röhring war Leiter des Verlages. 1983 sollte ein Buch des Autors Erich Kuby über die Hintergründe der Affäre des *Stern* im Zusammenhang mit den falschen Hitler-Tagebüchern erscheinen. Thomas Ganske, Verleger von Hoffmann und Campe, bestand auf substantiellen Änderungen. (Ein Verleger kratzt dem anderen wohl kein Auge aus.) Kuby zog das Manuskript zurück. Röhring nahm im Zorn und mit Empörung bei Hoffmann und Campe seinen Hut.

Hans-Helmut Röhring war ein absolut liberaler, humanistisch denkender Mensch. Auf sein Urteil konnte ich mir etwas einbilden.

Wir haben viele Abende über die politische Lage diskutiert. Nach meinem Talkshowskandal 1985 rief er mich an: »Jetzt erst recht, Hans!« 1987 erschien mein erstes Buch bei Rasch & Röhring: *Klopfzeichen aus der Anstalt. Satirische Nachrichten.*

Acht Jahre lang – bis 1995 – veröffentlichte Röhring fast jedes Jahr ein neues Buch von mir. Sie brachten ihm längst nicht alle besonders hohe Auflagen. Aber er stand dahinter. »Das will ich alles haben«, sagte er immer: »Ich, dein Verleger.«

Ein einziges Mal gab es eine echte Meinungsverschiedenheit. Als Bewunderer von Wolf Biermann, das bin ich mit Einschränkungen heute noch, empörte mich damals alles, was man über Gregor Gysi lesen musste. Inzwischen hat sich Gysi aus allen Anklagen herausgewunden. Aber gerade dieses »Herauswinden«

war es ja, was ich so verlogen fand. Mich erinnerte damals Gysi mit seinen diversen Affären an Goethes *Reineke Fuchs*. Unter diesem Titel schrieb ich 1990 in der *Hamburger Morgenpost* eine Kolumne. Darin heißt es: »Wie er es immer wieder schafft, sich herauszulügen und den Hals noch einmal aus der Schlinge zu ziehen. Der Reineke Fuchs, meine ich. Er hat die Schlinge schon um den Hals, aber er schafft es, schlägt sich immer wieder scheinbar reumütig an die Brust – und er wird wieder begnadigt. Aber kaum ist er dem Galgen entkommen, lockt er schon wieder jemanden in den Hinterhalt. Und wieder seufzen die Tiere: ›Ach hätten wir ihn doch rechtzeitig aufgehangen!‹«

Es ging damals unter anderem um die Millionenbeträge, die die SED von ihren Mitgliedern erpresst hatte – aber Reineke Fuchs hatte natürlich nie etwas davon gewusst.

Mein Verlegerfreund Hans Helmut erregte sich gar nicht so sehr über die Sache selbst und darüber, dass man dem Gysi vorwarf, er müsse das alles gewusst haben – nein, er erregte sich über mich: »Ach, hätten wir ihn doch rechtzeitig aufgehangen!« Das ist ja Aufruf zum Mord, Aufruf zur Gewalt!« Dabei hatte ich doch nur Goethes Fabel zitiert.

Das sei ja gerade das Perfide, sagte Hans Helmut. »Es ist zwar ein Zitat, aber es klingt wie eine Aufforderung, den Mann zu beseitigen.«

Wir stritten die halbe Nacht. Konnten uns aber nicht einigen. Trotzdem verabschiedeten wir uns so gegen vier Uhr morgens friedlich voneinander. Und unsere beiden Frauen, Barbara und Petra, die den Streit miterlebt hatten, waren froh, dass sie endlich zu Bett gehen konnten.

Aber das Beste war: Röhring veröffentlichte den Text in meinem Buch *Das Glücksgefühl vorm Aufprall*, ohne eine Änderung zu verlangen.

Das Thema Gregor Gysi wird übrigens wohl nie zu Ende gehen. Inzwischen herrschen zwar zum Glück andere Zeiten, und was Gysi zum gegenwärtigen Politik-Irrsinn zu sagen hat, finde ich oft klug, geschliffen und gerecht. Seine Vergangenheit holt ihn allerdings immer noch ein. Ein anderer guter Satirefreund von mir ist Hans-Jürgen Börner. Als er noch das Format *extra3* im NDR machte, holte er mich hin und wieder in die Sendung. Als er die Reihe *DAS!* als Chefredakteur leitete und ich meinen regelmäßigen satirischen Beitrag *Bruno Brockmann* bei ihm brachte, konnte ich mich auf seine sachliche, objektive Kritik verlassen. Nun ist er inzwischen wieder als freier Journalist und Berichterstatter tätig. Und wie das Leben so spielt, hat er gerade eine zweite Dokumentation über Gysi zu den Fällen Havemann, Bahro und Thomas Klingenstein veröffentlicht.

Ob der Vergleich zwischen Reineke Fuchs und Gregor Gysi immer noch gelte, fragte ich Börner. »Und ob«, sagte der. »Allein schon deshalb, weil Gysi als Rechtsanwalt in der DDR Erfüllungsgehilfe von Staat und Partei war.«

Noch einmal zum Verleger Hans-Helmut Röhring zurück: Nicht nur ich muss diesem Mann dankbar sein. Dankbar müssen ihm auch die Elefanten Afrikas sein. In seinem letzten Lebensjahrzehnt engagierte er sich für den Schutz dieser wunderbaren Tiere. Er sammelte nicht nur Spenden und unterstützte die Tierschutzvereine in Zentralafrika, er nahm zusammen mit seiner Frau Barbara auch monatelang direkten Kontakt mit den Wildhütern auf, half ihnen und lebte mit ihnen.

Mein Freund Hans-Helmut Röhring ist am 22. Februar 2004 in Hamburg gestorben.

Uff! Ich bin immer noch bei meinem Thema Glossen- und Kolumnenschreiben. Das ist ja nichts anderes, als sich jeden Tag wieder von neuem der Aufgabe zu stellen, auf die Widersprüche nicht nur der politischen Wirklichkeit aufmerksam zu machen. Ich hatte sehr bald gemerkt, wenn man gezwungen ist, jeden Tag eine Kolumne zu schreiben: So manchen satirischen Einfall kann ich vielseitig weiterverwenden.

Auch eine große Freundschaft entstand durch das Kolumnenschreiben: Im Oktober 1983 demonstrierten 400 000 Menschen in Hamburg gegen Helmut Schmidts Ja zum NATO-Doppelbeschluss. Was uns alle antrieb, war die Angst vor einem Atomkrieg. Helmut Schmidts Motiv, das »Gleichgewicht des Schreckens« wiederherzustellen, konnte die Menschen nicht beruhigen. Fünf Jahre nach unserem »gemeinsamen« Auftritt im Schauspielhaus hatte ich die große Freude, Will Quadflieg beim Friedensmarsch in der Reihe vor mir zu entdecken. Er marschierte als normaler Bürger mitten in der Menge. Ich beobachtete ihn, als würde er eine Vorstellung geben. Und ich konnte nicht anders, ich schrieb wieder in einer Glosse: »Seine Majestät demonstrierte mit.«

Mit Majestät meinte ich: seinen aufrechten, majestätischen Gang. Den hatte ich ja immer schon bewundert – wenn er als Lear oder auch als Marquis Posa über die Bühne schritt. So schritt in meinen Augen ein König vom Stephansplatz zum Rathausmarkt majestätisch gegen den Doppelbeschluss.

Quadflieg schrieb mir drei Tage später einen Brief: Er freue sich über meine freundliche Betrachtung seiner Gangart. »Ich muss Sie aber enttäuschen«, schrieb er, »was den majestätischen Gang angeht: Ich kann nicht anders. Ich hab mir als junger Mann beim Fußballspielen ein Knie verletzt. Zum Glück muss ich jetzt nicht humpeln, sondern nur immer so königlich schreiten!« Mit diesem Briefwechsel begann bald unsere Freundschaft.

Und es ging immer so weiter mit den Kolumnen: Ein Jahr nach meinem Rausschmiss beim Abendblatt kam ein Anruf aus dem Interconti: ein Herr Hans Dichand. Er käme aus Wien und wolle mich gern sprechen. Ich hatte keine Ahnung, wer das ist. Aber warum soll man sich nicht mal mit jemandem aus Österreich im Interconti treffen?

Im Foyer des Hotels saß ein sympathischer Herr – wie soll ich sagen? –, »distinguiert« steht an dieser Stelle immer in den Romanen. Er lächelte mich freundlich an, erhob sich, um mich zu begrüßen, und machte einen ausgesprochen menschlichen, liebenswürdigen Eindruck auf mich.

»Ah, dös is er, der Scheibner«, sagte er auf Wienerisch.

Ein bisschen klingelten die Vorsichtsglocken bei mir: Das ist vielleicht ein Versicherungsvertreter oder so.

Dann saßen wir uns bei einem Glas Wein, das er

auch für mich bestellt hatte, gegenüber, und er kam gleich »ohne Schmäh« aufs Wesentliche:

»Ich mache Ihnen das Angebot, eine Kolumne fest und exklusiv für die Hamburger Morgenpost zu schreiben. Sind Sie daran interessiert?«

Das war ich natürlich.

»Wie oft meinen Sie denn? Einmal die Woche? Einmal im Monat?«

»Oh nein«, sagte er und schmunzelte. »Jeden Tag.«

Ich schluckte.

»Jeden Tag?«

»Aber sicher. Das lohnt sich wenigstens.«

Ich dachte weniger an das Honorar. Ich hatte nur einen Schreck bekommen. Die wöchentliche Kolumne für das Abendblatt war mir doch manchmal schon schwer genug gefallen.

»Entschuldigung«, sagte ich. »Ich glaub, das geht nicht!«

»Nur keine Angst«, sagte Dichand. »Ich weiß, dass es geht. Ich habe das fünf Jahre lang für die Kronenzeitung gemacht. Mit Qualtinger.«

»Äh … Sie meinen ›Der Papa wird's schon richten‹?«

»Jawohl, er war mein Freund. Und der Bronner auch.«

Wow! Das ging mir unter die Haut.

Qualtinger. Der Größte!

»Sie meinen doch ›Der Herr Karl‹?«

»Genau den. Ich besitze in Wien die Kronenzeitung und noch so einiges. Ich habe einige Ihrer Kolumnen gelesen. Die gefallen mir. Die brauchen wir für die Hamburger Morgenpost.«

Ich glaube, ich hatte Herzklopfen. Das war ja mal ein Angebot.

»Aber täglich?«, sagte ich trotzdem. »Das geht doch nicht.«

»Probieren Sie es aus! Sie machen einen Vertrag mit der Morgenpost. Und wenn Sie's nicht schaffen, hören Sie eben wieder auf. Der Qualtinger hat's geschafft – neben seinen vielen Auftritten.«

Ach, wie beruhigend. Ich bat mir einen Tag Bedenkzeit aus. Dichand galt damals in Österreich aufgrund seines Medienimperiums als mächtigster Mann des Landes, man nannte ihn den Kanzlermacher. Mit seiner Kronenzeitung unterstützte er damals die SPÖ und warnte vor dem Rechtspopulisten Jörg Haider.

Die damalige für Österreich wichtige Koalition zwischen SPÖ und FPÖ wollte Dichand mittels seiner Kronenzeitung unbedingt verhindern, was ihm aber nicht gelang. Insofern lag dieser Zeitungsmogul immerhin auf der Linie meiner politischen Meinung. Hätte ich damals allerdings mitbekommen, dass Dichand sich andererseits auch für die Wahl Kurt Waldheims zum österreichischen Bundespräsidenten starkmachte, hätte ich wahrscheinlich abgesagt. (Waldheim wurde Vertuschung seiner NSDAP-Mitgliedschaft und Beteiligung an Kriegsverbrechen vorgeworfen.) Ich bekam aber heraus, dass Dichand sich überdies sehr für das österreichische Kabarett einsetzte, unter anderem eben auch für Qualtinger.

Nun, ich sagte zu – und es war eine gute Entscheidung.

Ich war jetzt gezwungen, mich jeden Tag neu und noch intensiver über alles irgendwie interessante Geschehen in der Welt zu informieren. Ich las täglich fünf Zeitungen, beziehungsweise überflog ich sie alle. Die größte Hilfe dabei leistete mir wieder mein Freund Andreas. Täglich schlug er mir Themen vor, die ich satirisch umsetzen musste. In kürzester Zeit hatte ich eine Art aktuelles Satirearchiv angelegt. Dieser Dichand hatte recht: Es gab ja täglich so viel Widersprüchliches und Haarsträubendes, was in der Welt geschah, dass ich notfalls auch zwei Zeitungen hätte bedienen können. Die Hamburger Morgenpost, die damals dem Verlag Gruner + Jahr gehörte, hatte 1986/1987 noch eine beachtliche Auflage von bis zu 250 000 Exemplaren. Auch für meine Hauptaufgaben, die Fernseharbeit und das Schreiben neuer Kabarettprogramme, war der Vertrag mit der Morgenpost ein Glücksfall. Ich hatte durch die tägliche Verpflichtung eine Fülle von Material zur Verfügung. So kamen nicht nur sechs Bücher für den Verlag Rasch & Röhring zustande, die Themen tauchten dann auch in den neuen Bühnenprogrammen auf: *Klopfzeichen aus der Anstalt*; *Wahnwitz von Feinsten*; *Das Glücksgefühl vorm Aufprall*; *Currywurst und Ewigkeit*; *Der Urschrei*; *Wer zuletzt lacht, macht das Licht aus*.

Ach, und überhaupt: Ich hatte in diesen Morgenpost-Kolumnenzeiten noch einen Haufen anderer satirischer Baustellen zu bedienen. Der große Krach um Lysistrata war wie gesagt vorbei. Es wurde ein satirischer Auftakt für die NDR Talk Show im Dritten Programm gesucht. Man lese und staune: Unter den Bewerbern wurde ich ausgewählt. So machte ich seit 1991 29 Sendungen mit dem Titel *Fünf vor Talk*. Dazu erfand ich eine Art Imbissstand im Bahnhof. Davon war jedoch nur der Tresen zu sehen. Alle vierzehn Tage kam ich dann in der Rolle einer anderen Figur herein: als Immobilienmakler, als Abgeordneter, als verlassener Ehemann, als Robert, der Penner, als Bundeswehrsoldat und so weiter. Es war eine ähnliche Szenerie, wie sie später – ebenfalls im Dritten – Olli Dittrich in »Dittsche« spielte. Nur dass ich eben 29-mal eine neue Figur erfinden musste. Hans-Helmut Röhring gab auch zu diesen Arbeiten ein Buch heraus: *Currywurst und Ewigkeit. Bei Kurt in der Bahnhofskneipe.*

Ja, und dass ich wiederum nicht vergesse, zu berichten: Aus dieser kleinen Bahnhofskneipe wurde für spätere Sendungen eine größere Bahnhofskneipe, aus der ich alljährlich zum Jahresende mit Uta Fahrenholtz als Redakteurin die Sendung Ultimo, einen satirischen Jahresrückblick, bringen konnte. Und das von 1992 bis 2006 jedes Jahr!

Viele dieser hier aufgeführten »Produkte« hingen also mit der täglichen Glossenerzeugung zusammen. Sechs Jahre habe ich das in der Hamburger Morgenpost durchgehalten und mehrere Chefredakteure überlebt. Einer davon war Wolfgang Clement, später der sogenannte Superminister im zweiten Kabinett Schröder. Niemand ahnte damals, dass er immer weiter nach rechts abdriften würde. Als er 1986 Chefredakteur wurde, das Amt bekleidete er bis 1989, freute ich mich. Ich hatte wie viele meiner Kollegen (Dieter Hildebrandt und andere) im Wahlkampf zuerst Willy Brandt und dann auch Helmut Schmidt unterstützt. Das Hauptziel

Als Bundeswehrsoldat in *Fünf vor Talk*

bei den Wahlen danach hieß, endlich die »Birne«, den Kohl, abzulösen. Als es dann so weit war, ahnte noch keiner von uns, dass Schröder nach 1998 die größte Enttäuschung für die SPD-Wähler und -Mitglieder werden würde.

Als klar war, dass Schröder sich nicht entblöden würde, mit seiner Agenda 2010 und mit seiner Steuerpolitik die wirtschaftlich Schwachen noch mehr zu schwächen und dafür die Großverdiener, die Reichen, im Lande zu stärken, da war es erst einmal zu spät. Wir spielten und schrieben, wo immer wir konnten, gegen diesen Verrat von Schröder an, aber die SPD saß erst einmal mit ihrem Koalitionspartner Bündnis 90/Die Grünen in der Regierung und demontierte munter die Rechte der Arbeitnehmer. Sehr zur Freude natürlich der Konservativen, der CDU. Es dauerte noch etwas, aber das war der Anfang vom Ende der SPD. Bis heute hat sie sich nicht von diesem schröderschen Dolchstoß erholt – und wird sich nicht davon erholen.

Von 1986 bis 1989 war Wolfgang Clement Chefredakteur der *Hamburger Morgenpost*. Ich lernte den späteren Superminister noch als sympathischen Menschen kennen. Seine politische Schizophrenie merkte ich ihm jedenfalls nicht an. Ich konnte ohne jegliche Zensur auch meine gelegentlichen Ausfälle gegen die katholische Kirche bringen.

Zwei kleine Beispiele:

Als besonders verbohrter Gottesmann tat sich immer wieder der Paderborner Erzbischof Johannes Joachim Degenhardt hervor. Bei diesem fühlt sich unsereiner zunächst an »Väterchen Franz« erinnert, den großen Liedermacher und Sänger für die Schmuddelkinder. Wie dumm, denkt man über sich selbst. Aber, oh Schreck: Franz Josef Degenhardt war tatsächlich ein Cousin von diesem Ungetüm. Vielleicht muss man erwähnen, dass dieser Erzbischof und treuer Diener des Herrn 1994 öffentlich erklärt hatte:

»Junge Frauen sind gleichberechtigt und fordern Beteiligung ihrer Männer an der Häuslichen Tätigkeit (...) Und da liegen die Gefahren für junge Männer, (...) dass sie ihren Trieben nachher nicht mehr standhalten können. Wenn junge Männer stärker mit der Pflege von Kleinkindern betraut sind und dabei nackte, entblößte Körper ständig sehen, sie berühren und saubermachen müssen, ist die Gefahr groß, dass sie ihren Begierden nicht widerstehen können. Der viele Körperkontakt mit dem Kind bei der Pflege würde ihnen sicher oft zum Verhängnis werden. Und deswegen stellen wir fest, dass auch diese Konsequenz, dass viele Väter Hausmänner werden, auch negative Aspekte haben kann.«

Ja, ich weiß, liebe Leserin, lieber Leser, ich weiche schon wieder vom Wege ab. Mir ist diese famose Fundstelle aber erst beim Recherchieren wieder aufgestoßen. Ist es nicht fabelhaft? Dieser Degenhardt hat also lange vor den immer wieder gemeldeten Kindesmissbräuchen durch Geistliche den wahren Grund dafür erkannt: Wenn Männer Kinder trockenlegen, sind sie sexuell gefährdet. Jedenfalls wenn sie funktionieren wie ein Erzbischof. Es ist einfach ein Graus!

Entschuldigung; zurück zur Glosse, zu einem meiner Ausfälle gegen die katholische Kirche:

Heiliges Aids

Erzbischof Johannes Joachim Degenhardt hat in einer großen Predigt die Bundesregierung scharf kritisiert. Die Aufklärungskampagne gegen Aids enthielte ja nur Informationsmaterial über das Verhütungsmittel Kondom. Die sittlichen Gesichtspunkte würden völlig außer Acht gelassen. Eheliche Treue und Enthaltsamkeit vor und außerhalb der Ehe sowie Selbstbeherrschung machten Schutzmaßnahmen und Kondome überflüssig!

O heilige Frömmigkeit!

Ich behaupte einfach mal, ich hätte ein Gebet des Erzbischofs mitgehört – und das geht so:

»... waren wir Euch doch so dankbar, Heilige Mutter Maria, als der Himmel uns endlich diese schöne neue Seuche Aids auf die Erde geschickt hatte!

Jahrhundertelang durften wir doch wohl annehmen, Heilige Mutter, dass der Herr die Sexualität extra für uns, die Kirche, geschaffen hat. Wenn ein Mann mit einer Frau geschlafen hatte und sie nicht durch kirchlichen Segen verheiratet waren, dann zitterten sie beide: Wenn's rauskommt, werden wir gesteinigt, verbrannt, in die Hölle geworfen – es sei denn, die Kirche vergibt uns.

Aber dann kam die Pille, dieser teuflische Mordanschlag auf die Kirche – und vor allem auf unsere Macht. Plötzlich hatten sie keine Angst mehr vor der Sünde. Das konnte doch der Kirche nicht nützen! Ach, es war furchtbar, Heilige Mutter! Unsere Macht schmolz dahin. Doch dann – der Hoffnungsschimmer: Aids! Die himmlische Krankheit! Wir Kirchenmänner der alten Schule durften aus der Ohnmacht erwachen! Wir konnten wieder ›Sünder‹ und ›Sünderinnen‹ verdammen! Höllenopfer der Fleischeslust!

Darum flehe ich Dich an, Heilige Mutter: Mach wenigstens, dass diese verdammten Kondome nicht auch bei Ehebrechern funktionieren! Mach, dass sie immer kaputtgehen, wenn sie zum außerehelichen Verkehr benutzt werden.

Amen!«

Eines ist mir bei der Beschäftigung mit dem Klerus, seinen Heucheleien und seinen Verbrechen auf jeden Fall klargeworden: Wenn alle diese Hochwürden und Heiligkeiten, diese Eminenzen und Bischöfe und Weihbischöfe – mit einem Wort: alle diese Brüder, die uns vom Himmel und der ewigen Seligkeit die Ohren vollbeten –, wenn die alle dann tatsächlich da oben im

Himmel versammelt sind – um Gottes willen, Hilfe!!!
In den Himmel will ich nicht!!

Viele Jahre, von 1986 bis 1992, ging es gut mit der
Hamburger Morgenpost. Meine Glossen wurden gern
gelesen, und es fiel mir immer leichter, sie zu schreiben. Dann wechselte mal wieder die Chefredaktion.

Mit Ernst Fischer stand die *Mopo* unter bayerischer
Führung. Da kam dann leider der Bruch:

In Fulda ließ die Polizei Neonazis ungehindert mit
ihren Hakenkreuzfahnen und SS-Symbolen durch die
Stadt marschieren. Und in Hamburg häuften sich die
Berichte über Polizisten, die Ausländer willkürlich
festgenommen und dann misshandelt hätten. Nur dass
diese Fälle bis dahin von der Hamburger Justiz in der
Regel bagatellisiert und nicht weiterverfolgt wurden.
Dazu schrieb ich in meiner Morgenpost-Glosse unter
anderem:

*Polizei-Einsatzleiter Sigi Seifert sagt: »Was tun denn
die Neonazis schon Schlechtes? Sie demonstrieren für
Recht und Ordnung. Für ein sauberes Deutschland,
wo Kriminelle und Fremdkörper keine Chance mehr
haben. Ich als Polizist bin ja schließlich auch dafür,
dass Recht und Ordnung geschaffen werden muss. Insofern stimmen wir doch sogar überein. Und was
heißt denn hier: Nazisymbole zu tragen ist strafbar?
Schon deswegen hätten wir sie verhaften müssen? Ich
bin ja nun wirklich kein Nazi. Aber ein Hakenkreuz,
das steht ja nun in erster Linie mal für Disziplin und
klare Verhältnisse.*

Das gab Ärger. Chefredakteur Wolf Heckmann forderte mich auf, eine Ersatzglosse zu liefern. Ich könne doch nicht die Hamburger Polizei verdächtigen, mit der NPD zu sympathisieren. Ich hatte gleich das Gefühl, dass Heckmann auf Weisung von ganz oben so unnachgiebig handelte. Ich weigerte mich, eine Ersatzglosse zu liefern, und wandte mich deshalb auch an die Verlagsleitung – in diesem Falle war das Gruner + Jahr-Boss Gerd Schulte-Hillen. Der schrieb zurück, ich würde ihn nicht dazu bringen, der Hamburger Polizei rechtsextremistische Tendenzen vorzuwerfen. Und: »Mit Ihrem Vorwurf, Herr Heckmann verharmlose die nationalsozialistischen Tendenzen in Deutschland, haben Sie diesen in einer derart ungerechtfertigten Weise angegriffen, dass das für die Fortsetzung des Vertrages erforderliche Vertrauen als zerstört angesehen werden kann.«

Dabei war meine kleine Glosse erst der Anfang der schändlichen Geschichte. Es kamen nämlich immer erschreckendere Meldungen über Polizisten, die offen ihre Sympathie für die NPD bekundeten. In Hamburg erreichte dies seinen Höhepunkt, als im September 1994 Innensenator Werner Hackmann zurücktrat: »Ich schäme mich! Nicht für mich selbst, sondern für die Hamburger Polizei. Das Ausmaß der Übergriffe der Hamburger Polizei auf Ausländer hat eine Dimension angenommen, die ich nicht für möglich gehalten hätte.«

Immer und immer wieder hatte der Innensenator Polizisten ermuntert, die geschlossenen Reihen aufzubrechen, doch »Korpsgeist und falsche Kameraderie« waren stärker.

Nun gestand ein junger Polizist, der nicht mehr mitschuldig sein wollte: Im Keller seiner Wache wurden festgenommene Ausländer so lange gereizt, bis sie sich wehrten. Dann schlugen die Polizisten auf sie ein. Das alles habe der Vorgesetzte gedeckt. Der schlimmste Schläger sei sogar befördert worden: zum Staatsschutz, in die Abteilung Rechtsextremismus. Für die hatte er sich beworben. Auf dem Feld kannte er sich aus. Er verhehlte seine neonazistischen Ansichten nicht, und Kollegen wollten wissen, dass er Mitglied einer Wehrsportgruppe gewesen sei.

Dazu muss ich anfügen: Chefredakteur Wolf Heckmann hat mir 1995 geschrieben, er fühle sich verpflichtet, mir zu sagen, ich hätte wohl damals doch den besseren Instinkt gehabt. Über diesen Brief habe ich mich sehr gefreut.

Hurra, hurra! Meine Zeit bei der *Hamburger Morgenpost* war nun also auch vorbei. Wegen dieses Kapitels hier im Buch musste ich noch einmal die drei dicken Leitz-Ordner durchblättern, in denen die täglichen Texte für die *Mopo* von 1986 bis 1992 abgeheftet sind. Ich darf ohne Überheblichkeit sagen: Damit habe ich sechs Jahre Irrsinn, Komik und manchmal auch echte Lebensfreude meiner Zeit aufgeschrieben.

Mit dem Glossenschreiben war es nun erst mal vorbei. Das war eine große Erleichterung. Ich dachte auch nicht, es noch einmal wieder anzufangen. 2006 kamen dann aber nicht nur eine Zeitung, sondern gleich 18 Zeitungen auf mich zu und fragten: »Hätten Sie nicht Lust ...?« Sie kamen in Gestalt ihres obersten Chefredakteurs Stephan Richter. Alle 18 Zeitungen sind nämlich unter dem Dach des Schleswig-Holsteini-schen Zeitungsverlags (sh:z) versammelt, der Zeitungen von Flensburg, Sylt und Husum bis Wedel und Pinneberg und von der Wilstermarsch bis Eckernförde umfasst. Es musste auch nicht mehr jeden Tag eine Glosse sein, dafür aber jeden Sonnabend auf der Seite 2 aller 18 Zeitungen. Wie konnte ich da nein sagen? Die Texte für die sh:z über den »Bundesfinanzquatsch«, über »Autos mit Alkolocks« oder über »Seehofer als Bahnhofsvorsteher seiner Modelleisenbahn im Keller« waren dann auch gute Nummern für die Kabarett-bühne. Dazu kam noch etwas ganz Seltenes: In Stephan Richter lernte ich einen wahrhaft liberalen Denker kennen, einen, der meine Satiren bedingungslos tolerierte, sogar wenn er selbst dafür wohl manchmal in der Redaktion unter schwerer Kritik stand. Ganz nebenbei: Mein Hamburger Verlag Ellert & Richter gab aus diesen Kolumnen zwei Bücher heraus: *Kurz und giftig* und *... alles so schön beknackt hier.*

Die doppelte *Versöhnung*

Gerda Gmelin, die Prinzipalin des Theaters im Zimmer in Hamburg, hatte mich gebeten, eine Zweipersonenkomödie nur für sie und mich zu schreiben, die wir dann im Theater im Zimmer uraufführen könnten. Ich hatte gerade eine Kolumne über den Streit zweier Nachbarn verfasst und dachte sofort: Daraus schreib ich das Stück. Gerda hatte unter anderem die Hermine in meinen Sketchen »Kofferschoner« und »Weltrekord« gespielt. Wir verstanden uns sehr gut. Sie hatte ja auch den typisch Hamburgischen und manchmal ziemlich widerborstigen Humor.

Ich schrieb also das Zweipersonenstück für uns. Wir begannen dann im Januar 1999 mit den Proben – und ahnten beide nicht, dass die Sache eine unglückliche Wendung nehmen würde. Das Besondere an dem Zweipersonenstück war, dass beide Schauspieler zwei verschiedene Rollen spielten. Sie waren im ersten Akt ein älteres Ehepaar, einfache Leute, Lena und Carsten Körner, die sich vor dreißig Jahren einmal in Eigenarbeit ein Haus gebaut hatten, in dem sie jetzt wohnten. Im zweiten Akt waren sie ein bessergestelltes Ehepaar, Lydia und Joachim Bergkämper, er Architekt und sie freie Kunstmalerin. Die hatten sich ebenfalls ein Haus gebaut – natürlich einen sehr modernen Bungalow –, und zwar direkt neben dem Grundstück der einfachen Leute.

Die Körners konnten das Architekten-Ehepaar nicht leiden und umgekehrt. Sie hatten einen bösen Nachbarschaftsstreit gehabt und wollen sich nun bei Kaffee und Kuchen versöhnen. Das geht aber schief und endet wieder in einer großen Katastrophe.

Gerda und ich, wir probten sechs Wochen an dem Stück. Ich war begeistert, wie lebendig und urkomisch sie die einfache Frau, die Lena spielte. Das machte mir Freude, und ich hielt, so gut ich konnte, mit. Der zweite Akt ist viel schwieriger. Das Architekten-Ehepaar hält sich für etwas Besseres und ekelt sich gewissermaßen vor dem proletarischen Niveau der Körners. Aber auch die Lydia hatte Gerda bald im Griff. Herrlich, wie sie sich auf ihrer Chaiselongue der Nagelpflege hingab und wie sie die blasierte verkannte Künstlerin spielte. Sie war eine wunderbar komische und hochnäsige Dame.

Mit diesem zweiten Akt hatten Gerda und der Regisseur Christoph Roethel allerdings eine ziemlich strapaziöse Aufgabe übernommen. Gerda Gmelin, damals – im März 1999 – immerhin schon fast achtzig Jahre alt, gab bei den Proben wirklich alles. Ja, sie verausgabte sich! Ich hatte Angst, ob sie es überhaupt konditionell durchstehen würde. Und dann: Die Grippe schlug zu. Gerda erkrankte von einem Tag auf den anderen. Die Premiere war für den 29. März 1999 angesetzt. Das war ein harter Schlag – auch für das Theater. Das Theater im Zimmer befand sich nämlich sowieso schon in einer prekären Lage. Es war 1948 von Helmuth Gmelin gegründet worden. Nach seinem Tode übernahm seine Tochter Gerda das Theater als Intendantin, Regisseurin und Schauspielerin. Sie verschaffte dem Theater durch kluge Programmwahl den Ruf, ein besonderes Niveau zu bieten. Schon deshalb war es mir immer eine Ehre, dort spielen zu können und nun sogar ein eigenes Stück auf die Bühne zu bringen. Die Situation des Theaters aber war 1999 denkbar schlecht. Das Gebäude selbst war absolut renovierungsbedürftig. Der Hamburger Senat wollte keine Subventionen mehr geben. Man hoffte noch, im reichen Hamburg einen Mäzen zu finden, der das Theater kaufen könnte, aber es klappte nicht. Die Uraufführung meiner Komödie sollte die letzte Inszenierung sein. Durch Gerdas Ausfall standen nun aber auch das Bühnenpersonal und die Gastronomie plötzlich vor dem Aus. Sie hatten ja alle damit gerechnet, noch mindestens sechs Wochen bleiben und arbeiten zu können – so lange sollte das Stück spielen.

In dieser Situation tat ich etwas sehr Gewagtes. In zehn Tagen sollte Premiere sein. Ich besuchte Gerda im Krankenhaus, sie war sehr schwach. Ich sagte ihr, dass die Mitarbeiter des Theaters mich gefragt hätten, ob ich irgendeinen Weg sehe, das Stück doch noch rauszubringen.

»Aber wie?«, krächzte Gerda.

»Ich könnte meine Frau Petra fragen.«

»Geht nicht. In zehn Tagen schafft das keiner.«

»Petra kennt das Stück. Sie hat mich auch immer abgehört.«

Gerda hustete noch einmal ganz erbärmlich und sagte: »Soll sie's versuchen. Aber das ist Wahnsinn.«

Ich musste meine Frau dann sehr bearbeiten und ihr einen dreiwöchigen Urlaub versprechen. Sie kam am nächsten Tag zur Probe. Nach zehn Tagen spielte sie die Rolle auf der Premiere. Gerda schickte Blumen und

Mit Petra Milchert-Scheibner in *Die Versöhnung* im Theater im Zimmer

war echt froh. Aber natürlich war Petra zu jung für die Rolle. Kritiker, die nicht wussten, dass meine Frau so kurzfristig eingestiegen war, beurteilten sie denn »als manchmal etwas zu nachdenklich«. Kein Wunder: Sie dachte nach, wie der Text weitergeht. Ich war allerdings etwas traurig, dass meine liebevoll geschriebene *Versöhnung* durch die misslichen Umstände etwas untergegangen war.

Gerda Gmelin starb am 14. April 2003. Inzwischen hatte ich Axel Schneider, Intendant der Hamburger Kammerspiele, des Altonaer und des Harburger Theaters, *Die Versöhnung* noch einmal angeboten. Schneider meinte: »Das kannst du ohne weiteres noch einmal im Altonaer Theater versuchen.« Er selbst übernahm die Regie. Er hatte auch gleich eine Besetzung für die Lena/Lydia: Hannelore Droege. Das war ein Glück für mich. Ihr war die Rolle praktisch auf den Leib geschrieben. Nach dem mittelmäßigen Abschneiden des Stücks bei der ersten Premiere hatte ich Angst, dass es schiefgehen könnte. Aber diesmal konnten wir mit viel Sekt eine gelungene Premiere feiern.

Das Schönste für mich persönlich war: Ich konnte endlich einmal wieder Theater spielen. Ich atmete Theaterluft und stand nicht wie sonst immer allein auf der Bühne. In Hamburg spielten wir die Komödie fünfzehnmal und gingen dann auf Tournee bis nach Fulda.

Der Golfspieler

Auf der Mitgliederversammlung des Golfclubs meldet sich ziemlich zum Schluss das Mitglied Dr. Heumann: »Ich bitte noch um Beschlussfassung zum Ausschluss des Mitglieds Jürgen Kruse.« – »Ja bitte: Würden Sie noch einmal die Gründe nennen?« – »Herr Jürgen Kruse wurde am 2. 7. dabei ertappt, wie er die Vereinssekretärin Frau Heidi Behrmann im Bunker beim 15. Loch gevögelt hat.«

»Ja gut, aber: Das ist doch kein Grund für seinen Ausschluss.« – »*Das* selbstverständlich nicht. Aber er hat danach vergessen, den Sand zu harken.«

Einer von vielen Golfwitzen. Aber einer, der die Wirklichkeit zeigt. Golf ist nicht zum Lachen. Golf muss verdammt noch mal ernst genommen werden.

Ich spiele auch ein bisschen Golf. Und seitdem ich weiß, dass ganz große Schriftsteller wie zum Beispiel Samuel Beckett auch Golfspieler waren, fühle ich mich nicht mehr schuldig. Ein Satiriker, der Golf spielt – das geht doch eigentlich gar nicht, so die landläufige Meinung. Golf gilt ja immer noch als der Sport der Reichen und Superreichen. Und Satiriker sollten ja eher die arbeitende Bevölkerung vertreten. Einmal begegnete ich in einem Hamburger Golfclub dem ehemaligen Ersten Hamburger Bürgermeister Henning Voscherau (SPD). Kaum sieht er mich, fängt er auch schon an: »Hallo, Hans Scheibner! Du als rote Socke spielst Golf?«

Ausnahmsweise war ich mal schlagfertig und antwortete: »Na klar, wir können doch diesen herrlichen
Sport nicht einfach dem Klassenfeind überlassen!«

Außerdem hatte ich einen guten Grund, diese Sport-
art auszuüben. Ich hatte nun mal mein ganzes Leben
lang einen großen Bewegungsdrang in mir. Die Hälfte
meines Künstlerlebens habe ich in Hotelzimmern und
in fremden Städten verbracht. Es gibt nichts Öderes,
als immer wieder durch dieselben Einkaufszentren in
mittelgroßen deutschen Städten zu spazieren. Tchibo,
Rossmann, H&M, Douglas, C&A – man weiß gar nicht
mehr, in welcher Stadt man sich eigentlich befindet.

Überall in Deutschland gibt es aber Golfplätze zwischen den Städten. Da kann man als Mitglied eines
Clubs gegen Greenfee den ganzen Tag Golf spielen.
Und für mich als Kabarettist, der erst abends irgendwo
auf der Bühne stehen musste, war das ideal. Zum Golf-
spielen braucht man keinen Partner. Golf kann man
auch allein spielen – gegen den Platz, wie es so schön
heißt.

Jahrelang habe ich in jeder Stadt meine Programme
gespielt. Wenn ich nicht gerade im Hörfunk oder im
Fernsehen zu tun hatte, war ich unterwegs. Von Flensburg bis Konstanz, von Unterhaching bis Lutterbek
habe ich wohl so ziemlich alle Kabarettbühnen und
Kulturforen bespielt, die es hierzulande gibt. Infolge-
dessen kenne ich auch sehr viele Golfplätze, die meine
Kollegen aus dem Golfclub noch nie gesehen haben.

Aber leider muss ich zugeben: Viel hat es mir nicht
genützt. Ich bin ein ziemlich mittelmäßiger Spieler geblieben. Für mich gilt immer noch der Trostspruch:
»Na, wenigstens war man an der frischen Luft.« Um-

gekehrt galt auch der Spruch: »Geh'n wir mal Golf spielen und versauen uns den Tag!« Denn kaum sonst irgendwo kann man sich so ärgern und sich selbst so verfluchen wie auf dem Golfplatz. Und gerade deshalb, weil man es einfach nicht glauben will, welche Fehler man immer wieder macht, versucht man es immer und immer wieder. Ja, ich gebe es zu: Golf war lange Zeit so etwas wie eine unglückliche Liebe für mich. Ich war dem Spiel verfallen, ich wollte es hundertmal »nie wieder tun«, und ich fing doch immer wieder an. Darum hatte ich eines Tages den Gedanken: Ich schreibe die Glücks- und Verzweiflungszustände, die ich auf dem Golfplatz erlebe, auf und mache ein Solobühnenstück daraus.

So hatte meine unglückliche Liebe wenigstens einen höheren Sinn. Allerdings: leicht gedacht und nicht so einfach getan. Ich konnte nicht damit rechnen, das Golfstück gleich auf ganz großen Bühnen aufzuführen. Andererseits: Ein Golfstück muss auf dem Golfplatz spielen. Ich müsste die Niederlagen und die Hochgefühle beim Spiel bringen – sozusagen authentisch. Aber wie soll das gehen – auf einer Spielfläche von manchmal nur sechs Meter Breite und dreieinhalb Meter Tiefe?

Heike Bolek, die Bühnenbildnerin, die schon die Kneipenszene von ... *scheibnerweise* gestaltet hatte, meinte sofort: kein Problem. Die Weite ist der Hintergrund – ein Himmel mit weißen Wolken. Ein grüner Filzteppich wird der Abschlag. Auf der kleinen Fläche stehen mehrere Büsche, das ist die Landschaft. Und das Fairway? Ganz einfach: Das Fairway sind die Zuschauer. Du schlägst den Ball immer in den Zuschauerraum. Natürlich nicht wirklich – du spielst ohne Ball.

Während ich an dem Text schrieb, ging ich öfter auf den Golfplatz und versuchte mit einem Trainer mein Spiel zu verbessern.

Mir war klar, dass es nicht genügen würde, nur die Freuden und Qualen des Spiels zu zeigen. Der Spieler, den ich darstellen wollte, musste noch ein dramatisches Motiv für sein Spiel vor Publikum bekommen. Ein Angelpunkt für Konflikte während eines Turniers ist die sogenannte Etikette. Das sind die Spielregeln, die einem unvoreingenommenen Menschen sehr leicht als widersinnig oder sogar als reine Schikane vorkommen können. Ich dachte an Situationen, wie ich sie als mittelmäßiger Spieler schon erlebt hatte. Wenn man einen auf dem Fairway liegenden Ball aufnimmt, weil man ihn identifizieren muss – damit man nicht den Ball des Gegners weiterspielt, der in der Nähe liegt –, so muss man die Stelle markieren, auch wenn man den Ball nur ganz kurz anhebt und sofort erkennt, dass es der eigene Ball ist. Vergisst man die Markierung, bekommt man einen Strafschlag angerechnet.

So etwas passiert manchmal zweihundert Meter vom Grün entfernt. Falls der Ball versehentlich ein paar Millimeter neben der Stelle, auf der er lag, wieder hingelegt würde, wäre das absolut unerheblich. Aber nein: Wir haben eine Regel, und Regeln sind dazu da, dass man darauf achtet, ob der Gegner sie auch einhält. Das bietet eine herrliche Möglichkeit für Pedanten, Krämerseelen oder Korinthenkacker. Andere Situation: Auf dem Abschlag gibt es horizontal gesehen immer zwei Markierungen. Der Spieler muss den Ball auf die Mitte zwischen den Markierungen legen. Er kann den Ball natürlich auch weiter zurück hinlegen, aber auf keinen Fall auch nur einen Zentimeter zu weit nach vorn. Tut er das versehentlich, und sein Gegner macht ihn darauf aufmerksam, kann er den Ball straffrei zurücklegen. Macht ihn der Gegner aber nicht darauf aufmerksam, und er schlägt ab, und der Gegner reklamiert die falsche Position, nachdem der Ball geschlagen worden ist (als Beweis hat er dann ja meistens das gesteckte Tee oder das Loch des Tees), so erhält der Spieler einen Strafschlag angerechnet. Auch so eine Einladung an bösartige oder schadenfrohe Charaktere. Mit vernünftiger Argumentation ist nichts dagegen zu machen. Der betroffene Spieler könnte ja zum Beispiel anbieten, den etwa 120 Meter weit geschlagenen Ball zwei Zentimeter zurückzulegen. Oh nein: Das wäre ja zu einfach: Es geht um die Einhaltung der Etikette.

Oh, und wenn es erst um die Kleiderordnung geht! Die Sonne scheint, es herrschen 30 Grad Celsius im Schatten. Aber da geht doch tatsächlich eine jüngere Frau in einer ärmellosen Hemdbluse auf den Platz. Sofort kommt die Sittenpolizei in Gestalt einer übellaunigen Spielführerin und weist sie zurecht: »Es ist ja schon genug, dass Sie sich heutzutage ungestraft halbnackt in der Öffentlichkeit bewegen können, aber wir im Golfclub wollen doch bitte ein gewisses Niveau einhalten.«

Diese Sittenstrenge um ihrer selbst willen wollte ich in dem Golfstück damit zum Ausdruck bringen, indem der Golfspieler seine Golf-Etiketten-Moral auch im Leben anwendet. Er hat eine 35 Jahre jüngere Frau geheiratet.

Alle Freunde hatten gespottet: Wenn das man gut-

geht. Sie aber hatte ihm vor allen Freunden versprochen: Wenn ich dich jemals betrüge, sollst du mich erschießen. Diese Etikette hatte sie verletzt. Der
Golfspieler auf dem Golfplatz wartet daher die ganze
Zeit, während er über den Platz geht, dass seine Frau
auftaucht. Dann will er die Etikette wahren und seine
Frau erschießen. So weit der Plot.

Ich legte ihn Intendant Axel Schneider vor. Schneider
sagte zu: »Das Thema ist gut. Schreib es und spiel es!«

So geschah es: Die Vorpremiere fand in Kiel im Theater Die Komödianten statt, die Hamburg-Premiere
am 20. Februar 2008 im Harburger Theater.

Die Kritiken waren alle sehr gut. Die größte Freude
bereitete mir der Bremer *Weserkurier*. Er schrieb unter
anderem: »›Der Golfspieler‹ ist ähnlich wie Thomas
Brussigs ›Leben bis Männer‹, ein Einmannstück, das
einen Sport als Folie für gesellschaftliche Prozesse und
individuelle Lebenssituationen verwendet. Glaubhaft
verkörpert Scheibner diese facettenreiche Figur, von der
in einem stringenten 80-minütigen Spannungsbogen
Schicht um Schicht das Innerste enthüllt wird – kontras-
tiert mit immer neuen, bewährt bissigen, punktgenau
treffenden Pointen. In diesem altersklugen, lebensnahen
Stück hat Scheibner zu einer Art Essenz, einer faszinie-
renden Synthese seiner Kunst gefunden, die insbeson-
dere auch wegen der ganz leisen Momente keinen unbe-
rührt lassen dürfte: Ein großartiger Theaterabend!«

Oh ja, der Golfspieler wurde ein voller Erfolg.
90 Minuten solo – da kamen dann auch immer wieder
diese gutgemeinten Komplimente, die jeder Schauspieler kennt und über sich ergehen lassen muss: »Wie können Sie nur so viel Text behalten! Und dann in Ihrem

Alter!« Dabei ist es sogar einfacher, ein zusammenhängendes Solo in einem Stück zu bringen als immer neue und andere Texte an einem Abend.

Ich spielte den Golfspieler gern und hatte überhaupt keine konditionellen Schwierigkeiten. Petra, inzwischen meine Privatagentin, erkannte sofort: »Das ist auch etwas für die Golfclubs.«

So kamen zu manchen Vorstellungen die Golfer von überall her und waren nach der Vorstellung des Lobes nur so voll. Das hat mich überrascht, denn sie mussten sich ja einige böse Wahrheiten anhören. Sie applaudierten aber und riefen sogar bravo.

Für die Golfer unter den Lesern dieses Buches hier ein paar aus dem Stück ausgewählte Bosheiten:

Eine letzte Bastion für unsereinen, ich meine für eine gewisse Oberklasse, muss es schließlich noch geben. Dass man hier einigermaßen unter sich ist – unter Menschen, die etwas geworden sind im Leben –, das gehört zum Golf dazu.

Tricksen, Betrügen, Täuschen ist äußerst ehrenrührig unter Golfern. Aber andererseits sind Golfspieler häufig die erfolgreichsten Banker, Immobilienhändler, Bauunternehmer, Politiker – also die ganze gehobene Kaste der Betrüger und Verbrecher schlechthin.

Und wenn Sie nicht Golf spielen, haben Sie sowieso keine Ahnung, dass das Unwahrscheinliche das Normale ist – oder dass es ganz normal ist, das Unmögliche zu wagen.

Vier Stunden über einen Platz zu laufen, um einen lie-
genden Ball mit einer begrenzten Anzahl von Schlä-
gen in ein Loch zu bringen. Gibt es etwas Lächerli-
cheres?

Golf ist der ideale Sport für Rentner und Pensionäre.
Sie gehen auf den Golfplatz, weil man sie auf dem
Friedhof noch nicht nehmen kann.

Der abgetriebene Kandidat

Die Zeit heilt wohl doch alle Wunden. Sieben Jahre nach meinem »skandalösen« Auftritt in der Talkshow rief mich Uta Fahrenholtz an: »Hans, du sollst den *Nachschlag* machen!«

Das haute mich fast um.

Mathias Richling hatte im Grunde mit der Satire-reihe *Nachschlag* beim SWF begonnen. Sein Vorläufer *Jetzt schlägt's Richling* sollte jeden Mittwoch als Fünf-Minuten-Glosse nach den *Tagesthemen* laufen. Richling schuf eine sehr naheliegende Szene: Er räkelte sich in einem ungemachten Bett, was ja abends um 23 Uhr ganz passend ist. Aber schon nach seinen ersten Sendungen hagelte es Proteste. »Nach den seriösen *Tagesthemen* kann man sich doch nicht in einem ungemach-ten Bett präsentieren! Wie geschmacklos!«

In einer der nächsten Sendungen spielte Richling mit einem Kondom herum, zog es in die Länge und knabberte daran. Das war eine sehr kluge Methode, den Papst und den Vatikan darauf aufmerksam zu ma-chen, dass es solche Verhüterli immerhin gibt. Konnte ja sein, dass sie so etwas noch nie gesehen hatten. Und Richling brachte auf seine vergnügte Weise zum Aus-druck: Mit so einem einfachen Stück Gummi könnte man leicht verhindern, dass Millionen Kinder beson-ders in der Dritten Welt verhungern müssen.

Oh weh! Das war natürlich eine Gotteslästerung,

eine schlimme Beleidigung aller gläubigen Katholiken und überhaupt aller religiösen Gefühle. Allen voran regte sich Edmund Stoiber ganz furchtbar auf. Gehorsam nahm der SWF Richlings Sendung aus dem ARD-Programm. Trotzdem wollte der Programmdirektor Kurt Rittig den Platz für die Satire erhalten. Also riefen sie mich an: ob ich bereit sei, die Richling-Sendung im Ersten fortzuführen.

Da brauchte ich nicht lange zu überlegen: »Das kommt überhaupt nicht in Frage! Ich werde doch nicht einem Kollegen in den Rücken fallen.«

Also mussten sie sich etwas anderes einfallen lassen. Richling wurde mit seiner Sendung ins Dritte Programm verbannt.

Ein Jahr später kam die Anfrage noch einmal: Die ARD-Chefs hatten sich überlegt, die »Nachschläge« auf mehrere Kabarettisten zu verteilen. Jeder sollte jeweils nur drei Monate an der Reihe sein. Sie hatten außer mir auch Matthias Beltz, Hanns Dieter Hüsch, Richard Rogler, Bruno Jonas, Martin Buchholz, Helmut Ruge und Gabi Lodermeier ausgewählt. Richling war darüber sauer und meinte: »Diesen ausgespuckten Kaugummi hätte ich im umgekehrten Fall nicht aus der Gosse aufgehoben.« Aber wir argumentierten, dass die ARD ja immerhin ein Jahr gewartet hätte und Richling nicht der einzige Kabarettist sei, mit dem es eventuell Ärger geben könne. Und richtig: Den gab es dann auch. Obwohl Richling es mit seiner Kondomsatire geschafft hatte, dass die Fernsehdirektoren wussten, worauf sie sich gefasst machen mussten.

Das Thema Richlings – »Seid fruchtbar und mehret euch, keine Pille, keine Kondome!« – hatten wir anderen inzwischen alle in unseren Programmen. Als ich mit meinem *Nachschlag* an der Reihe war, hatte sich die katholische Kirche mit ihren Bischöfen gerade ein besonders widerwärtiges Stück ausgedacht. Es ging um ein 14-jähriges irisches Mädchen, das von einem Verbrecher vergewaltigt und schwanger geworden war. In Irland war eine Abtreibung absolut unmöglich. Darum versuchten die Eltern, ihr Kind nach England zu bringen und es dort in einer Klinik behandeln zu lassen. Das gab einen Aufschrei der Empörung vor allem von den organisierten irischen Abtreibungsgegnern. Dem Mädchen wurde per Gerichtsbeschluss die Ausreise nach England verboten. Das höchste irische Gericht hob diesen Beschluss dann aber wieder auf. Dabei ging es immer noch um die begrenzte Zeit bis zur Abtreibung. Auch in Deutschland gab es genügend katholische Würdenträger wie Bischof Meisner, die dem Mädchen zumuteten, das Kind zur Welt zu bringen. Zum Glück, möchte man sagen, hatte sie dann eine Fehlgeburt. Auf jeden Fall konnte ich in meinem ersten *Nachschlag* diesen Fall unmöglich umgehen. Ich habe mir das Manuskript noch einmal herausgesucht – und bin fast erschrocken. Ich erzählte den Zuschauern:

Meine Frau sagt:

»Da haben doch tatsächlich diese irischen Bischöfe protestiert: Das ist Beihilfe zum Mord. Die hätten ungerührt zugesehen, dass dieses Kind ein Kind kriegt, das ein Verbrecher mit Gewalt gezeugt hat.«

Ich sehe meine Frau an und sage:

»Sieh das doch nicht immer so negativ! Der Mann hat doch ein menschliches Leben gezeugt. Der Heilige

Vater und die Bischöfe sind so voller Güte und Liebe
für das ungeborene Leben, dass ich mich wundere,
warum sie Vergewaltigung noch nicht zum Sakrament
erklärt haben.«

Es kamen wütende, hasserfüllte Briefe von gläubigen
Katholiken, die mit Drohungen auf mich losgingen.
Man sorge dafür, dass ich nie wieder eine Fernsehsen-
dung bekäme. Andere prophezeiten mir, dass ich für
meine widerwärtige Verächtlichmachung ins ewige
Höllenfeuer verdammt sei.

Von der ARD jedoch kam keine Rüge oder Ähnliches. Meine Redakteurin hatte damit gerechnet und
war ganz überrascht, dass man uns noch zufrieden ließ.
Aber es war noch längst nicht das Ende der Vorstellung.

Oh nein! Es gab nämlich noch reichlich Gelegenheit,
das Thema wieder aufzugreifen.

Im Zusammenhang mit dem Umweltgipfel in Rio
meldete sich der Vatikan zum Thema Überbevölkerung
zu Wort. Der Club of Rome hatte unter anderem den
Vatikan und den Papst mit ihrer engstirnigen Haltung
zur Empfängnisverhütung dafür verantwortlich gemacht, dass Millionen Kinder verhungern müssten.
Der Vatikan stritt dies empört ab.

Ich kommentierte dazu: »Der Vatikan meint wohl,
die Überbevölkerung führt zwar zur Verödung und
Ausbeutung der Böden, aber die Leichen von Millionen verhungerter Kinder sind nach dem alten Kirchen-
wort Asche zu Asche und Staub zu Staub und Staub zu
Erde rein ökologisch gesehen unschädlich für die
Erde.« Ich brachte dazu mein Schlussgedicht:

Jedem Häselein gibt Gott ein Gräselein,
und sollten es zu viele Häselein werden,
verhungern sie halt, kommen unter die Erden,
so sprießet dann wieder überm Häselein
üppig und Grün Gottes Gräselein.

Der *Nachschlag* war eine sehr wichtige und sehr reiz-
volle Aufgabe für mich. Die ARD hatte vielleicht auch
etwas dazugelernt. Nicht die Satire war die Bedrohung, sondern mehr und mehr all die unfassbaren Ereignisse, die in der halben Stunde zuvor, in den *Tagesthemen*, gemeldet wurden. Wenn ich mir heute die
»Nachschläge« von damals ansehe, denke ich manchmal: Das kann nicht wahr sein! Das sind doch alles
Ereignisse von heute: »Die Kluft zwischen den Reichen in der Welt und den Bedürftigen wächst immer
mehr«, hieß es 1992! Und heißt es heute immer noch,
und es wird immer schlimmer.

1992 konnte ich auch fröhlich verkünden: Deutschland wird Europameister! Jedenfalls im Waffenexport.
Im Jahrbuch des Stockholmer Friedensforschungsinsti-
tuts SIPRI wurde bekanntgegeben: Deutschland steht
an erster Stelle – in Europa – im Waffenhandel. Der
Unterschied zu heute? Vizekanzler Gabriel verkündet
einen Rekord-Waffenexport für 2015 im Wert von
7,5 Milliarden Euro – aber er sagt ausdrücklich, das sei
ihm sehr peinlich!

Der Hammer kam erst 1993. Aber was heißt hier Hammer? Es war eigentlich eine Nonsenssatire, ein Dadais-
mus-Fall. Im Mittelpunkt stand der von Bundeskanzler Helmut Kohl gekürte Kandidat für das Amt des

Bundespräsidenten, Steffen Heitmann. Mein Freund und Kollege Richard Rogler hatte sich schon in einer Sendung vor mir auf den Mann eingeschossen: »Steffen, du wirst Präsident! Keine Sorge, wir machen das. Auf deinen Berliner Amtssitz, da kommt die Reichskriegsflagge drauf, Auschwitz wird internationales Tagungszentrum und deine Frau wird am Herd festgekettet, wenn sie dir deine Königsberger Klopse macht.«

Als ich an der Reihe war, hatte mir der Kandidat eine herrliche Vorlage geliefert. Es ging immer noch um das Thema Empfängnisverhütung und Abtreibung. Steffen Heitmann gehörte als frommer Protestant natürlich zu den Abtreibungsgegnern.

Die Kampf der Frauen zur Abschaffung des Abtreibungsparagraphen 218 hatte in Deutschland schon 1971 begonnen. 28 teils prominente Frauen hatten sich auf der Titelseite des *Stern* geoutet (von insgesamt 374 Frauen im ganzen Heft): »Wir haben abgetrieben!« Inzwischen waren fast zwanzig Jahre vergangen. Es gab nun die sogenannte Fristenregelung.

Bei meiner Auseinandersetzung mit Steffen Heitmann ging es aber eigentlich mehr um eine Absurdität. In einem Interview mit der *Bild*-Zeitung hatte Heitmann gesagt: »Wenn meine Mutter so gedacht hätte wie die Frauen heute, wäre ich gar nicht auf der Welt.« Das war für mich natürlich eine Steilvorlage. Ich brauchte gar nicht erst nach einer Pointe zu suchen. Ich sagte in der *Nachschlag*-Sendung einfach nur: »Ja, sehen Sie wohl, Frau Heitmann, den Präsidentschaftskandidaten hätten Sie uns schon ersparen können.« Ist doch eigentlich ganz harmlos, oder?

Aber jetzt ging es mal wieder so richtig los: »Scheibner muss weg! Der Intendant muss zurücktreten. Der Redakteurin ist sofort zu kündigen!«, forderte mit großem Tamtam Arnold Vaatz, ein Freund Heitmanns und damals sächsischer Umweltminister. Er unterrichtete mit Abschriften seines Schreibens an den Rundfunkratsvorsitzenden alle irgendwie wichtigen Institutionen und Behörden – also alle Fraktionsvorsitzenden im Parlament, die ganze deutsche Bischofskonferenz und natürlich alle ARD-Intendanten.

Ich breite den Fall hier nun nicht mehr in seiner ganzen epischen Länge aus. Kern der Angelegenheit waren zwei Behauptungen von Vaatz:

Erstens: Scheibner hätte die Mutter des Präsidentschaftskandidaten dazu aufgefordert, den Präsidenten rechtzeitig abzutreiben oder abgetrieben zu haben.

Zweitens: Scheibner hätte damit auf die faschistische Ideologie vom unwerten Leben (Euthanasie) zurückgegriffen.

Ich konnte mir damals nicht vorstellen, dass erwachsene Menschen den ersten Punkt ernst nehmen könnten. Einen Fünfzigjährigen noch abtreiben? Geht das überhaupt? Das wäre wohl etwas zu spät. Also kann dieser Scheibner doch nur gemeint haben, sie solle den Präsidenten in ihrem Bauch abtreiben. Nur wie soll das gehen? Damals wusste die Frau doch noch gar nicht, dass er mal ein Präsidentschaftskandidat werden würde. Sie wusste ja nicht einmal, ob es ein Junge oder ein Mädchen wird. Und weil sie das nicht wusste, wusste sie doch auch nicht, ob es »wertvolles« oder »nicht wertvolles« Leben werden würde. Was ist das alles für ein höherer Blödsinn!

Aus dem zweiten Punkt habe ich dennoch eine konkrete Erkenntnis gewinnen können. Und die lautet: Verklage niemals einen Minister hierzulande! Damit bringst du nur die Richter und Anwälte in große Verlegenheit.

Ich dachte damals nur: Was sagst du deinen Kindern, wenn die dich später einmal fragen: »Warum hast du dich eigentlich nicht gegen die perfide Unterstellung gewehrt, du hättest ähnliche Wertvorstellungen gehabt wie die Nazis? Ausgerechnet du. Du hast uns doch immer wieder klargemacht, dass es keine unmenschlichere Gesinnung gibt als die der Faschisten?«

Also wollte ich es wenigstens versuchen und ließ den Minister auffordern, die Behauptung, ich bediene mich faschistischen Gedankengutes, in Zukunft zu unterlassen. Ganz besonders die Behauptung, die scheibnersche Aussage greife zurück auf die Theorie vom unwerten Leben.

Dazu war Vaatz nicht bereit.

Ich war gezwungen, ihn zu verklagen. Das tat ich auch. Das Urteil des Hamburger Landgerichts war zumindest sehr interessant. Die Klage wurde abgelehnt: Es handle sich ja nicht um eine Tatsachenbehauptung, sondern nur um eine Meinung. Und die sei durch Artikel 5 des Grundgesetzes gedeckt. Die Begründung des Urteils war fünf engbeschriebene DIN-A4-Seiten lang. Das Gericht wälzte die Argumente hin und her und versuchte geradezu verzweifelt herauszuarbeiten, dass eine politische Meinung keine Beleidigung sein könne. Ich fragte in der mündlichen Verhandlung, ob es denn eine Beleidigung gewesen wäre, wenn Herr Vaatz veröffentlicht hätte, er sei der Meinung, dass ich ein unzurechnungsfähiger Idiot sei. Nein, sagten sie, das hätte er nicht sagen dürfen. Aber faschistisch, das sei nur eine Meinung.

Also, liebe Töchter, die ihr dies vielleicht einmal lest, merkt euch gut:

Faschisten waren die schlimmsten Verbrecher der Menschheit – aber jemanden mit einem solchen Menschen gleichzusetzen, das ist eine gerichtlich genehmigte Meinung.

Gern dürft ihr später diese ellenlange Urteilsbegründung lesen.

Die Rechten im Lande begannen damals schon, sich wieder stark zu fühlen, und das ist heute nicht besser, sondern eher schlimmer geworden. Bert Brecht ist wieder sehr aktuell mit seinem Vers: »Der Schoß ist fruchtbar noch, aus dem das kroch.«

Meine wunderbare Agentin

Meine Agentin – jeder Künstler braucht einen Agenten oder eine Agentin – ist die beste Agentin, die ich mir vorstellen kann. Sie arbeitet ausschließlich für mich. Mit Agenten, die auch andere Künstler vertreten, habe ich schlechte Erfahrungen gemacht. Die meisten Agenten denken nur an ihren eigenen Vorteil. Sie arbeiten meistens auf Provisionsbasis. Meine Agentin ist bei mir angestellt.

Sie erhält 400 Euro im Monat. Und sie ist damit zufrieden. Denn sie hat eine Eigenschaft, die man sonst fast bei keinem Agenten findet: Sie verehrt ihren Künstler nicht nur, sie macht alles nur aus Liebe zu ihm. Er lässt es sich natürlich gern gefallen, denn sie sieht zudem gut aus. Kein Wunder, sie ist zwanzig Jahre jünger als der Künstler.

Ich kann mich noch ganz genau daran erinnern, wie diese Zusammenarbeit begonnen hat. Als der Künstler und die Agentin bereits eine Wohngemeinschaft gebildet hatten, hatte ich, der Künstler, eines Tages eine unerfreuliche Auseinandersetzung mit meinem damaligen Agenten. Das war einer, den man ohne weiteres als Parasiten bezeichnen muss: Er wollte praktisch nicht für den Künstler arbeiten, aber trotzdem von ihm leben. Da trennte ich mich kurzfristig von diesem Menschen – genauer: Ich warf ihn richtig hinaus. Direkt auf die Straße: »Mach, dass du rauskommst, du Laus, ich will dich nicht mehr sehen!« Meine heutige Agentin – ach, was soll das Versteckspiel? Ich spreche natürlich von Petra Verena Milchert. Sie erlebte den Rauswurf mit. Wir sahen uns damals einen Augenblick etwas ratlos an: Was machen wir nun? Wo kriege ich jetzt Veranstaltungsangebote her, wer macht meine sogenannte Promotion?

Der Eklat mit der Bundeswehr-Talkshow war noch nicht lange her. Es gab Kulturforen, die ihr Engagement mit mir rückgängig machen wollten. »Abfuhr für den Lästerlyriker: Scheibner ist unerwünscht. So jedenfalls sehen es geschlossen die Christdemokraten in Ellerau«, schrieb im November 1985 die *Pinneberger Zeitung.*

Ich musste mich jetzt selbst um Jobs kümmern.

»Das kann ich doch machen«, sagte Petra.

»Aber du hast doch deine eigenen Fernseh- und Bühnenauftritte«, sagte ich.

»Das macht nichts«, sagte sie. »Ich kann es trotzdem für dich machen.«

»Na wunderbar«, sagte ich. »Dann mach doch mal!«

»Klar. Aber wie denn?«

»Einfach anrufen. Ich sag mal: Ruf doch das Theater Elmshorn an! Ob Sie sich eine Vorstellung vorstellen könnten: Hans Scheibner mit neuem Programm: … *scheibnerweise*, Lieder, Szenen und Gedichte.«

»Ach du Elend«, sagte Petra. »So was hab ich noch nie gemacht. Das liegt mir nicht so richtig.«

»Aber ausprobieren kannst du es ja mal. Ich schreib dir einen Text auf.«

»O.k.«, sagte Petra. »Aber du musst rausgehen. Ich genier mich. Den Anruf muss ich allein machen.«

Klar. Ich ging raus. Überlegte schon mal, was für ein Programm ich machen könnte. Nach zehn Minuten kam Petra strahlend aus ihrem Büro: »Wir haben den ersten Job!«

Fabelhaft. Das fing schon mal gut an.

Dann gingen wir erst mal zum Griechen zum Essen.

Das war praktisch der Anfang von Petras Agententätigkeit. Mit mir hatte sie auch einen guten Mitarbeiter. Ich brachte immerhin meine Kenntnisse als Werbeleiter in der Industrie mit. Mir war klar, dass ich mit den vier bis fünf überregionalen Fernsehsendungen einen gewissen Bekanntheitsgrad erreicht hatte. Als Werbeleiter wusste ich: Der ist bares Geld wert. Trotzdem war mein Image nicht so gewaltig, dass ich große Hallen hätte füllen können. Ich ordnete mich sowieso mehr der Kabarett- und Kleinkunstszene zu. Also machte ich es, wie ich es neulich erst für einen Kunststoffsilo gemacht hatte. Ich entwarf einen Faltprospekt und ließ ihn drucken.

Damals gab es noch kein Internet, keine Mails und solche praktischen Einrichtungen. Alles ging über Adressenverlage und über die Post. Also druckten wir 10 000 Prospekte »... *scheibnerweise* auf Ihrer Bühne« und legten eine Antwortkarte bei: »Ja, wir haben Interesse, rufen Sie uns an./Nein, wir haben kein Interesse, lassen Sie uns zufrieden.« Die brachte meine neue Agentin zur Post. Dann warteten wir. Wir waren inzwischen in ein halbes Doppelhaus in Hamburg-Poppenbüttel eingezogen. Petra war meistens nur zwei, drei Tage zu Besuch und saß dann in einem kleinen Büro, das wir ihr eingerichtet hatten, um für sich und für mich zu telefonieren.

Es vergingen vier Tage, es tat sich nichts. Am fünften Tag läutete der Postbote. Er stand vor der Tür und hatte einen Arm voller Rückantwortkarten. Es waren so viele: Die konnte er nicht alle in unserem Briefkasten unterbringen.

Petra fuhr zum Papiergeschäft, besorgte sich Karteikarten und Kartons dazu und ordnete die positiven Anfragen nach Bundesländern. In den nächsten Tagen kamen immer noch mehr Anfragen. Viele auch telefonisch. Meine Agentin hatte aber noch anderweitige Verpflichtungen: Sie musste gerade in *Wie war das damals?*, einem Film mit Inge Meysel, eine Hauptrolle spielen. Also packte sie ihre Karteikarten in ihr kleines Auto und fuhr damit los. Das ist nun, ich mag es gar nicht nachrechnen, so an die dreißig Jahre her.

Damals hatte ich ein mulmiges Gefühl. Aber heute? Wieso hat es das Schicksal so gut mit mir gemeint, indem es mir immer wieder Steine in den Weg legte, die sich nach einiger Zeit in Edelsteine verwandelten? Was haben meine Agentin, mein Engel Marion, und ich nicht alles erlebt in den folgenden Jahren. Es war ein freies, ein chaotisches, wildes und lustvolles Leben.

Aber ehe wir als Team loslegen konnten, wollte ich Schluss machen. Jawohl.

Ich hatte plötzlich wieder so einen moralischen Anfall. »Nein, das kannst du nicht machen«, sagte ich zu mir. »Du bist gut zwanzig Jahre älter als Petra. Das kann nicht funktionieren. Und alle deine Freunde und die Kollegen werden wieder sagen: Dem ist wohl das Hirn in den Schwanz gerutscht. Das darf nicht sein!«

Auf einer NDR-Premierenfeier stand ich neben einem von mir sehr verehrten *Tagesthemen*-Moderator und hörte mit, wie er zu einem Kollegen sagte: »Er ist fünfundzwanzig Jahre älter als das Mädchen. Weiß der nicht, was er tut? Das ist einfach unverantwortlich.« Ich glaube nicht, dass er mich damit meinte, denn so weit hatte sich mein Verhältnis mit Petra, das noch gar keines war, nicht herumgesprochen.

Aber das hatte gesessen!

Dann saßen Petra und ich in einem Münchener Weinkeller. Ich hatte ihr am Telefon verkündet, ich hätte ihr etwas Wichtiges zu sagen. Aber jetzt erzählte sie so lebhaft und komisch von ihrer Theaterarbeit.

»Kennst du *Die kluge Närrin* von Lope de Vega?«

So ein Mist: Die kannte ich nicht.

»Macht ja nichts«, sagte Petra. »Ich wollte nur mal erzählen, wie viel Spaß es macht, wenn ein Ensemble zusammenhält.

Boleslaw Barlog hatte das Stück inszeniert, eine wunderbare Komödie. Ich spielte die Finea, das ist die naive, kluge Närrin. Ich musste spielen, dass ich nicht lesen und nicht schreiben kann und immer nur dumme Sachen sage. Aber dann tritt ein junger, armer Mann in mein Leben, und ohne dass ich es gleich begreife, verliebe ich mich in ihn – und plötzlich kann ich auch lesen und schreiben. Eine wunderbare Rolle. Am Schluss hatte ich einen langen Monolog über die Liebe. Ich wusste nicht, wie ich den glaubhaft und auch so ein bisschen kindlich bringen könnte. Es klappte nicht so recht. Da hat mir der Barlog einfach einen Kreidestrich auf den Bühnenboden gemalt: ›Du balancierst jetzt auf dem Strich, während du deinen Text sprichst.‹ Wunderbar.

Aber ich wollte ja etwas anderes erzählen: Der

Schauspieler, der meinen Liebhaber spielte, Martin, machte mir von Anfang an Komplimente, lud mich zum Essen ein. Flirtete ständig mit mir rum. Ich fand ihn auch sehr nett – na ja und war wohl schon etwas verliebt. Die Kollegen frotzelten bereits fröhlich über ›Milky und den Martin‹.

Am Abend der Premiere kam Martin in die Maske, beugte sich zu mir runter und sagte leise – aber die Maskenbildnerin konnte alles verstehen:

›Du, äh, meine Freundin ist heute drin. Tu bitte so, als wenn du mich nicht näher kennst.‹

Ich war sprachlos und irgendwie total traurig. Miriam, meine Maskenbildnerin, wurde wütend. ›So ein Idiot‹, rief sie aus. ›Ich geh gleich hin und hau ihm eine runter!‹

In der Komödie geht es darum, dass Finea, als sie noch dumm ist, von niemandem gewollt wird. Als sie nun aber plötzlich klug ist, will Laurencio, Martin also, der sie vorher abgelehnt hatte, sie plötzlich haben. Darüber ist der Fürst, ihr Vater, in seiner Rolle empört. Jetzt aber hatte sich im ganzen Ensemble schon in Windeseile herumgesprochen: ›Milky weint, weil Martin sie betrogen hat!‹ Nun kam die Schelte des Fürsten genau richtig. Der Fürst legte sich auch richtig ins Zeug: ›Du Heuchler, du, du Lügner, du Betrüger, du hast sie nicht verdient, du Schürzenjäger!‹

Eine Magd, die eine Nebenfigur darstellt und an dieser Stelle eigentlich gar nichts sagt, fiel aus dem Stegreif ein: ›Du sollst dich schämen, du Halunke! Verkriech dich unter der Bettdecke!‹ Lope de Vega wird sich gewundert haben. Aber auch der Gegenspieler des Laurencio, der die Schwester der Finea heiraten sollte, beschimpfte ihn, als wenn es in der Rolle stünde: ›Ei, Laurenzio, lügnerischer Knabe, du, ich hörte, du hast der schönen Finea das Herz verwundet. Ihr sollt verdammt sein, so was tut man nicht.‹

Fast musste der Regieassistent eingreifen. Aber Barlog saß in der ersten Reihe und amüsierte sich köstlich. Martin stand völlig verdattert auf der Bühne und wurde blass und sagte kein Wort mehr. Er ist dann nicht mehr zur Premierenfeier gekommen.«

Mensch, dachte ich, dieses Mädchen ist kein bisschen eingebildet, solche Rollen gespielt zu haben, mit berühmtem Regisseur und noch berühmteren Schauspielern. Die freut sich einfach nur ihres Lebens und genießt es, dass sie so ein schönes Theaterleben hat. Und jetzt soll ich mit ihr Schluss machen? Nee, das ... das will ich nicht.

Wir tranken das nächste Glas Wein.

»Was ich schon alles erlebt habe in meiner Weltkarriere!«, sagte Petra und erzählte weiter:

»Einmal, das war in Fallingbostel. Wir waren mit der Landesbühne unterwegs. Es war eine etwas klapperige Bühne. Um 19 Uhr 45 standen wir alle hinter den Kulissen bereit. Im Zuschauerraum befand sich aber noch kein Mensch.

›Leute, ich glaube, wir können uns schon wieder umziehen. Vorstellung fällt aus.‹

›Mok di man nich in de Büx‹, rief der Feuerwehrmann hinter der Bühne dazwischen.

›Dat sind doch allens Buern hier. De mütt doch immer noch dat Veeh to Bett bringen und de Heuner insparrn. De kummt jümmers opn letzten Drücker. Pass mol op: Glieks kümmt se!‹

357

Und tatsächlich: Um drei Minuten vor acht strömten die Massen herein, um zwanzig Uhr war alles voll.«

Da konnte ich endlich mitreden. »Das kenne ich!«, sagte ich. »Für mich als selbständigen Entertainer ist es ja viel wichtiger, dass es voll wird. Wir leben von den Einnahmen, wenn um 19 Uhr 45 nur die ersten beiden Reihen belegt sind – das ist bitter, dann weiß man schon: Da kommt keiner mehr.«

Petra lachte.

»An dem Abend in Fallingbostel sind auch alle Kollegen vor Lachen aus der Rolle gefallen. Ich war an dem Tag 21 Jahre alt geworden. Wir hatten vor der Vorstellung schon ein Glas Sekt auf mich getrunken. Ich spielte die junge Tochter Raina in *Helden*.

Raina ist bei Shaw eine 23-jährige junge Dame. Bluntschli, mein Pralinésoldat, hält mich aber laut Bühnentext für 17. Auf der Bühne sagt er an diesem Tag plötzlich: ›Ich bin vierunddreißig! Die junge Dame aber dürfte höchstens einundzwanzig sein.‹ Jetzt kamen alle auf mich zu: ›Oh ja, sie hat ja heute Geburtstag. Einundzwanzig ist sie! Einundzwanzig!‹ Der Hausherr im Stück und Vater von Raina, Major Petkoff, mischt sich ein: ›Ach wirklich? Du bist schon einundzwanzig?‹ Die Frau des Hausherrn, in der Rolle meine Mutter, nimmt mich in den Arm: ›O wie schön, sie ist heute einundzwanzig! Ich gratuliere!‹ Das gehört alles nicht zum Stück. Der Diener kommt und verneigt sich vor mir: ›Tatsächlich, sie ist heute einundzwanzig!‹ Luka, das Zimmermädchen, geht nach vorn und spricht ins Publikum: ›Hätten Sie das gedacht? Petra ist heute einundzwanzig geworden!‹ Das Publikum fängt an zu applaudieren. Ich bin völlig durcheinander.

Ich bekomme keinen Text mehr raus. Bluntschli, mein Pralinésoldat auf der Bühne, rettet die Vorstellung. ›Dann bin ich ja auch nicht mehr zu alt für Sie, mein Fräulein. Ich bitte um Ihre Hand!‹

Ich bringe es noch gerade und sage: ›Ich sage ja, mein Pralinésoldat.‹

Brausender Beifall vom Publikum. Das ganze Ensemble lacht und lacht. Und das Publikum lacht auch.«

Sie glüht vom Erzählen. Ihre Augen strahlen, sie lacht und ist das Leben selbst.

Ich bin hin und weg von diesem Mädchen. Es hat mich wie ein Blitz getroffen. Wie schön wäre es, mit ihr zusammenzuleben.

»Würde es dir denn in Wirklichkeit etwas ausmachen, wenn dein Mann zwölf Jahre älter wäre als du – so wie dieser Offizier?«

»Über allem Hader thront die Liebe«, zitiert Petra aus *Die kluge Närrin* und lacht wieder.

Ich frage nicht mehr: »Und wenn er zwanzig Jahre älter ist – so wie ich?«

Mit fünfzig noch Vater

Was nun das Problem angeht: Mit fünfzig noch Vater werden – unverantwortlich –, dazu kann ich auch etwas sagen: Ich habe diese unverantwortliche Tat vollbracht und sie sogar noch auf die Spitze getrieben. Mit 59 habe ich nämlich mein viertes Kind – alles Mädchen – zur Welt gebracht. Oder besser: Ich war dabei. Vier wunderbare Mädchen gehören durch meine Verantwortungslosigkeit nun zu meinem Leben. Na gut, ich muss wohl zugeben: Petra, meine Frau, hat mich dazu verführt. Ich bin nicht allein daran schuld. Aber welche Freuden haben wir uns damit bereitet.

1986 ging es los. Beruflich sah es damals nicht besonders rosig für mich aus. ... *scheibnerweise* war abgesetzt, neue Fernsehauftritte waren nicht zu erwarten. Aber im April 1986 sprach das Mädchen Petra, meine Agentin, Schauspielpartnerin und Engel, mit dem ich nun in Hamburg in einer Doppelhaushälfte lebte, sprach sie also wie immer, als ob so etwas ganz normal wäre: »Du, damit du es weißt: Ich bin schwanger.« Peng! Boing! Wumm! – da war sie nun vollbracht, die böse, unverantwortliche Tat. Ich brauchte schätzungsweise fünf Sekunden, um sie richtig einzuordnen, dann erst sprang ich vom Tisch auf, umarmte den Engel und rief, wie es sich gehört: Hurra, wir werden Vater!!

Die fünf Sekunden hatte ich benötigt, um die ganze

Wucht dieses Glückes zu begreifen: Ich war jetzt tatsächlich fünfzig Jahre alt, ein echtes Opa-Alter, ich hatte noch nie ein Kind bekommen – von keiner Frau, von wem auch immer, ich hatte mich schon auf dem Gefühl ausgeruht: Das ganze Theater mit dem Kindergroßziehen, mit dem Lehrer und der Schule und so weiter brauche ich nicht mehr mitzumachen. Und das wäre traurig und schade gewesen. Denn nun begann ein ganz anderes Leben, man könnte auch sagen: Nun ging es erst richtig los!

Mit einem Mal hatte das Kabarettistenleben einen neuen, lebendigen Sinn. Petra spielte zu der Zeit im Fernsehen in der wöchentlichen Serie *Der Landarzt* mit Christian Quadflieg die Assistentin. Als sie im vierten Monat schwanger war, wurde sie »rausgedreht«, wie das so schön heißt. »Unsere Assistentin nimmt ihren Schwangerschaftsurlaub.«

Am 6. Januar 1987 kam Hannah Julia auf die Welt. Seit Oktober 1986 schrieb ich meine tägliche Kolumne. Die *Hamburger Morgenpost* brachte das Foto Mutter/Tochter/Vater auf der ersten Seite: »Scheibner glücklicher Vater«.

Als fünfzigjähriger Vater war ich natürlich bei der Geburt dabei. Das wäre für meinen eigenen Vater völlig undenkbar gewesen. Heutzutage nimmt man an einem Schwangerschaftskurs für Männer teil, weiß dann alles über Beginn der Wehen, Einatmen, Ausatmen, Pressen und so weiter – ist also genauso vorbereitet wie die Frau –, mit dem einzigen Unterschied, dass es nicht so weh tut.

Am Tage von Hannahs Geburt sollte ich eigentlich noch um 20 Uhr 30 einen Auftritt in der Alsterdorfer

Sporthalle absolvieren – zum Bürgerschaftswahl-
kampf für die SPD. Die Sporthalle liegt ganz in der
Nähe des Krankenhauses. Aber der Auftritt musste
nun wohl ausfallen.

Um 20 Uhr 15 ging ich noch mit Petra im Kranken-
hausflur auf und ab. Die Geburtswehen hatten noch
nicht eingesetzt. Eine Krankenschwester kam vorbei,
ich fragte sie heimlich: »Was glauben Sie, wie lange
wird es noch dauern bis zur Geburt?« – »Kann ich nicht
sagen«, sagte die Krankenschwester. »Aber so ungefähr?«, fragte ich. »Sie haben doch bestimmt Erfah-
rungswerte.« – »Na ja«, sagte die Schwester. »Zwei
Stunden dauert das bestimmt noch.« Sofort rief ich die
Veranstaltungsleitung an: »Ich könnte noch kommen,
brauche ein Taxi, müsste aber um Punkt 20 Uhr 30
auftreten. Das Taxi muss unten warten, damit ich sofort zurückfahren kann ins Krankenhaus.« Und so
wurde es gemacht. In der Sporthalle sagten sie mich an:
»Scheibner kommt aus dem Krankenhaus. Petra bringt
gerade ein Kind zur Welt.« Riesenjubel. Als ich zurückkam, hatten bei Petra gerade die Geburtswehen angefangen. Dass ich vierzig Minuten nicht anwesend war,
hat sie überhaupt nicht gemerkt.

Aber jetzt ging es wirklich los. Oh Mann! Das ging
mir ganz schön unter die Haut. Tapfer habe ich es
durchgestanden – und hielt schließlich meine erste
Tochter im Arm: Hannah Julia. Dass ich zwischendurch keinen Verdienstausfall hatte, hat Petra nicht
besonders interessiert. Sie war einfach zu glücklich.

Ein Jahr später brachte ich als 51-Jähriger schon wieder
ein Kind zur Welt. Ein Mädchen: Raffaela. Obwohl ich

ein ausgebildeter werdender Vater mit bereits einer Tochter und mit theoretischer und praktischer Schwangerschaftsgymnastik war, musste ich beim zweiten Mal in den natürlichen Vorgang ein wenig eingreifen. Meine Agentin, mein Engel und die Mutter meines ersten Kindes hatte sich von Freundinnen, die selber noch kein Kind zur Welt gebracht hatten, beraten lassen, sie müsse ihr zweites Kind unbedingt ohne jegliche Betäubung zur Welt bringen. Nur so, hatten sie ihr erzählt, entwickle die Mutter später die innigste Bindung zu ihrem Kind. Der Geburtsschmerz schweiße Mutter und Kind auch seelisch zusammen oder so ähnlich. Petra, die schon immer nach dem Motto »Ein Indianer kennt keinen Schmerz« lebte, wollte also alles bei vollem Bewusstsein erleben. Während der Prozedur stellte sich heraus, dass es diesmal viel schwieriger werden würde – aufgrund der Lage des Kindes. Als ich das mit ansehen musste und fast in Ohnmacht gefallen war, schaltete ich mich ein. Ohne die Hauptperson zu unterrichten, als echter Macho, gab ich der Schwester mein Einverständnis, der gepeinigten Gebärenden eine PDA-Spritze zu geben. (Ich hatte mich ja nicht umsonst im Schwangerschaftskurs ausbilden lassen.). Am 17. Juli 1988 hielt ich die zweite Tochter im Arm.

Die *Hamburger Morgenpost* brachte wieder ein Foto mit Tochter und Mutter. Allerdings etwas kleiner auf der Hamburg-Seite.

Drei Jahre später erhielt der inzwischen schon 54-jährige Vater das dritte Mädchen: Gesa Frederice. Über die Geburt ist nur zu berichten: ohne besondere Schwierigkeiten. Aber immerhin: Der *Hamburger Morgen-*

post war es nicht entgangen. Sie brachte zwar kein Bild mehr, aber eine 15-Zeilen Meldung im Hamburg-Teil.

An dieser Stelle muss ich einmal einfügen: Ohne die Kinder des unverantwortlichen Vaters wäre wohl auch eine wunderbare Freundschaft nicht so bald entstanden: Ich war Hella und Reinhard Mey schon früher begegnet, im SFB zum Beispiel, bei irgendeinem Hörfunkinterview, wir hatten uns inzwischen auch mal gegenseitig besucht. Aber nun kamen auch Hella und Petra sich viel näher. Wir besuchten Hella und Reinhard mit Hannah, während Raffaela bei der Oma in Hamburg bleiben musste, Gesa war noch nicht geboren.

Bei dieser Gelegenheit gab Hella uns schon einmal eine erste große Portion Kinderkleider mit. Meys Lulu war ein Jahr älter als unsere Hannah, und Hella wusste genau, dass Baby- und Kinderkleidung einen Haufen Geld kosten. Daher ließ Hella im Laufe der Zeit noch weitere Kinderkleider-Carepakete folgen.

Nun also war das dritte Mädchen zur Welt gekommen. Hella und Reinhard kamen aus Berlin angesaust, um uns zu unserem dritten »Apfelbäumchen« zu beglückwünschen. Sie fuhren mit mir in die Klinik in Henstedt-Ulzburg in Schleswig-Holstein. (Petra hatte es so gewollt. Gesa schmollt manchmal heute noch: »Warum bin ich keine Hamburgerin.«) Reinhard hatte eine Flasche Champagner mitgebracht, die wollten wir in der Klinikkantine köpfen und auf Gesa Frederike anstoßen. Das wurde uns aber verboten. Kein Alkohol! Auch wenn die Besucher noch so berühmt sind.

Drei Monate zuvor hatten wir umso heftiger zusammen gefeiert. Petra und ich hatten uns nämlich gesagt: Jetzt kommt schon das dritte Kind, jetzt haben wir wohl den Nachweis erbracht, heiraten zu dürfen. Und das taten wir dann endlich am 5. Juli 1990. Ich hatte einen kleinen Raddampfer gemietet. Der brachte uns von Curslack aus die Dove Elbe hinunter bis nach Allermöhe. Dort hatte unser Freund Olaf Richter bei schönstem Wetter eine Hochzeitstafel unter einer alten Kastanie angerichtet. An Bord des Dampfers und beim Hochzeitsessen waren unsere engsten Freunde mit dabei: unser Freund Andreas mit seiner Frau Christine, unser Freund und Komponist Hans-Georg Moslener mit seiner Frau Christel und unsere Freunde Hella und Reinhard Mey. Gesa, unsere dritte Tochter, war natürlich auch dabei. Nur war sie noch verpackt – in Petras Bauch.

Alle dachten: Nun ist wohl endlich mal Schluss mit dem Kinderkriegen. Aber wie meine Mutter schon früher immer gesagt hatte: »Hans muss immer alles übertreiben« – ich war inzwischen 59 Jahre alt (Petra aber erst 39), da kam als viertes Mädchen: Franca.

Und Franca war auch unbedingt noch nötig gewesen. Mit ihr wurde der Generationsunterschied endlich mal deutlich. Mit 16 Jahren wollte dieses lebenslustige Mädchen tatsächlich Discjockey werden. Schon entlarvte ich mich selbst als alten Mann. Ich sagte: »Du willst Platten auflegen für andere Leute zum Tanzen?« – »Ach Papa, du hast keine Ahnung!«, sagte sie. Ich kaufte ihr trotzdem die entsprechenden Plattenteller und so weiter, dann las ich den Roman *Magical*

Mystery von Sven Regener, und mir war klar: Ich hatte wirklich keine Ahnung.

Übrigens: Als Franca 1995 geboren wurde, wurde das nicht mehr in der *Mopo* erwähnt. Da hatte ich 1992 schon die Brocken hinwerfen müssen.

Wer nimmt Oma?

Schuld war wieder mal Joachim Ringelnatz. Schon mit fünfzehn Jahren habe ich »Die Weihnachtsfeier des Seemanns Kuttel Daddeldu« auswendig gelernt und auf der Weihnachtsfeier in der Schule aufgesagt – nein, nicht aufgesagt: vorgespielt; ich habe den betrunkenen Seemann gegeben. Da konnte man mal so richtig vom Leder ziehen. Zu schön: Er wankte mit einer blutigen Nase (nicht seiner eigenen) hinaus auf die Straße …!

Weihnachten ist einfach ein Satirefest. Friede auf Erden – und die Bomben fallen. Den Menschen ein Wohlgefallen – und sie haben nichts zu fressen. Und vor allem alle diese heuchlerischen Beziehungskisten zu Weihnachten. Das ganze Jahr über hat der Ehemann eine Geliebte, aber zu Weihnachten – da bleibt er natürlich zu Hause bei seiner Familie. Alle diese Themen fliegen einen nur so an. Und der Weihnachtsmann ist durch keine andere Figur zu ersetzen – wenn man diesen Abgesandten des Himmels mit der harten Wirklichkeit zusammenprallen lässt. Engel und Nikolaus stehen in der U-Bahn. Da kommt der Kontrolleur: Fahrscheine vorzeigen. »Wir kommen vom Himmel, wir brauchen keinen Fahrschein!« Der echte Weihnachtsmann muss 60 Euro Bußgeld zahlen – das ist doch an sich schon traurig und komisch genug.

Und dann kam irgendwann, schon ziemlich am Anfang meiner kreativen Weihnachtsphase, die Oma hinzu. Auch sie ist ja zu Weihnachten eine unverzichtbare Figur. Es gibt gute und böse Omas, die sind meistens auch noch gleichzeitig Schwiegermütter. Das inspirierte mich zu der ersten kleinen Oma-Geschichte: Zwei Omas derselben Familie, die sich gegenseitig nicht ausstehen können. Alles ist aus meinem eigenen Familienleben gegriffen. Weil sie aber beide bei denselben Enkelkindern eingeladen sein müssen, muss man es organisieren, dass sie sich nicht begegnen. Also wird Oma Pinneberg zur selben Zeit zum Enkelkind Maria gebracht wie Oma Lüneburg zum Enkelkind Werner, und beide werden dann zur selben Zeit auch wieder abgeholt und zu der jeweils anderen Familie gebracht, damit sie sich auf keinen Fall begegnen. *Wer nimmt Oma?* hieß die Geschichte.

Petra hatte schon 1990 ganz klar erkannt: »Aus deinen Weihnachtssatiren musst du ein spezielles Weihnachtsprogramm machen. Es gibt zwar viele kabarettistische Weihnachtsprogramme, aber die sind alle mehr oder weniger für die harten Weihnachtshasser gedacht. Man muss aber Weihnachten nicht hassen, um die komischen und heuchlerischen Seiten zu beleuchten. Jeder deutsche Weihnachtshasser sagt mindestens einmal ›Fröhliche Weihnachten‹ an Weihnachten, da kommt fast niemand drum rum. Deine Geschichten und Gedichte sind keine Hassgeschichten, sondern Geschichten, wie das Weihnachtsleben so spielt. Und das mögen die Leute.«

Der Weihnachtsengel hatte gesprochen – und so wurde es gemacht.

Ich schrieb die Geschichte von der Oma, die Weihnachten nach Mallorca abhaut. Und das Publikum wollte jedes Jahr genau diese Geschichte noch einmal hören. Nachdem wir im Lustspielhaus *Wer nimmt Oma?* bereits im fünften Jahr gebracht hatten, hieß es in den Zeitungen schon: »Das Weihnachtskultprogramm«. Seitdem habe ich auch kein schlechtes Gewissen mehr, wenn ich schon wieder die »Mallorca-Oma« bringe. Außerdem wird das Programm jedes Jahr »runderneuert«. Neue Szenen, neue Lieder kamen hinzu. Das erste Weihnachtsbuch erschien im Verlag Ellert & Richter und wurde ein heimlicher unheimlicher Bestseller. Ullstein kam und wollte ein zweites »Oma-Buch«. Es erschien *Wohin mit Oma?*, das als Taschenbuch ein richtiger Bestseller wurde, und danach noch *Alle Jahre Oma* mit wieder einer ganz neuen Oma-Geschichte. Dazu kamen insgesamt fünf Hörbücher bei Hörbuch Hamburg heraus mit allen unseren Weihnachtsprogrammen.

Inzwischen wissen wir auch, was ein Kultprogramm ist. Denn es ist Kult geworden, dass wir jedes Weihnachten *Wer nimmt Oma?* in Hamburg in Alma Hoppes Lustspielhaus geben. Wir fühlen uns dort zu Hause, und uns beschleicht manchmal sogar eine Art Weihnachtsgefühl, wenn wir von Thorsten und seinen Mädchen umsorgt werden. Die Hausherren, Jan-Peter Petersen und Nils Loenicker, haben das Programm allerdings noch nie gesehen. Das ist nicht möglich, weil sie auch mal Weihnachten feiern wollen, und zwar möglichst weit weg mit ihren Frauen im Urlaub. Sie legen uns aber immer einen netten Weihnachtsgruß in die Garderobe, und Petra verteilt nach der letzten Vorstellung – die meistens am 28. Dezember stattfindet, wenn draußen schon die ersten Böller krachen – kleine Blumentöpfe mit Hyazinthen an die Damen des Hauses.

Im Übrigen: Jedes Jahr kommt auch eine leibhaftige Oma zu uns, die wir ohne Weiteres mit auf die Bühne nehmen könnten. Diese Oma ist die Oma des Hauses, nämlich die liebe kleine Frau Loenicker, die Mutter von Nils. Mit ihr trinken wir nach der Vorstellung am Tresen noch ein Gläschen. Das gehört alles dazu – zum Kult!

Als das mit dem Weihnachtsprogramm anfing, hatten wir zwei Kinder: Hannah und Raffaela. Die mussten Petra und ich dann immer mit auf die Tournee nehmen. Von Anfang an spielten wir meist den ganzen Dezember über täglich bis auf den 24. Dezember. Somit sind unsere Kinder ziemlich »weihnachtsimmun« aufgewachsen. Viel Sentimentalität konnte da gar nicht aufkommen. Ich verfiel dann noch auf den Einfall, die Kinder zu Weihnachten auch auf der Bühne mit einzusetzen. Nach dem berühmten Motto »Kinder und Tiere kommen immer an!«. Mit Gesa haben wir es vielleicht sogar ein bisschen zu weit getrieben. Sie war mit fünf Jahren schon so weit, dass sie jeden längeren Text behielt und mit Energie und Dynamik vortragen konnte. Sie brachte unter anderem den Song vom »Zug der Tiere«. Das ist ein verdammt sperriger Text:

Durch den Wald hört man ein Raunen,
und der Jäger sieht mit Staunen:
Reh und Hase fürchten sich nicht mehr.
Alle Tiere – auf die Lichtung
strömen sie aus jeder Richtung:
Fuchs und Wildschwein, Wolf und Schaf und Bär.

Und so weiter. Die Tiere protestieren: »Mensch, hör auf, die Welt zu töten, alles Leben zu zertreten: Dir gehört die Erde nicht allein!«

Die kleine fünfjährige Gesa brachte dieses Lied mit ihrem ganzen kindlichen Temperament. Petra und ich standen hinter der Bühne und hatten Angst. Nicht dass sie steckenbleiben würde, sondern dass wir sie überfordert hatten. Man merkte richtig, dass sie wirklich alles gab, sie hatte ihr Lampenfieber überwunden und kämpfte nun sozusagen als Kind für die Natur. Ihr Vortrag war so überzeugend, dass Radio Bremen sie live in der Talkshow *3 nach 9* auftreten ließ.

Ja, wir waren Rabeneltern. Wir haben unsere Kinder rücksichtslos ausgenutzt. Sie haben es sich allerdings auch ganz gern gefallen lassen. Raffaela ist bis heute dabeigeblieben. Sie ist inzwischen eine gestandene Schauspielerin und verfügt mittlerweile auch über ein Repertoire eigener Lieder. Für sie habe ich eine Reihe an Solostücken geschrieben, die immer wieder gefordert werden. Professionelle Schauspielerin wie damals ihre Mutter oder gar Kabarettist(in) wie ihr Vater will sie trotzdem nicht werden. Dazu ist sie einfach zu intelligent. Die vierte Tochter, Franca, hat sich von vornherein geweigert, sich für unser Programm missbrauchen zu lassen. Nur ganz am Anfang habe ich sie dazu gebracht, ein Gedicht aufzusagen. Am Beginn der Vorstellung. Sie war drei Jahre alt:

Hans und Raffaela Scheibner als St. Nikolaus und Engel in
Wer nimmt Oma?

Lieber alter Weihnachtsmann,
guck mich nicht so blöde an.
Stecke deine Rute ein, du Wicht.
Bangemachen giltet nicht.
Pack jetzt die Geschenke aus
und dann verdufte. Nichts wie raus!

Walther und Willy

Thomas Kühn, der Hauptabteilungsleiter Zeitgeschehen beim NDR, sah sich leider genötigt, mir einen wöchentlichen Sendeplatz in seinem *DAS!*-Magazin einzuräumen. Programmdirektor Jürgen Kellermeier hatte ihn dazu verdonnert. »Der Scheibner soll eine wöchentliche Satire in Ihrem *DAS!*-Magazin machen. Mal sehen, wie lange das gutgeht.« Kühn hat wahrscheinlich einen Schreck bekommen und konterte sofort: »Kein Geld! Kein Geld! Nicht einen Pfennig.« Kellermeier verfügte aber über einen Nebenetat. Er war ein Mann von Ehre und konterte seinerseits: »Kostenträger ist die Programmdirektion.« Kühn musste sich einen anderen Trick einfallen lassen, um mich abzuwimmeln. Er gab sein Einverständnis – allerdings unter einer Bedingung: Scheibner soll es mit einem Partner machen.

Zu seiner Überraschung war mir das recht. Immer wieder war mir nämlich Richard Münch eingefallen. Vor hundert Jahren oder so hatte der nämlich im NDR-Hörfunk eine satirische Gute-Nacht-Sendereihe, *Adrian und Alexander*, die auch fürs Fernsehen adaptiert worden war, Titel: *Hallo Nachbarn!* Und jedes Mal hatte er seinen Partner dabei: einen Papagei.

Wenn Adrian anfing zum Beispiel über Konrad Adenauer zu sprechen, fuhr ihm der Papagei gleich dazwischen, aber nicht indem er menschliche Worte sagte, sondern nur etwas völlig Unverständliches wie: »gooocauerkonkonradddedodelrumsbei«, womit er genau das Richtige bemerkt hatte.

*

»Gut«, sagte also Kühn. So einen Partner sollen Sie auch haben.

Kühn war Turnierreiter und verkehrte freundschaftlich auf einem Dithmarscher Bauernhof. »Dort kenne ich eine Kuh«, sagte Kühn. »Die ist sehr gutmütig. Mit der dürfen Sie sich jede Woche einmal unterhalten.« Das war keine Bosheit. Oh nein, er fand seinen Einfall ganz toll und lachte und amüsierte sich schon mal königlich. Nun ja, als freier Mitarbeiter beim Fernsehen muss man tapfer sein.

Was blieb uns anderes übrig, wir haben es versucht mit der Kuh. Die Kuh war allerdings weise genug, auf diesen Unfug nicht einzugehen. Sie erwies sich einfach als zu unbeweglich ...

Also musste mein eigener Hund Willy ran.

Ein Airedale-Terrier. Er war der Nachfolger von Nathan.

Den hatte Petra angeschafft. Ich wollte eigentlich nie einen Hund halten. Inzwischen weiß ich: Die Beziehung zwischen Mensch und Hund kann so lehrreich, so erfüllt von Komik und Freundschaft sein – ach was, Loriot hat es ja schon gesagt: »Ein Leben ohne Mops ist möglich, aber sinnlos.«

Petra machte mir schon sehr früh klar: »Wenn wir mal zusammenziehen, möchte ich gern, dass wir uns einen Airedale-Terrier anschaffen.« Als es dann so weit war, 1982, war eine unserer ersten Anschaffungen überhaupt »Nathan von der schwarzen Kuhle«, ein Airedale-Terrier aus dem Hause des Herrn Puls. Nathan hieß Nathan nicht wegen Lessing, sondern weil es wegen des Stammbaums vorgeschrieben war, ihm einen Namen mit dem Anfangsbuchstaben N zu geben. Nico oder Nudel hätte nicht gepasst. Nathan war genau richtig, denn der Kerl war wirklich weise.

Ich werde jetzt nicht völlig in eine Hundegeschichte abschweifen, aber andeuten muss ich doch ein typisches Erlebnis. Nathan war ein freiheitsliebendes Tier. Petra ließ ihn immer ohne Leine laufen – das war kaum ein Problem –, bis ihn dann plötzlich eine gewisse Sehnsucht packte, sodass er ausriss und vier Wochen lang nicht wiederkam. Wir versuchten alles, riefen die Polizei in Hamburg und Schleswig-Holstein an – aber niemand meldete sich.

Es war die Zeit, in der ich täglich die Kolumne in der *Hamburger Morgenpost* schrieb. Petra war traurig, dass wir Nathan verloren hatten, und ging immer wieder in die Poppenbüttler Gegend, wo sie ihn zuletzt gesehen hatte.

Schließlich bestürmte sie mich: »Kannst du nicht in deiner Kolumne schreiben, dass uns unser Airedale-Terrier weggelaufen ist?« – »Nein«, sagte ich, »das geht nicht. Ein Journalist darf niemals das Privileg, für eine Zeitung zu schreiben, für seinen eigenen, privaten Zweck ausnutzen.« Dann überlegte ich kurz und schrieb eine Glosse, in der ich schilderte, dass meine Frau mich gebeten hätte, in meiner Kolumne bekanntzugeben, dass uns unser Airedale-Terrier weggelaufen sei. Das ginge natürlich nicht, schrieb ich. Niemals würde ich als Journalist, das Privileg ausnutzen, in dieser Zeitung zu schreiben, dass uns unser Airedale-Terrier weggelaufen sei – so ein brauner mit schwarzer Decke und klugen Augen, der auf den Namen Nathan höre. Da gebe es nun wirklich wichtigere Dinge wie zum Beispiel den immer noch steigenden Benzinpreis. Das sei nämlich ein Unglück, welches die halbe Menschheit betreffe, während das Unglück, dass uns unser Nathan entlaufen sei (ein Airedale-Terrier, dunkelbraun mit schwarzer Decke), nur uns etwas angehe. Meine Frau, schrieb ich in der Kolumne, sehe das ein. Sie hoffe aber trotzdem, dass vielleicht jemand, der unseren Hund jetzt habe, die *Morgenpost* lese und sich melde.

Was soll ich sagen: Es meldete sich eine Frau aus Bad Segeberg – und wir hatten unseren Nathan wieder.

Und, wie gesagt: Willy war sein Nachfolger. Einmal einen Airedale-Terrier, immer einen Airedale-Terrier. Und Willy war nun also fürs Fernsehen entdeckt.

Nach der dritten Aufzeichnung stand fest: Dieses »Format«, wie es im TV-Deutsch so schön heißt, diese Sendung wird ein Knüller. Genau das wollen die Leute sehen. Die Härte für mich aber war: Ich konnte so bissige Einfälle haben wie ich wollte, ich konnte die bissigsten Sprüche über Rentenbetrug oder Steuervergeudung, über Dosenpfand-Irrsinn oder Mehdorn und die verschlafene Deutsche Bahn loslassen: Die Leute sahen immer nur den Hund.

Das heißt nicht, dass sie den Text nicht hörten, den ich in der Rolle des Walthers zu ihm sprach – nein: Es war Willys Reaktion, Willys Mienenspiel. Wie soll ich es erklären: Es war, als würde ich meine Pointen einem weisen Mann erzählen – und der hört sich alles, was ich sage, ruhig und mit Erstaunen an. Was ich dem Hund erzähle, war ja schon verrückt genug, beispielsweise zeigte ich ihm einen neuen Werkzeugkoffer mit einer großen Blechschere und einem Gummihammer, dazu noch eine Flache Schnaps: »Ich werde Elsbeth (meiner Frau) jetzt den Blinddarm rausoperieren«, sagte ich zum Hund. »Mit dem Gummihammer werde ich sie betäuben, mit der Blechschere werde ich ihr den Bauch aufschneiden und den Blinddarm rausholen.« Der Hund sitzt dabei und hört sich das mit ruhiger Miene und ernsthaft an. Ich zeige ihm die einzelnen Werkzeuge und erkläre ihm nebenbei auch den Grund für diese Maßnahme: Weil nämlich die Krankenkassen wieder einmal die Beiträge erhöhen müssten – die Leute liefen ja heutzutage wegen jeder Kleinigkeit gleich zum Arzt und ließen sich aus lächerlichen Anlässen immer gleich operieren. Das könne man als Versicherter nicht verantworten, man müsse zur Selbsthilfe greifen.

Airedale-Terrier haben eine Physiognomie wie lebendige Teddybären, nur viel seriöser. Es sieht wirklich so aus, als würde der Hund, nein, dieser weise Partner, mit mir überlegen, wie sinnvoll dieser Vorschlag sei. Dadurch erst wird die Szene makaber. Würde ich allein den verrückten Ehemann spielen und dem Publikum erzählen, ich wolle meiner Frau den Bauch aufschneiden, ihr den Blinddarm rausnehmen, um der Krankenkasse Kosten zu ersparen, wäre das nur ein mäßiger Einfall, nicht so besonders witzig. Erst der gutmütige vierbeinige Zuhörer bringt die Absurdität der Szene zur Wirkung.

Und schnell habe ich gemerkt: Der eigentliche Star dieser Sendung war Willy. Wir haben ihn geliebt – die ganze Familie. Er hat mich berühmt gemacht. Er war von uns beiden der weitaus bessere Schauspieler. Er wurde bekannt, viele Menschen haben ihn bewundert.

Kein Wunder, dass Willy immer beliebter wurde. Es ist wirklich vorgekommen, dass mir ein Ehepaar auf der Straße begegnete – der Hund lief als Partner neben mir – und die Frau fragte: »Ach, enschuldigen Sie: Sind Sie nicht Herr Scheibner? Ich habe Sie an Ihrem Hund erkannt.«

Walther und Willy waren 2004 Teilnehmer am Marathonlauf in Hamburg. Während Walter sich schon ziemlich am Anfang der Strecke sichtlich anstrengen musste, lief Willy mit größter Leichtigkeit neben ihm her – und war also rein optisch schon wieder der Bessere, der eigentliche Marathonsportler. Walther philosophierte nur wieder mal neunmalklug vor sich hin: »Noch 30 Kilometer, Willy. Beim Marathon ist es umgekehrt wie sonst im Leben – man freut sich, wenn es mal bergab geht.«

Am Wege hatte es sich ein reicher Geschäftsmann, ein Unternehmer, gemütlich gemacht. Er saß bei Champagner und Lachsschnitten an einem Tischchen und sah sich an, wie die Läufer sich abquälten:

»Marathon! Oh ja, das ist für mich als Vorstandsvorsitzender sozusagen: symbolisch für die ganze deutsche Wirtschaft. Das Leistungsprinzip. Es muss wieder mehr geleistet werden in Deutschland. Die Leute sollen sich mehr anstrengen und sollen das Letzte aus sich rausholen.«

(Walther und Willy liefen an dem Dicken vorbei. Walther wurde allmählich langsamer.)

»Los, los, los, los!«, rief der dicke Arbeitgeber. »Nicht so langsam! Wir leben in einer Leistungsgesellschaft.«

Alles sprach ja inzwischen von der Agenda 2010 und Schröders Verrat an der Sozialdemokratie. Da haute der Dicke voll in die Kerbe:

»Ich kenn ja nichts Schöneres als Marathon. Das kann mir gar nicht lange genug dauern. Ein herrliches Erlebnis, wenn ich das Volk beobachten kann, wie es sich schindet und abmüht. Da schmeckt mir der Champagner doppelt so gut!«

(Walther und Willy kommen aus der Ferne an.)

»Wieso wird der schon wieder langsamer. Die Leute haben keine Ausdauer mehr. Wir brauchen die 45-Stunden-Woche wieder. Die Lebensarbeitszeit muss verlängert werden. Die Leute werden langsam viel zu faul!«

Aber Walther, brav und gehorsam wie der deutsche Angestellte durchweg, japste und sprach trotzdem zu seinem Hund:

»Köstlich ist das Leben nur, wenn es Mühe und Arbeit ist. Kein Urlaub und kein Wochenende im Hotel Adlon auf Kosten der Dresdner Bank kann so schön sein, als wenn man sich mal quält und bis an die Leistungsgrenze geht.«

Und dazu der Dicke wieder (während Walther völlig fertig ist und Willy immer noch mit Leichtigkeit an ihm vorbeiläuft):

»Ich kenn ja nichts Schöneres als Marathon. Ein

herrlicher Anblick, wenn ich das Volk beobachten kann, wie es sich schindet und abmüht. Da schmeckt mir der Champagner doppelt so gut!« (Walther und Willy kommen wieder aus der Ferne an.)

»Wieso wird der schon wieder langsamer? Die Leute haben keine Ausdauer mehr. Wir brauchen die 45-Stunden-Woche wieder. Die Lebensarbeitszeit muss verlängert werden. Die Leute werden langsam viel zu faul.«

So ging es bis zum Ziel, wo Walther sich mit letzter Kraft über die Ziellinie schleppt – und Willy quietschvergnügt ist und nicht mal schnell atmet.

Walther bricht zusammen und liegt auf der Straße. Der Dicke kommt und tritt ihm mit dem Fuß in die Seite:

»Aufstehen! War doch gar nicht so schlimm. Ich bin jedenfalls noch vollkommen fit!«

(Willy bellt und verjagt den Unternehmer.)

Seinen vielleicht stärksten Auftritt hatte der Hund jedoch am 15. September 2001. Und das ist überhaupt nicht lustig.

Die Redaktion wollte nach dem Terroranschlag vom Dienstag, dem 11. September 2001, Satire aus dem Programm nehmen. Ich machte den Vorschlag, es wenigstens mit Willy zu versuchen. Und tatsächlich: Es gelang. Mit einem Mal war es möglich, einige ernste und keineswegs peinliche Worte über das Tier zu sprechen.

Die drei Minuten, die ich als Walther mit dem Hund aufnahm, waren praktisch ein Standbild. Der Hund blickte ganz normal in die Kamera – dazu kam mein beziehungsweise Walthers Kommentar:

Glaub mir, Willy, ich schäme mich vor dir. Du bist ein Tier. Aber ich bin leider nur ein Mensch. Ich kann zwar nichts dafür, Willy, ein Mensch zu sein. Aber ich kann vor dir nicht abstreiten: Damit gehöre ich zu jener Art von Kreatur auf dieser Welt, die ethisch und moralisch weit unter euch Tieren steht. Was ist ein sogenannter Kampfhund gegen einen Menschen, der sich als Heiliger Krieger fühlt? Was ist schon die Tollwut, die euch Tiere befallen kann, gegen jenen religiösen Wahnsinn, der den Menschen immer wieder zu den unvorstellbarsten Greueltaten treibt? Ihr Tiere, Willy, habt nie den Anspruch erhoben, den einzig wahren Gott zu kennen oder die einzig glückselig machende Wahrheit. Nie habt ihr Tiere euch aufgespielt als Richter über Gut und Böse. Kein Tiger, kein Wolf, keine Ratte hat je im Namen eines höheren Wesens getötet. Diese Vermessenheit ist allein dem Menschen vorbehalten. Wir sind nämlich, Willy, musst du wissen, mit dem sogenannten Verstand ausgestattet. Und dieser Verstand, Willy, könnte ein großer Segen sein. Denn eigentlich können wir damit ganz klar erkennen: Niemand darf sich auf dieser Erde mehr Recht herausnehmen, als er jedem anderen Menschen zugesteht. Ich habe nie gehört, dass ein Tier für sich in Anspruch nimmt, moralisch besser oder höher zu stehen als andere Tiere. Und ich habe nie gehört, dass ein Hund von allen anderen Hunden verlangt, sie sollen nur noch seinem Herrn gehorchen – und alle, die einen anderen Herrn über sich haben, müssen umgebracht werden.

Gut, dass es wenigstens noch euch Tiere gibt, die dem Gesicht der Erde einen Rest von Würde verleihen.

272 Dreiminutensendungen habe ich mit meinem Hund Willy für den NDR von 2001 bis 2006 gedreht – die meisten mit dem Regisseur Matthias Bremer. Es war eine wunderbare Freundschaft zu dritt.

Die Geiselnahme

Das Ende von *Walther und Willy* war auch das vorläufige Ende meiner Fernsehpräsenz. Seit 1975 hatte ich als freier Mitarbeiter zum NDR gehört.

Aber sehr schnell merkte ich: Ich hatte eine neue Freiheit. Immerhin hatte die Funk- und Fernseharbeit praktisch dreißig Jahre lang Vorrang für mich. Damit wurde viel Kreativität für andere Aufgaben gebunden. Immer hatte ich mal wieder eine Komödie schreiben wollen oder satirische Geschichten.

Kaum zwei Monate nach *Walther und Willy* war ich wieder produktionshungrig. 2008 konnte ich eine neue Komödie *herzklopfen.de* in Kiel im Theater Die Komödianten solo aufführen. Gleichzeitig war ich plötzlich wieder mit neuen Kabarettprogrammen gefragt, so dass ich *herzklopfen.de* erst einmal zurückstellen musste. 2009 erschien bei Rowohlt ein Taschenbuch mit Erzählungen aus dem absurden Alltag, das ich im ausverkauften Ernst-Deutsch-Theater vorstellte. Ich konnte meine Weihnachtssatiren erneuern, neue satirische Weihnachtslieder entstanden, und 2016 erschien eine CD mit ganz neuen Liedern: *Und plötzlich ist der Himmel wieder offen.*

Mein schönster Erfolg aber in diesen Jahren war die Premiere meiner Komödie *Die Geiselnahme* am 2. Juni 2013 in den Hamburger Kammerspielen.

Ich dachte an die gute, alte Zeit im theater 53 zurück. »Verdammt noch mal!«, sagte ich mir. »Wie konntest du nur wegen deiner Fernsehwichtigkeiten und was noch so dazwischenkam, deine alte Leidenschaft fürs Stückeschreiben vergessen. Die Bankenkrise war das Thema der Zeit! Diese Story von den Rentnern, die sich mitten in der großen Bankenkrise ihr Geld wieder zurückholen wollten, musste sich doch hervorragend als Komödienstoff eignen. Ich schrieb das Stück in drei Wochen mit dem größten Vergnügen.

Axel Schneider gefiel die Geschichte. Den Rentnern kommt nämlich der Zuhälter Ronaldo mit seinem besten »Pferd im Stall«, der Hure Alicia, zuvor. Die fesseln und foltern den Finanzberater ausgerechnet in einer Waldhütte. Die Rentner beobachten das. Es geht aber irrsinnigerweise so aus, dass der Finanzberater alle drei Rentner und auch den Zuhälter mit seinen Hedgefonds-Argumenten noch einmal überzeugt, auch ihre letzten Ersparnisse zu verzocken. Zum Schluss kommt als Deus ex Machina der ganz große Crash – alles bricht zusammen, die europäischen und die amerikanischen Banken und auch die Waldhütte.

Das Dialogschreiben war mir ein Festessen. Wie spricht ein brutaler Zuhälter mit einem Bankberater, der ihn betrogen hat?

Irgendwie musste ich wieder an meinen Anfang denken – an die Amme Elisabeth im »Schönsten Wahn der Welt«: »Wer niemals einen umgebracht/der weiß nicht, wie es glücklich macht«.

Ein kurzer Ausschnitt vom Dialog zwischen Zuhälter und Banker:

Ronaldo: So, du Dreckswanze, du denkst also, du arbeitest in der seriösen freien Wirtschaft. Du kassierst Geld von Leuten wie mir, die dafür geschuftet haben und sich krummgelegt ...

Alicia (die Hure): Hingelegt, Naldo, immer wieder hingelegt.

Ronaldo: Hast du gehört? Wenn hier Lizzy morgens 1000 Eier mit nach Hause gebracht hat, verstehst du, du Bankenkakerlake du, dann hat sie was dafür geleistet, französisch, spanisch von hinten und von vorn.

Alicia: Aber Naldo!

Ronaldo: Schnauze! Aber das ist nicht seriös, das nennst du keine ehrliche Arbeit. Aber wenn du dreckiger Mistkäfer Geld, was dir gar nicht gehört, an der Börse verzockst oder sonst wem in den Hintern bläst, dann ist das seriös. Keinen Finger machst du krumm, du sitzt an deinem Schreibtisch und telefonierst mit dem und dem: »Hier hat grad so ein Dussel vom Kiez 100 000 Mäuse auf den Tisch gelegt, wollen wir uns die nicht teilen?« Dann darfst du aber rumlaufen in deinem gebügelten Anzug, du Sackratte, und dich aufblasen: »wie es in euren Kreisen üblich ist« – denn wir sind ja die Unterwelt, und wenn wir Geld machen, dann ist das ein Verbrechen, aber wenn ihr die Leute bescheißt nach Strich und Faden, dann ...

Mönchmeier (der Finanzberater): Ich begreife Ihren Zorn durchaus, Herr Ronaldo. Aber ich hatte Sie doch darauf hingewiesen, dass bei Wertpapieren immer ein gewisses Risiko bleibt und –

Ronaldo (legt seine Hände um Mönchmeiers Kehle):

Du elende Ratte, was weißt du denn von Risiko.
Hier diese Frau, diese Hure, wie du sie nennen wür-
dest. Diese Krankenschwester für geile Böcke, die
kann dir von Risiko erzählen, mein Lieber. Jede
Nacht geht sie das Risiko ein, dass irgend so ein
perverser Freak sie umbringt und danach noch im-
mer nicht in Ruhe lässt.

Alicia: *Aber Naldo!*

Ronaldo: *Schnauze, so ist es doch! Ich geb dir Banken-*
arsch mein Geld – und das Risiko, dass du es mir
zurückgibst, liegt bei mir? Lizzy, halt mich fest!

Mönchmeier: *Ja, es tut mir ja leid, Herr Ronaldo, aber*
das letzte Risiko liegt nun einmal beim Anleger.

Ronaldo: *Aha! Ja, ja! Ja, ich verstehe. (Zu Alicia) Se-*
riös ist, Alicia, wenn du das Geld von deinem Freier
annimmst, steckst es weg, sagst danke schön – aber
bumsen darf er dich nicht …

Ich wusste: Das Publikum würde sich verstanden fühlen.

Ich rief meinen Freund aus … *scheibnerweise*-Zei-
ten, den Regisseur und Autor Hanns Christian Müller
(HCM), in München an. Der freute sich und übernahm
gern die Regie. Axel Schneider stand weiter zu dem
Stück, er nahm *Die Geiselnahme* in den Hamburger
Kammerspielen ins Programm und ließ erstklassige
Schauspieler engagieren Alexandra Kamp, Tim Grobe,
Dietmar Horcicka – und als Rentner: Detlef Heydorn,
Olaf Kreutzenbeck und Klaus Peeck.

Hanns Christian Müller hatte wieder umwerfend
komische Einfälle, er baute wunderbare Slapsticks ein
und gab dem Stück Tempo.

Der Freitag unter Chefredakteur Jakob Augstein schrieb:

»Hans Scheibner ist einer, der sich was traut, z. B. seinen skurrilen Kriminaltango-Schwank *Die Geiselnahme* auf die Bühne des Theaters Hamburger Kammerspiele zu bringen. (...)

Der Intendanz der Hamburger Kammerspiele kann ich nur gratulieren, dass sie den Mut zu diesem zeitgenössischen ›Wagnistheater‹ (...) aufgebracht hat.«

Zum Schluss noch einmal: »Hamburg 75«

Niemand kommt auf die Idee, sich vorzustellen, wie es zum Beispiel Helene Fischer im Jahre 2064 gehen wird oder wie sie – achtzig Jahre alt – dann aussieht. Etwas eher passiert das vielleicht schon bei Ina Müller, die bereits im Jahre 2045 achtzig Jahre alt wird. Aber da kommt kein Liedertexter auf die Idee zu schreiben:

Im Seniorenheim sitzt eine, eine tatterige Kleine,
und die labert vor sich hin: Ich bin Schlagersängerin.
Glaubt mir doch, was ich erzähle, hatte auch mal
*   volle Säle.*
Mancher Mann hing mir am Rock, und ich ging
*   noch nicht am Stock.*
Im Seniorenheim – ein Brüller. Sie sagt, sie heißt Ina
*   Müller.*
Ina, sei noch mal so frisch, spring wie früher auf den
*   Tisch.*

Hamburg zwanzig sechzehn, ja das war noch echt
*   schön.*
Da machte das Autofahren noch Spaß,
weil man damals noch selber am Lenker saß.
So was gibt es heute nicht mehr.
Ist verdammt lange her, ist verdammt lange her!

Ich weiß nur noch: Die Gruppe Leinemann mit Lonzo Westphal, dem Teufelsgeiger, Gottfried Böttger, Uli Salm und Ulf Krüger – wir waren von Phonogram eingeladen, die Geschäftsleitung, verkörpert durch Jürgen Sauermann, König Silberlocke, zu einer kreativen Mediensitzung nach Helsinki zu begleiten. Für mich ein aufregendes Erlebnis. Das bedeutete, wir sollten dort vor finnischen Hörfunkredakteuren kostenlos eine kleine Vorstellung geben. Das gehörte zur PR-Arbeit einfach dazu. Ich hatte gerade den Hit mit dem »Fließband« gelandet und stand nun bei Phonogram unter Vertrag. Vor ein paar Wochen hatte ich die Gruppe Leinemann und vor allem Lonzo und Gottfried nur als Zuhörer bewundern können – im Pö oder im Logo –, und plötzlich war ich in ihre Reihen aufgenommen und durfte auf der Fähre schon mal mitfeiern.

Wir hatten alle schon ein oder zwei Bier an der großen Tafel im Salon zu uns genommen – da bat mich Sauermann, doch mal kurz mit an Deck zu kommen. Sauermann war erst seit 1973 A&R-Chef bei Philips-Phonogram. Er war sozusagen Tag und Nacht auf der Pirsch nach neuen Einfällen für die Hamburger Szene.

»Wir möchten gern eine LP mit Gottfried und Lonzo machen«, sagte Sauermann. Ich stell sie mir als Duo vor. Gottfried will nicht immer nur bei Udo Lindenberg ›der Knabe am Klavier sein‹, sondern an einer eigenen Karriere arbeiten. Wär schön, wenn wir irgendwas mit den beiden machen und dabei noch den Trend ›Hamburger Szene‹ nutzen könnten. Die Produktion soll Anfang 75 rauskommen. Fällt dir da was ein?«

Ja, 1974 fühlte ich mich noch hochgeehrt, wenn mir ein Boss der Plattenfirma so einen Auftrag gab.

Mit Gottfried Böttger im TV-Magazin *DAS!*

»O. k.«, sagte ich. »Dann will ich das mal versuchen. Eigentlich hätte ich ja ganz gern mit den Jungs da im Salon noch ein bisschen gefeiert – aber die Arbeit geht vor!«

»Wie bitte?«, sagte Sauermann. »Du musst den Text doch nicht sofort machen.«

»Möchte ich aber«, sagte ich. »Ich hab nämlich grad 'ne Idee: Wie meine trinkfesten Freunde wohl aussehen, wenn sie achtzig Jahre alt sind?« Es machte mir Spaß, sie mir als Greise vorzustellen. »Ob sie dann immer noch so saufen können und immer noch so außer Rand und Band sind?«

Damit war der Text so gut wie fertig: Gottfried sitzt im Altersheim und phantasiert vor sich hin, Lonzo steht noch als Stehgeiger am Hauptbahnhof, spielt aber auf einer Säge. Dann wird Lonzo auch ins Altersheim gestoßen – und die beiden kommen zusammen und schwärmen von früher:

Hamburg 75, Jungs, war das gemütlich
Da schien noch ein richtiger Mond in der Nacht
Die Musik haben wir noch mit der Hand gemacht
So was gibt es heute nicht mehr
Is' verdammt lange her, is' verdammt lange her

Ich saß vielleicht eine Stunde in meiner Kabine und schrieb den Text. Die ganze Zeit tat es mir leid, nicht bei meinen neuen Freunden feiern zu können. Dann hatte ich das Lied endlich fertig – schön handgeschrieben. Stolz eilte ich nach oben in den Salon und wollte den Freunden mein Werk vortragen, aber die befanden sich inzwischen in einem fortgeschritten heiteren Zustand. Keiner hörte mir zu. Auch Gottfried nicht. Im Gegenteil: Er lallte irgendwas von der Andrea Doria.

Später – zehn Jahre später – war Gottfried zum anderen Glauben übergetreten. Ich werde es nie vergessen, wie er mich bei mehreren Gelegenheiten immer wieder ermahnte, doch um Himmels willen keinen Alkohol mehr zu trinken …

Lonzo komponierte den Song übrigens. Seine pfiffige und freche Handschrift war der eigentliche Grund für den Erfolg.

Lonzo, der geniale Musiker, starb am 13. November 2001 an einem Herzinfarkt. Auf der Beerdigungsfeier im Szeneladen Zwick wurde natürlich auch »Hamburg 75« gespielt. Und – etwas makaber – der Titel »Zum Freudenfest und zur ewigen Ruh/immer macht einer Musik dazu« von Lonzos gleichnamiger LP.

Mir fuhr natürlich sofort durch den Kopf: Sollten meine Freunde auch auf meiner Beerdigung spielen, spielen sie natürlich »Das macht doch nichts, das merkt doch keiner«.

Die haben absolut keine Ahnung von Pietät, diese Bagaluten!

Quellen

Aristophanes: Komödien. Wiesbaden um 1974.

Brieden, Hubert / Dettinger, Heidi & Hirschfeld, Marion: „Ein voller Erfolg für die Luftwaffe". Die Vernichtung Guernicas und deutsche Traditionspflege. Neustadt 1997.

Goldoni, Carlo: Mirandolina. Komödie in 3 Akten (= Henschel Schauspiel). Berlin 1986.

Kant, Immanuel: Kritik der praktischen Vernunft (= Universal-Bibliothek, Band 1111). Stuttgart 1961.

Kierkegaard, Søren: Der Augenblick (= Gesammelte Werke, Band 12). Jena, 4. und 5. Tsd., 1923.

Kierkegaard, Søren: Entweder – Oder. Teil I und II (= Literatur, Philosophie, Wissenschaft). München, 2. Aufl., 1993.

Knab, Jakob: Falsche Glorie. Das Traditionsverständnis der Bundeswehr. Berlin 1995.

Paulun, Dirks: Lihbes Hamburch! schenk ich Dihr. Hamburg 1963.

Ringelnatz, Joachim: Sämtliche Gedichte. Zürich 1997.

Schwab, Gustav: Die schönsten Sagen des klassischen Altertums. Ausgewählt und bearbeitet von Friedrich Stephan. München 1958.

Anmerkungen

Zu den Kletterrouten auf S. 100f. vgl.: http://www.stadler-markus.de/alpinklettern/wilder-kaiser/kletterrouten/toten-kirchl.html

Das Gedicht von Joachim Ringelnatz auf Seite 107 findet sich in *Sämtliche Gedichte*, 1997, S. 262.

Das Zitat von Immanuel Kant auf S. 110 stammt aus seinem Buch *Kritik der praktischen Vernunft*, 1961, S. 253.

Das Zitat von Kierkegaard auf S. 111 stammt aus seinem Buch *Der Augenblick*, 1923, S. 3.

Das Zitat von Kierkegaard auf S. 115 stammt aus seinem Buch *Der Augenblick*, 1923, S. 20.

Das Gedicht *Eingebildete Kinder* von Dirks Paulun auf S. 137 stammt aus seinem Buch *Lihbes Hamburch!*, 1963, S. 12.

Die Zitate von Aristophanes aus dem Kapitel *Lysistrata* (S. 249–269) stammen aus seinen *Komödien. Lysistrata*, 1974, S. 246ff.

Hans Scheibner

Alle Jahre Oma

Roman.
Klappenbroschur.
Auch als E-Book erhältlich.
www.list-verlag.de

Immer ein Fest – Weihnachtsgeschichten von
Hans Scheibner

O du verfluchte, schon wieder Weihnachten. Und wieder nichts mit Besinnlichkeit, stattdessen Dominosteine ab September im Supermarkt, Glühweinkopfschmerz und Gänsebraten-Overkill. Dazu noch diese lästigen Verwandten, das ganze Patchwork-Gesindel. Saufen uns den Keller leer und zum Dank gibt es alte Schokolade und schiefen Gesang. Wenn die sich wenigstens um Oma kümmern würden. Ständig drückt sich die nervige Schwiegerfamilie vor der Verantwortung. Aber dieses Mal können die was erleben. Alle Jahre Oma ist einfach zu viel.

List

Hans Scheibner

Wohin mit Oma?

Weihnachtsgeschichten

Taschenbuch.
Auch als E-Book erhältlich.
www.ullstein-buchverlage.de

Garantiert fröhliche Weihnachten

Weihnachten ist das Fest der Liebe, sicherlich. Doch jedes Jahr tauchen sie wieder auf, die großen existentiellen Fragen: Darf ich zu Weihnachten einen Hund verschenken? Und wenn ja: mit oder ohne Verpackung? Wie wird aus dem gespannten Verhältnis zu meinen Nachbarn endlich wieder Wohlgefallen? Und wohin mit Oma? Letztes Jahr war sie ja auf Mallorca mit ihrer Freundin.

»Hans Scheibner gehört zum satirischen Urgestein in Deutschland.«
FAZ